总主编 方剑乔

浙江中医临床名家 何若苹

曹灵勇 主编

科学出版社

北京

内 容 简 介

本书是"浙江中医临床名家"丛书之一，介绍了浙江名中医何若苹教授精彩的医学人生和医学成就。何若苹教授是第五、六批全国老中医药专家学术经验继承工作指导老师。全书共分六章：中医萌芽、名师指引、声名鹊起、高超医术、学术成就、桃李天下。重点介绍了我国首届国医大师何任教授对何若苹教授学术的指导引领和医德的感染塑造以及何若苹教授在肿瘤、内科、妇科和疑难杂症治疗上的学术成就、学术思想及临床经验，以及她在丰富完善中医理论体系上的造诣。

本书可供广大中医临床医生、科研工作者、在校学生以及中医爱好者学习参考。

图书在版编目（CIP）数据

浙江中医临床名家.何若苹/方剑乔总主编；曹灵勇主编.—北京：科学出版社，2019.7

ISBN 978-7-03-061561-9

Ⅰ.①浙… Ⅱ.①方…②曹… Ⅲ.①何若苹－生平事迹②中医临床－经验－中国－现代 Ⅳ.① K826.2 ② R249.7

中国版本图书馆 CIP 数据核字（2019）第 112577 号

责任编辑：陈深圣 刘 亚 孙 曼 / 责任校对：王晓茜
责任印制：徐晓晨 / 封面设计：黄华斌

科 学 出 版 社 出版
北京东黄城根北街 16 号
邮政编码：100717
http://www.sciencep.com

北京捷迅佳彩印刷有限公司 印刷
科学出版社发行 各地新华书店经销

*

2019 年 7 月第 一 版 开本：720×1000 B5
2020 年 1 月第二次印刷 印张：13 3/4 插页：2
字数：232 000

定价：68.00 元
（如有印装质量问题，我社负责调换）

何若苹随其父何任教授学习

国医大师何任手迹"心诚行正"

何若苹门诊带教中

何若苹全国名老中医药专家传承工作室团队成员

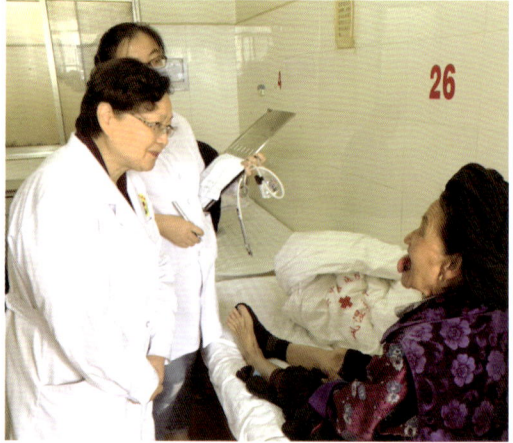

何若苹主持的课题获浙江省人民政府
科学技术奖二等奖

何若苹在云南宁蒗扶贫义诊

喜收高徒，薪火相传

师生欢度教师节

浙江中医临床名家

丛书编委会

总　序

中华医药，博大精深，源远流长。灵兰秘典，阴阳应象，穷万物造化之妙；《金匮》真言，药石施用，极疴疾辨治之方。诚夷夏百姓之瑰宝，中华文明之荣光。

浙派中医，守正出新，名家纷扬。丹溪景岳，《格致》《类经》，释阴阳虚实之论；桐山葛岭，《采药》《肘后》，载吴越岐黄之央。固钟灵毓秀之胜地，至道徽音之华章。

浙中医大，创业惟艰，持志以亢。忆保俶山下，庠序进修，克艰启幔；贴沙河干，省立学府，历难扬帆；钱塘江畔，名更大学，梦圆字响。望滨文南北，富春秋冬，三区鼎足，一校华光；惟大惟时，其命维新，一德以持，六艺互襄；部省共建，重校启航，黾勉奋发，踵武增华。

甲子校庆，名医辈出，几代芳华。值此浙江中医药大学建校六十周年之际，特辑撰"浙江中医临床名家"丛书，以五十二位浙江中医药大学及直属附属医院名医为体，以中医萌芽、名师指引、声名鹊起、高超医术、学术成就、桃李天下为纲，叙名家成长成才之历程，探名家学术经验之幽微，期有益于同仁之鉴法、德艺之精进。

时己亥初夏

目　录

中医萌芽

　　我出生在一个中医世家，祖父何公旦是民国时期杭州著名的中
医师，家父何任荣膺全国首届"国医大师"称号，是我国现代著名
的中医教育家、理论家、临床家。我的整个幼年、童年、少年时代，
都生活在浓郁的中医家庭氛围中，耳濡目染加上父亲的有意栽培，
这是我走上医学道路的逻辑起点。

——何若苹

第一节　幼承庭训

　　1955 年 5 月，何若苹出生在杭州市高级中学的教师宿舍，父亲何任是当
时的浙江省中医进修学校老师、杭州市中医协会主任，母亲陆景涛毕业于浙
江大学中文系，时任杭州市高级中学语文老师。

　　何若苹出生的这个校园，是一片钟灵毓秀的光辉土地。这里的每一方空
气都回荡着鲁迅、李叔同、朱自清等名师大家曾经在课堂上留下的师表风采，
每一寸土地都印着徐志摩、丰子恺、金庸等才子文人当年求学贡院的厚重脚
步，这里还走出了姜立夫、陈建功、毛江森等科技精英及徐匡迪、徐光春、
卢展工等杰出校友，先后涌现的院士校友已 50 余位。出生在这样的环境中，
她的生命和血液中注定多了一份文化的浸润和积淀。尤其值得称道的是，何
若苹的家庭书香飘溢、医名远扬，她的祖父何公旦（1876 ～ 1941 年）是民
国时期杭州著名的中医师，幼习儒，擅诗词，由儒通医，博采众长，医名远
及湘、滇、蜀、粤、鲁等地，求诊者众，门庭若市；父亲何任（1920 ～ 2012

1

年）平时喜读经、史、文集，不仅擅长书画，更是我国现代著名的中医教育家、理论家、临床家，因其在《金匮要略》研究上的卓越成就还享有中国"《金匮》研究第一人"的盛誉，2009 年 5 月被授予首届"国医大师"称号。

1956 年，年幼的何若苹随父母搬到庆春路老浙大（原浙江大学校址）的求是园。在何若苹的记忆中，当年求是园优美的风景就像是一幅珍藏的画卷，慈楼对面是清澈见底的求是河，河上横跨着一座求是桥，求是河边矗立着钟山，钟山附近有老浙大留下的和平馆、舜水馆、梨洲馆、俶和馆等教学办公楼，无一不彰显着隽丽而深厚的文化底蕴。何若苹随家人迁居此地，其父亲何任先生开始了他奉献中医事业的辉煌一生。从那时起直到今天，何若苹从童年到少年，从读大学到成家立业直至退而不休，越春秋甲子 60 余年，再也没有离开这块曾经有着"东方剑桥"美誉的老浙大的这片土地。中医学说天人相应，何若苹多年生活工作于此，平添了几分无形的文化力量。

对何若苹来说，求是园是文化的天堂，也是童年的乐园。夏天的求是河像流动的玻璃，两岸的花草、树木、小桥依偎着小河，各自把倩影倒映入小河的"镜面"，争相摇曳，渲染在一起，从远处望去竟令人分不清满目的鲜艳是岸还是河了。多情的柳条浸入水中，使本来平静的水面泛起了一串细微的涟漪。那涟漪拉得很长，引得小鱼争相扑窜，仿佛是鱼与树的嬉戏。生活在附近的小朋友们，正是这里的"常客"呢！何若苹等一群孩子自然有无数种方法使平淡的日子变得绚丽多姿，时间逗留在他们的脚边，他们在小河里游泳、打水仗、捉小虾小蟹，有时还哼着歌……在大自然中寻找和享受幸福的童年。何若苹的姐姐何钧，是一个性格外向、非常活泼开朗的小姑娘，那时像是带着妹妹到处探索的小队长，还会时不时去小河里寻觅些"珍宝"。虽然没有必要的工具是很难捉到小鱼小虾的，但摸螺蛳、捉河蚌可是在小河玩耍的"基本功"呢！而在那个食品匮乏的年代，小朋友们玩耍的"副产品"螺蛳、河蚌之类，又成了一道鲜美的大餐！

年少无知，有时也会闹出事来。在一个夏日的午后，几个小朋友相约一起去这条迷人的慈河，他们挽起裤脚，扎起高裤，想象着等会儿的美味佳肴，不禁心中欢喜。一颗颗肥美的螺蛳像一粒粒绿宝石装满了篮子，河蚌也不少。小分队就迫不及待地去煮一煮吃了，年幼的何若苹也跟着哥哥姐姐们，品尝着"丰收的硕果"。可怎么也没想到，这些食物没有充分煮熟，极有可能导致食物中毒而出现泄泻、发热等症状。果然，待到傍晚时分，进食了河鲜的孩子们都出现了上吐下泻的症状，何若苹和她的姐姐也不例外，肯定是食物中毒了，这可急坏了她们的父母。针对她们腹痛、发热、恶心、呕吐等症，父亲何任先生马上开好了处方，然后连夜跑到庆春街的大德堂药店去抓药。抓完药回到家里，何任先生亲自煎药，给何若苹和她姐姐服下，还询问了一同食用河鲜的孩子的名字和住址，奔走到各户家里给他们也服下。不到半柱香的时间，姐妹俩的吐泻竟然止住了，各种中毒症状也逐渐好转。父亲辛苦地奔走和疗效确切的中药，在年幼的何若苹心中播下了岐黄的种子。后来，何若苹问起父亲，当时是用什么药使她们的中毒症状立马减轻，父亲回答是一些祛邪解毒、保护胃肠的药。经历了这次食物中毒，父亲精湛的医术便不经意地镌刻在何若苹的童年记忆中。

　　父亲何任爱看书，那是无声的教诲。父亲从小涉猎甚广，除了研读《本草备要》《药性赋》等中医书籍，旁及四书、《史记》《古文观止》等经、史、文集著作外，还看了大量的章回小说、演义及《东方杂志》《旅游杂志》等消遣类图书，尤其对《水浒传》《红楼梦》《鲁滨孙漂流记》等作品，更是爱不释手。何任爱看书也爱购书，家中各类藏书甚丰，这为何若苹提供了甚为优渥的阅读条件。父亲何任先生的这一爱好和习惯，对何若苹的影响可以说是至为深远的，不知不觉中，她也养成热爱看书的习惯，并渐渐积累起自己出色的文化根基、扎实的中医基础。何若苹常常谦虚而又崇敬地说起她的父亲："他那一辈老人家的思想文化底蕴和中医治疗水平是我无法企及的。"

　　父亲何任钟爱中医，钟爱中医教育事业。1947年，鉴于当时中医师多为家传、没有接受过正规教育，拜师学习的人往往不能学到老师的真传等实际情况，为了让中医学术发扬光大，他辞去盐局中医师公职，在杭州创办了杭州中国医学函授社，面向全国招收中医函授学员。从1953年起，何任先后参与筹建浙江省中医进修学校、浙江中医学院。1956年，何任先生被任命为浙江省中医进修学校副校长，兼中医授课并门诊。1958年，他奉命筹建浙江中医学院（现浙江中医药大学），学习方式分为进修、函授两部分。1959年，浙江中医学院成立并正式招生，何任先生被任命为副院长，从物色师资，到学习办学，他一边主持行政工作，一边投身于中医教育。学校初创时期的条件比较艰苦，缺少教材他就亲自编写，从制定教学计划、大纲，自己编写教材乃至授课方法，何任都进行了深入的研究和探索。母亲对于父亲的鼎力支持，更是给何若苹留下了深刻的印象。虽然当年家中生活简朴、日子清贫，但父母亲恩爱有加，母亲性格直爽、勤劳勇敢、做事干练，除了操持家务，还经常帮助父亲一同整理编撰中医教材，亲自刻蜡纸、油印教材、装订成册，使父亲可以一心一意全力以赴投入工作当中。然而，摆在父亲面前的是一个个接踵而至的问题，有了教材，还需要优秀的老师。当时师资队伍亟待壮大，师资从何而来？一是从函授部毕业的学员中留下一批，当时来读函授的学员，都已经是浙江省内各地的名医，其中毕业后留下的学员，有蒋文照、冯鹤鸣、叶德铭、朱古亭等；二是从1959年招收的浙江中医学院1965届首批6年制本科毕业生中选择优秀学生，这其中包括王锡贞、汤金土等老师；三是西医院校毕业的和西学中的人才，这一类老师包括鲍达明、林乾良、邓维钧、王慧英等。后来，他们中的一些人都成了响当当的中医专家。任何事业的发展都在于教育，教育强则事业强，中医自然不可能例外。何任教授一生重视中医教育，耳濡目染下，这大概也正是何若苹一路走来并最终纳徒传道、桃李芬芳的一种传承吧。

父亲仁心厚德、医术高超，救治了无数的患者。何若苹回忆，小时候偶尔去父亲的诊室，总是人挤人，上午半天的门诊往往都要下午1、2点钟才能回家吃午饭，这是常态，为的是让慕名远道而来的患者都能得到诊治。由于父母上班工作都很忙，父亲曾请来一位诸暨的阿姨照顾年幼的何若苹起居。记得有一次父亲下班回家，阿姨很不好意思地向父亲咨询，自己腿上是不是长了什么东西，父亲连忙打起精神说让他看一下，等阿姨掀起都快粘在腿上的裤子时，何若苹在一旁也吓了一跳，只见阿姨的小腿部红肿得发亮，摸之发热，父亲一摸阿姨的额头，顿时明白了七八分，阿姨说自己觉得这几天浑身发热，没有力气，以为就是天气闷热没放在心上，后来身体一阵冷一阵热的，并且发现整条腿红肿，就自己买了点药膏搽搽，反而更严重了。后来父亲说，他诊断这是丝虫感染导致的急性网状淋巴管炎，也就是我们俗称的"丹毒"，在腿部又称作"流火"。父亲当即给阿姨用了西药青霉素和乙胺嗪，使其发挥消炎镇痛的作用，控制和杀灭丝虫，同时开了几帖清利湿热解毒的中药，让阿姨服用，西药和中药一起，控制了她全身的症状，再用中药对其进行治本，防止病情复发。没过多久，阿姨的"流火"症状明显改善了。等何若苹稍微长大了一点，阿姨就回家乡去了。等到"文化大革命"后，那位诸暨阿姨又从农村赶到杭州来拜访何若苹一家，想起当时的病，她眼里充满了感激的目光，不停感叹幸亏当时有何任先生的药方，让她在杭州治好了病，这病在乡下哪有得治啊！后来吃了何任先生开的药，"流火"就再也没有发过！

对于自幼与父亲朝夕相处的何若苹而言，父亲既是严师，又是人生的向导，她说："我父亲这一辈子行医救人的故事，说上一年都说不完。甚至他老人家自己生病期间，都不忘自己是一名医生，还在钻研岐黄之道。"那些故事大概就像一粒粒种子，萌生在她幼小的心中，随着何若苹的成长，花朵绽放，迎风摇曳，盛开在何若苹心间。

第二节　仰 望 岐 黄

每个人的命运都与时代息息相关。1971年何若苹从杭州第七中学初中毕业。时值"文化大革命"，作为"反动学术权威"的子女，学业向来优秀的何若苹无缘继续升学。鉴于哥哥、姐姐都已经到农村"上山下乡"，根据政策一个家庭可以留下一个子女在城里，何若苹因此得以留在杭州。可是，父亲经常要下乡巡回医疗，母亲经常带领学生学工、学农、学军，因此，何若苹也常常是孤身一人独自生活。当时，留在杭州没有去"上山下乡"的同学，许多都去了邮政局或是铁路局这样的单位上班，何若苹被安排到母校的校办工厂做点焊车间的工人。因为年纪轻轻就参加工作，母亲给何若苹取了一个别称——"小童工"。校办工厂的规模不大，前三年何若苹在厂里当学徒工，第一年每月工资15元，第二年每月工资17元，第三年每月工资19元。

刚刚到校办工厂时，那时工厂正在筹建中，学校安排何若苹和其他几个学徒工暂时先去红太阳展览馆当讲解员，红太阳展览馆就是现在的浙江展览馆，杭州人称它为红太阳，是杭州的标志性历史建筑。红太阳展览馆的讲解员选的都是一二十岁，长相百里挑一的人，然后经过普通话培训、讲解台词培训，从早背到晚，才能上岗讲解。讲解员的工作非常辛苦，长时间的讲解很容易伤精耗气，邪气就比较容易入侵。有一天上班途中，何若苹淋了雨，一下子就病倒，发起了高热，一起工作的工友发现何若苹烧得非常严重，连忙陪着她去医院挂了急诊。医生让护士给何若苹做青霉素皮试。等皮试时间一到，护士就开始给她注射青霉素，没想到一针打进去，她立即面色苍白、全身发软，连话都讲不出来了。何若苹可以听到周围人们的说话声，但是自己却说不出话来。旁边一个老护士好像注意到了她的状况，连呼："哎呦！这个小鬼不对了！马上注射三分之一肾上腺素！"老护士凭着丰富的护理经验，立即给何若苹注射了肾上腺素急救。"幸好当时就在急诊室里面，若是走出了医院……"何若苹后来开玩笑说，"那我大概就'报销'掉了，肯定没救了！"当时她全身都是冷汗，四肢冰冷，一下子昏迷了过去，医务人员就用盐水瓶灌了热水，给她的手脚都捂住，还盖了厚厚的被子，渐渐地随着肾上腺素的推注，何若苹终于醒过来了。一场惊险的抢救之后，何若苹被救了回来。但是醒来之后，仿佛刚才是用尽全身力气从死神手中挣扎出来，何若苹整个人都瘫软了。回家的时候，何若苹没有一点力气，迈不开步子，她的工友就去找了一辆三轮车，总算坐着脚踏三轮车回家了。可是，她回到家里也只有自己一个人，幸好当时的邻居史奎钧一家的照顾（史奎钧是江南名医，是曾任浙江省中医药研究所所长史沛棠的儿子，他在当时已经是一位中医师了），因为何若苹没有家人照顾，所以他经常会来看看，并给她开些中药，帮助何若苹尽快恢复健康。他当时说了句话，让何若苹至今印象深刻，"哎哟，你这次病得可真够厉害的，要是何院长回来发现毛毛（系何若苹小名）没有了，那可怎么办呢"。幸而经过史奎钧医师精心的中药调理，已经是气咽声丝的何若苹渐渐地好转了。很长一段时间，史医师都是何若苹的邻居，何若苹说，即使现在与史医师遇见了，两人也会会心地打招呼，见了面备感亲切。

在何若苹的身上不断验证着岐黄之道的奥秘，仿佛是冥冥之中有一股力量在牵引着她，指引着她，向着祖国医学上下求索。从那以后，她更是感觉到中医中药神秘而又伟大的力量，对中国古代传统医学的崇敬也越来越深了。

工厂建成以后，何若苹一直在点焊车间工作，生产的产品是很多仪表上都用得到的电子管里面的组件"二极管"，她的任务就是把二极管一个一个焊起来。具体的工序是先将双手伸进玻璃罩子中，玻璃罩子上刚好有两个孔能让两只手伸进去操作，一只手用小镊子夹住"结子"，另一只手拿镊子用一种保护膜围绕"结子"涂一圈，这个过程中要用甲苯、二甲苯、四氯化碳溶剂（其中的甲苯、二甲苯虽闻起来有香味，但有毒性），然后拿到"烧结"车间去烧，烧好后再拿来在机器上点焊。工作虽然很机械，但要求很高，必须非常专心。何若苹回忆，她耐心细致的工作作风就是在那个时候养成的。那时，因为何若苹工作认真，业务突出，虽然属"黑五类"子女，但还是多次被评为先进生产者，多次受到单位表彰。

在工作期间，何若苹常会感觉头晕疲乏，但她很倔强，从来不向别人倾诉，直到1975年，由于她的身体每况愈下，全身乏力，面色苍白。父亲乡下巡诊后回家发现这一情况，马上带她到医院查血常规，结果示白细胞很低，只有 2.0×10^9/L 左右。于是何若苹在家休息了半个月，白细胞就逐渐上升了，但一上班，白细胞很快又降下来。当时浙江大学附属第一医院的血液科医生给她会诊，血液病专家郁知非教授看了何若苹的血常规检查结果后，仔细地询问病史，又经过一段时间的反复检查，最后他给何若苹诊断为"职业性白细胞减少症"。医生说治疗这个病的唯一办法就是脱离环境，远离这些化学和物理因素的影响，然后再观察各项指标的恢复状况，否则长期下去，会造成骨髓抑制的。何若苹当时听了也是十分害怕。

据何若苹回忆，由于自己的操作工序要接触到甲苯、二甲苯，对人体肝脏等脏器有较大影响，当时劳动条件差，毫无保护措施可言，日久天长也就出现了病情。怪不得一旦脱离这个环境身体就马上恢复了。何若苹还笑着说，那个时候的一位同班挚友，了解了她白细胞减少的情况，知道吃甲鱼对提高白细胞有好处，于是想了很多方法专门去抓来甲鱼，一趟趟送给她，那时候托这位好友的福，何若苹说自己还真吃了不少甲鱼呢！现在这位好友在乡间开了个农庄，同学聚会大家还常去那边观赏秀美的风光景色。何若苹非常珍惜与昔日同窗相聚的日子，在她看来，有同学的地方就是风景最美的地方。

校办工厂的领导知道何若苹的病因后，觉得已经不能让她继续在车间工作了，就调她到学校支部办公室做打字、管理档案等文秘工作，那段时间里，何若苹工作认真负责，勤奋踏实，度过了算是平稳的一段时光。然而时间一天天地流逝，何若苹自幼埋下的中医梦也一天天变得越来越强烈，期待自己也有机会能像父亲一样救死扶伤，成为悬壶济世的大医。这个想法得到了父亲的支持，并且他鼓励何若苹，如果何若苹真的想学中医的话，就跟着他好好学习便是。有了父亲的支持，何若苹心中的迷雾消散了，自己从医的理想更加坚定，追梦岐黄的翅膀展开了。父亲让何若苹开始背《汤头歌诀》《药性赋》，还亲手为何若苹制订了学习计划，如何背诵，如何学习，每一步都寄予着父亲深深的冀望。一段时间下来，她的病情渐渐恢复，而且学有所得，一家人都甚为欢心。

第三节 一段机缘

机会总是垂青追求者、奋进者。因为在学校支部办公室工作，一个最好的待遇就是有寒暑假的时间可以自由掌控，何若苹向父亲提出要利用这段时间跟父亲出门诊，但是父亲觉得当中医师不能故步自封，必须学习和掌握西医的基本知识，西为中用。于是父亲就托人介绍何若苹去浙江大学医学院附属第一医院心血管内科的心电图室做义工。

何若苹开始边干边学，起初每天看《简明心电图》图谱，若是遇到不懂的就问老师，然后帮助他们做一些操作。现在的心电图室都很先进了，计算机中直接就可以打出报告，但在当时所有的报告都要人工来写。何若苹要做的就是先把患者的心电图图纸粘好，再填写内容，上面是基本信息，下面就是一段对图纸的描写（描写是为了给最后的结论做铺垫），最后写下心电图检查的诊断结果。虽然基础薄弱，但是何若苹把所有的精力都投入其中，勤学好问，善于思考，对待问题和工作一丝不苟，知识掌握得非常快，写的心电图报告也令老师们非常满意，所以心电图室的老师都非常喜欢何若苹。

机缘巧合，1976 年浙江中医学院中医基础教研室心病研究室刚好需要一位做心电图的工作人员，何若苹因此正式调入浙江中医学院。紧接着又发生了一件好事，因为何若苹在当义工期间工作踏实认真、虚心好学、持之以恒、不骄不躁，颇得该室老师们的喜欢，于是进入了浙江大学医学院附属第一医院继续进修心电图。巧的是，正值那个时期，医院可能是在类似要申报"三甲"的阶段，心电图室也需要把大量的病历数据积累下来，制作成教学片。每次需要制作教学片的时候，心电图室的老师都会把一大堆心电图数据给何若苹，把这个工作都交给何若苹来完成，一是锻炼何若苹的心电图读片能力，二是为了缓解科室的工作压力，当时心电图室非常忙碌，而何若苹学习接受能力非常强，正是他们的得力帮手。因为该医院有心血管方面的权威专家，心电图室的老师也都对她很好，于是何若苹就虚心请教，回家则拼命看书，也因为做了大量的教学片，何若苹积累了丰富的心电图知识，大家都觉得何若苹的报告打得很准确，文字描写运用得非常到位，报告也书写得清丽隽秀。就这样，在临床中反复操作、反复实践，一边实践一边做，操作过的印象就会越来越深，学到的知识就不易忘记，这比在课堂上纯粹学习书本内容理解起来更快，应用起来也更加得心应手。甚至多年以后，一位心血管内科的老医生在遇到心电图方面的疑难问题时，还会拿着报告来请教何若苹，何若苹则知无不言，还把自己精心整理制作的一本心电图病例学习资料借给他。要是后来何若苹没有学中医而是攻读心血管内科，说不定也是一位这方面的权威专家呢!

　　何若苹还记得医院的心电图室有一个很好的传统,每天上午 8 点开诊,开诊前 40 分钟都会由心电图室的老师带领进行教学读片,学生、进修医生、轮转医生都会对那些教学片进行认读,比如这个是什么病,会出现什么样的症状,以及心电图图形应该是什么样的等。如有问题则当场请教,由老师答疑。这样的好处是每天不但能对心电图知识有一定的巩固和复习,还能看到很多有价值的诊断信息,有很多新的收获。10 余年后,浙江中医学院有几个老师去该心电图室进修,早上医生们一起读教学片时,还有一些报告上记录着何若苹的名字,他们遇见何若苹就会说:"何老师,我们早上读的片子,怎么这么多教学片的报告都是你打的。"人们往往感叹于别人的成功,却未曾见到那背后努力的汗水。何若苹打了那么多的报告,做成的教学片被医院一直保留珍藏,10 多年来被学生反复地轮流使用,正所谓"前人栽树,后人乘凉"啊。

　　在浙江大学医学院附属第一医院工作的时光,是机遇更是挑战,因为心电图操作并不复杂,但打报告并不是一件容易的事,"特别是对我这样一位基础偏差的学生而言,更需要花上比别人多几倍的努力才行啊",何若苹说,"回想起来,这是一段我人生中最艰辛的岁月,白天上班工作忙,晚上回家学习研究更忙,但这也为我今后更好地从事中医临床打下了很好的现代医学基础。"

第四节　春　天　来　了

　　1977 年下半年全国高考制度恢复了,一代人的命运由此峰回路转。这个消息对何若苹来说,无疑更是意义非凡。在校办工厂工作的时候,她就很想读书,常常一个人在夜里反复读高玉宝的《我要读书》,久久不能入睡。在父母的支持下,她虽只有初中学历,但当即就想报名参加高考,争取实现考入浙江中医学院的梦想。

　　可是对于何若苹来说,要想报考医学类专业,无论是中医类还是西医类,都得考数、理、化等课程,她没有学过高中的课程,念初中时物理只学了一门工业基础课,化学没学,所以很多功课都要从零开始自学。那一年的高考时间离通知只有三个月,这让没有学过高中课程的她如何在三个月内就速成呢? 1977 级学生在 1978 年春天入学,1978 级学生秋天入学,两次招生仅相隔半年。何若苹心想着 1977 年的高考看来是来不及参加了，但是一定要抓住难得的机会，试一试 1978 年的高考。即便如此，要在短时间的自学后，与高中毕业的考生们一起比拼，对她来说，真是一项异常艰难的考验，所以她不得不沉下心来加倍努力地学。

没有学过化学，刚开始实在看不懂，于是母亲找了一位化学老师帮她补习。有一次补完课老师离开时，何若苹听到母亲和化学老师在楼下交流，那位老师叹了口气说："你的女儿当时不读书也蛮可惜的，给她讲了一遍她就基本上都听懂了，她是我教过的学生里接受得算快的，没读书真的是罪过哦。"何若苹听了深受鼓舞，她对学习的热情更加高涨了，也更加坚定了对学习的信心。

尽管备考已经非常忙碌，但白天上班照旧。医院工作非常忙，在科室操作及打报告工作量非常大，基本上一刻不停，因为那时杭州人生病都要去浙江大学医学院附属第一、第二医院。晚上回家何若苹就把心电图资料报告带回去做教学片，做完这些再准备高考的功课，自学那些艰涩难懂的知识。往往累到精疲力竭的时候，何若苹就告诉自己，再努力一点就能实现上大学的梦想了，同时也能离自己喜欢的中医事业越来越近，与父亲一样能够成为医德高尚、医术高超的中医大家。虽然那时候每天只有三四个小时的睡眠时间，而且压力大，但是何若苹感觉自己的内心非常富足。疲惫着，但却开心着，就是这种最简单的快乐，支持着她朝着自己的梦想一步步靠近。

终于，在 1978 年，何若苹和哥哥、姐姐一起参加了高考。哥哥、姐姐都是高中毕业，所以基础都很好，后来都上了心仪的大学。而何若苹当时就是初中毕业生，以同等学力资格参加高考，显然难度大多了，但高考成绩出来，何若苹还是上了专科线，这样就可以选择很多大专院校。但她热爱中医的心非常坚定，而恰巧这时，浙江省决定全省统招 500 名 5 年制"中医学徒班"，在浙江中医学院选了 6 名，何若苹正是其中之一。他们从 1979 年 1 月开始，先到药房学习，同年 9 月开始与学校新招生的 1979 级本科同学一起上课，并于 1983 年底满 5 年后经考试出师，1979 级本科同学则于 1984 年 6 月毕业。没有任何的迷茫和彷徨，似乎学医这条路就已经在脚下延伸下去。从此，何若苹开始了 5 年正规教育的中医求学之路。

第五节 勤 学 苦 读

大学是多少青年学子心心向往的地方，作为那个时代经历了很多磨难的青年人，"大学"被赋予了更多的意义。何若苹当然倍加珍惜大学的光阴，下决心要努力把失去的时间夺回来。

"渴望读书""把失去的时间夺回来"，这两个想法贯穿了何若苹的整个大学时代。即使在多年之后，何若苹与她的学生们闲话当年，也总是提起她在那段时光中"我要读书"的心境。

而经历过失学而"没书读"的何若苹，在5年的大学时光里她的学习潜力爆发了。

在上大学期间，何若苹的勤奋也是有目共睹的。当时何若苹家从慈楼先后搬到少体校边上的小楼及3号宿舍，而3号宿舍则与女生宿舍隔着低矮的围墙和一条小路。住在女生宿舍的几个同学有时会到何若苹家里来玩，几次下来她们发现何若苹的南窗刚好就对着女生宿舍的北窗，于是她们终于解开心里的迷惑了，因为她们之前发现何若苹房间的窗户有个奇怪的现象，就是里面的灯总是亮得最早，熄得最晚。原来这盏灯的主人是何若苹，也就不足为怪了。

从1978年12月到1983年12月的5年大学生涯里，何若苹每个星期都要抽出几个半天随父亲门诊抄方，这个习惯从那个时候开始坚持了30多年，雷打不动。她白天侍诊，抄方诊病，倾听父亲的教诲；夜晚则勤于书斋整理笔记，攻读医书，苦心钻研。多年后很多媒体记者问起何若苹成长为名医的原因和方法，她会谦虚地说："别的我也不敢说，对学习的踏实勤奋方面，我是父亲手把手带出来的。"这些半天的门诊都非常紧张，四五十位患者，从早上不到8点开始，一直要忙到中午甚至下午2点，中途连上厕所都顾不上。跟父亲门诊，首先学的是做医生的道德和作风。即使在父亲高龄、身体不甚康健时，也从不忍心对远道慕名而来却超过就诊时间的患者拒之门外，就算再吃力，也总是耐心细致地坚持把所有的患者看完。对于父亲的谆谆教诲，何若苹一直铭记于心："一个好医生，仅仅有医术是不够的，更要有医德。"就这样，在研习岐黄之术的路途上，何若苹走出了一个个坚实而又稳健的脚步，淡淡的甘甜滋味缓缓涌于心中，汩汩流淌，像是细水长流的技艺，在日复一日的推敲打磨中，变得愈发精湛与独到。

浙江中医临床名家·何若苹

除了跟随父亲潜心钻研感悟外，何若苹还努力抓住大学的见习、实习机会，虚心向每一位老师学习。见习时，她跟过抄方的老师很多，包括肿瘤科的潘国贤老师，擅长治疗消化系统疾病的内科魏康伯老师，妇科的宋光济老师，儿科的马莲湘老师、詹起荪老师等，这些都是名震钱塘乃至华夏的名医大家。何若苹大学实习去的是浙江省中医院，在那里跟过妇科的裘笑梅老师，跟过擅长肾病、疑难病的李学铭老师。如今，这些老师都已经过世，说起来，何若苹满是伤感和怀念……

经历了"文化大革命"的岁月，老师们带教热情也很高，巴不得把自己所有的经验学识都掏出来给学生，尽管每个老师的禀性有别，但他们高超的医术、高尚的医德及对待学生满心的期待，都是相通的，都给何若苹留下了深刻的印象。何若苹回忆，有一次一个患者来就诊，李学铭老师对他进行望、闻、问、切四诊完毕，又让各个抄方的学生也诊一下脉，然后说："都给我写个方出来！一人一张，快点写！写完交给我！"大家就开始埋头写脉案开方子，写完后都小心翼翼地把自己的方子递给老师，李学铭老师就开始拿支红笔批改起来。药不合适的全部划掉，有必要的就用圆圈圈一下。何若苹记得很清楚，当时那个患者的舌象其实还是有点白腻苔，有个症状是口干不欲饮，小便不利，大便反快，结合长夏季节考虑，何若苹认为是湿热为主，于是何若苹就开了以"三仁汤"为主方的具有宣畅气机、清利湿热功效的方子。当时一起抄方的有一个何若苹的同学，还有进修生和医院里的年轻医生，有位学生开了六味地黄丸，李学铭老师几乎把她方子里的药都划完了，"嘭"得一下甩过去，就不说话了。因为那是个小姑娘，脸皮薄不好意思，一下子觉得接受不了，就差点哭出来，眼睛红红的，下午门诊的时候就跟李老师说："李老师，我下午想要请假了，我有点胃痛。"李老师就开玩笑接上说："是哦！胃痛了哦，是'肝气犯胃'了哦！""肝气犯胃"在中医里面是情志不遂、气郁化火导致横逆犯胃，于是就会胃痛。所以李老师也是有点打趣地说的，虽然对于当时的小姑娘可能是有点接受不了，但李学铭老师就是用这样一种方式来激励学生去勤学苦练、用心感悟的，刚接触时可能不容易接受，当时间长了，摸清他的脾气，也就能体会到老师的爱生心切、育才有道了。

俗话说一分耕耘，一分收获。经历了5年如饥似渴的大学学习，何若苹不仅成绩优异，而且还利用业余时间发表了多篇文章，如1981年12月在《上海中医药杂志》上发表了《急症医案两则》，1982年1月在《云南中医杂志》上发表了《诊余漫录》，1983年5月在《上海中医药杂志》上发表了《眩晕证论治》，1983 年 6 月在《浙江中医学院学报》（现《浙江中医药大学学报》）上发表《喘证论治》，1983 年 6 月在《北京中医学院学报》（现《北京中医药大学学报》）上发表了《〈金匮要略〉方临床医案》等多篇医学论文，1983 年 7 月，《新加坡中医学院第十八届毕业纪念特刊》上还刊登何若苹的《何任教授妇科医案四则》一文，一个大学生，俨然已经成为高年资的医生，这在当年可以说绝无仅有，并在同学中传为佳话。

第二章

名师指引

　　父爱如山，父亲不仅给我身躯，还教我做人为医，我能有今天的医学成就，完全得益于父亲何任教授的细心呵护、精心栽培、用心教导。作为钱塘"清源何"的第三代传人，从医风、医德、临床特色到学术思想，我力求全面继承父亲的衣钵。

——何若苹

第一节　医德风格

1. 严以律己，力戒自满

　　何若苹说："家父何任有深厚的医学功底及中华传统文化底蕴，但他并不自满。他常说：'要做的工作很多，要多读书，不断充实新知。要多诊病，不断累积经验。'为的是提高临床效果，做到'上工十全其九'，把百分之九十的病人治好。好多次报社要撰写介绍他的事迹，家父都没同意，希望题目里去掉他的名字。"

　　何任先生诊病开方，逐个患者都要由他亲拟全方后交学生抄写，患者再多也不马虎，深受患者信任。患者治愈后送来锦旗，他一般最多挂一二天，就收进橱柜中。有时患者太多，已大大超出限号，我们怕他年高体力不支，他总是说："他们外地赶来，已花了很多路费，给他加一号吧，迟点就迟点。"凡是门诊的当天，他早晨起来后总要翻查一下诊病底稿，思考提高疗效的措施，多少年来都是如此。

2. 默默奉献，落实承诺

何任先生早年写作喜在夜深人静以后，没有外来干扰，根据读书、诊病心得，经过思虑分析，很快就能成篇，如探囊取物。1980年初，他受卫生部（现卫生健康委员会）和人民卫生出版社的委托，主编《金匮要略校注》一书，并承担了中医古籍其他主编人的开题会、审稿会的主审。何若苹回忆随其父去南京中医学院（现南京中医药大学）主持丁光迪老先生主编的《诸病源候论校注》的开题会，去长沙主持李聪甫主编的《中藏经校注》的审稿会，去北京怀柔主持刘渡舟主编的《伤寒论校注》的审稿会议，何任先生都认真负责地看数据、听汇报，而且十分尊重与会主编和在座评委。她印象最深刻的一次，在怀柔听刘渡舟介绍情况后，有两位评委争议激烈，刘渡舟作为主编见相持不下，他就站起来，先向大家鞠了一躬并邀请何任讲一讲。何任站起来向刘渡舟回敬一鞠躬，谦和地感谢诸位评委对学术负责的精神，并随和地阐明自己的看法，得到大家一致赞同，圆满地完成了评审工作。

有人说，何任先生作为《浙江中医学院学报》主要创始人，虽至耄耋，每期仍有他老人家的文章，真是难能可贵。其实这也是他对诚信的践行。他在"文化大革命"后创办《浙江中医学院学报》时，当时的知识分子心有余悸，视写稿为畏途。他为解除大家的顾虑，就首先承诺为了学术繁荣，保证每期有一篇或读书或临床的心得体会发表。这一承诺，他坚持了30年。

3. 爱憎分明，宽容大度

何任先生常说："当医生要'一身正气'；当干部要'两袖清风'。"他对陶行知先生所说的"捧着一颗心来，不带半根草去"非常赞赏。"文化大革命"结束后，他欣喜之余，请人刻了一枚闲章，文曰"大地回春"，盖在他所写绘的字画上，几年以后，出现了国泰民安的好年景，他说："要抓紧多读书，十年动乱没有好好读书，要补！"国家兴达，他常常感叹自己对新事物懂得太少，真如处在世外桃源一样。一位艺术家知他这一心情，就依照古黟县人旧居联语，刻了一枚"桃花源里人家"送他。老人家十分欣喜，在自写自画的作品上盖上这枚闲章，平时抽空作书作画，并且选择好的作品裱好，有人问他索讨，他从不吝啬地相赠。

有人问何任先生："以前'文化大革命'中批斗过您的少数学生，现在也在有关医疗机构中，您对他们如何看待？"他笑笑说："30多年前，他们还小，幼稚，为时潮所迫，也是受蒙蔽的，行动出格，是他们自己认识水平问题，怪不得他们。"足见其心胸之宽厚。

4. 言传身教，重在务实

何任先生对后辈的教导，除了教授学术知识外，还注重对心灵的教导。他对知识要求丰富，对心灵要求润泽，既要智慧又要仁德。他有一枚闲章，文曰"心诚行正"，说养德先养心，推崇荀子说的"养心莫善于诚"。有诚的心，待人接物诚信善仁，这样行为也就正直无私了。他认为"一位学者，他的学术根底和自身人格是学术价值的保证。优秀的学者应具备坚定的学术信仰，不畏艰难，不唯书，只唯实。一位优秀医生，永远离不开实践。要理论和实践结合，要勤读、勤研、勤写"，他这样说，也这样做到了。

何任先生常常强调"温故知新"。他说早年读过的书，不时翻看，常常会得到新的收获。他曾连续撰写《重温中医典籍认真继承创新》的文稿，认为这等于自己对中医经典著作重新概括整理了一遍，得益不浅。

何任先生认为中医专业人员应先把中医学好，学深学透，再学其他，这是最好的办法，也叫"先入为主"。他常说："我们老一辈中医不会轻易忘记中医，就是靠的'先入为主'。先把中医的根扎深了，其他学识进来了，也不会动摇中医的根底。如果没能'先入为主'把中医的根扎深，听到其他就摇摇摆摆，先是枝叶动摇，久而根也渐渐松动，这怎么行呢！"

第二节 治 学 方 法

1. 基础扎实，不断累积

谈到治学的方法，何任先生生前经常提到老子的"合抱之木，起于毫末；九层之台，起于垒土；千里之行，始于足下"，以及朱熹的"循序而渐进"，前者是说明做任何事情都要从基础开始，后者是强调学习要按照由浅入深的顺序，逐步地深入。他认为任何科学知识，都是前后相互联系的。基本理论知识、基本技能没有学好，就不可能掌握精深的理论、尖端的技术。就像建宝塔一样，塔基越牢固、越宽大，塔身才越稳固，塔尖才能高耸入云。

何任先生强调，学习中医，首先要学好古文，具备阅读古典医籍的能力；其次要打好中医专业的基础，诸如阴阳、五行、藏象、经络、病因病机、诊法、辨证、治疗原则、中药学、方剂学等；最后在此基础上再学习临床各科及《伤寒论》《金匮要略》《温病学》等。这是学中医之正路。反之，对基础知识不求甚解，就想学新内容，必然事倍而功半。何任先生早在少年时代就阅读了四书及《古文观止》《史记》等大量的古代文史作品，同时还诵读了《本草备要》《药性赋》《汤头歌诀》《医学心悟》等医书。当他考入"上海新中国医学院"后，又系统地学习了医经、医史通论、中药、方剂、伤寒杂病、温热病、西医基础和中西医临床各科课程，这些课程使他对基础理论和临床各科都有了比较系统的掌握。他的整个学习过程，无论在家的自学，还是在医学院的学习，大体上都是循序渐进的。由于学得扎实，所以掌握得也比较牢固。当他回忆这一段学习经历时，无不感慨地说："家庭的自学，我打下了古文和中医学基础，以后医学院的教授使我对中医理论和临床各科得以系统掌握。而医校毕业后几十年的不断实践和更新，则是最有收获的。"

何若苹回忆，何任先生还以他的切身体会教导她："基础扎实以后，不可以停步。学问知识还在于平时的积累、充实。有一句贬义的话，叫做脑满肠肥。我却反其意而用之。因为有人搞不清问题，常要绞尽脑汁。写不出文章，常常要搜索枯肠。平时应不断地充实知识、博采精思、温故知新，长期多方面地充实、完善自己的脑海，使它不空，那么"肠也不干枯"了。当要取材的时候，不必绞尽脑汁、搜索枯肠，就能一下子想到几个方面的内容。动起笔来，就如探囊取物，一挥而就。这使我真正体验到平时不断累积知识是治学、提高的关键。"

2. 熟读精思，深刻理解

熟读背诵是我国传统的读书方法。宋代朱熹要求诵读先定下遍数，"遍数不足，而未成诵，必须成诵；遍数未足，虽已成诵，必满遍数。但百遍时，自是强五十遍；二百遍时，自是强一百遍。今人所以记不得，说不出，心下若存若亡，皆是不精不熟"，强调了诵读的重要性。

何若苹提到，何任先生强调熟读背诵是学习中医的一种好方法。因为中医许多基本的东西，诸如药物的性能、功用，方剂的组成、适应证，诊察疾病的方法，辨别证候的症状依据，《伤寒论》的六经提纲等，都必须牢牢记住，为此在学习阶段就必须熟读背诵。熟读背诵并不是死读书，熟读是为了便于领悟，便于牢固记忆，便于在实践中加深理解、正确使用。然而，光靠熟读不够，还必须加以深入的思考。何任先生指出，背诵后再经过自己的反复思考，才能真正弄懂。这就是所谓的"学而不思则罔"，"熟读"与"精思"了。举例来说，《金匮要略·痰饮咳嗽病脉证并治》对"夫短气有微饮"，既言"苓桂术甘汤主之"，又曰"肾气丸亦主之"；然而肾气丸在《金匮要略》中先后出现五次，除痰饮外，还分别用于治疗虚劳、消渴、转胞等多种病症。如果一个人学习《金匮要略》只知背诵条文，而不注意前后联系思考，那他就很难领悟到原文，前者是论述同病异治，后者是说明异病同治，最终是为了教人辨证施治的真实用意。因而，只有把熟读和精思结合起来，才能使理解更加深刻，掌握更加牢固。何任先生认为浅尝辄止乃治学之大忌。

3.围绕《金匮要略》，多方研究

何任先生在临诊工作中，广泛阅读各医家著作，更潜心于仲景学说并常用仲景方。他在临床中体会到《金匮要略》方治病疗效显著，于是着重于它的理论、法则、方药乃至煎服法的钻研。他研究《金匮要略》大约从三个方面着手：一是将《金匮要略》原文从普及、应用的角度做研究；二是将《金匮要略》从沿革、版本、注家方面做注释；三是对《金匮要略》方药的临床实践应用做继承和推广。因此，他也从不同角度出版了多部《金匮要略》专著。

此外，何任先生还从以下六个方面进行了研究：①对《金匮要略》学术思想的进一步探究，以脏腑经络为基础，根据病因、病理变化、病与证的结合进行研究，从而揭示最良好的方法以提高诊治质量。②对《金匮要略》四诊方法的研究，曾有专文发表。③考虑《金匮要略》以杂病为主，传变较少，其治疗当以扶正为前提，还曾致力于《金匮要略》方在提高人体免疫能力方面的研究探索。④对《金匮要略》特殊法则的探究，如对木防己汤的研究等。⑤对《金匮要略》同病异治、异病同治基本规律的研究。⑥对《金匮要略》200余方从选药到配方、煎、煮、服法等的研究。

4.学习医案，格外重要

何若苹回忆提到，何任先生对业医者学习医案的重要性十分看重。他手边常放着《孙东宿医案》《饲鹤亭凌晓五医案》《徐批临证指南医案》等书籍，让学生们去阅读。他认为，前人说"读书不如读案"有一定道理。自古到今，学医的人不能不读医案。明代孙一奎说："医案者何？盖诊治有成效，剂有成法，固记之于册，俾人人可据而用之。"可见读医案的重要。闲暇时读各家医案，不但可以学习很多治疗方法，而且可以学习他们治疗过程中对内外关系的表述方法，更何况有些医案的文字也很细致精彩。像《孙东宿医案》实际上写得比医话还生动，也足可师法。至于《饲鹤亭凌晓五医案》，看得出这是一个比较实在的医生所写的，比如他治疗单腹胀这类难治的病，医案上就写了"治之非易耳"，他的《饲鹤亭集方》也有较多经验在内。《临证指南医案》是一部名著，学医者多半都要读，可谓门类清楚，诊断详明。

但由于是叶氏门人整理，有些辨述议论不一定是叶天士原意，故徐灵胎的评论既有进一步阐述原案之处，亦有对叶案的指责处。当然有些偏见的指责王士雄的评本也为之驳正。

何若苹回忆，何任先生认为医案是记载医家的学术思想、诊治方法的，反映了各个医家的经验、用方用药等特色。因而读医案也如随师临诊一样有益。学医案应学其医家对疾病的总体判断及处方用药。有些医案文字辞藻好，也应同时学习。有些医案中的脉案，文字极少而简朴，不加雕琢修饰，虽简单亦值得重视。就常理推之，名医诊病忙碌，除始诊者外，复诊脉案自多从简，但往往以药推证，亦可得其七八。历代医案之用药法，亦常能启迪后学。名家名案方少则三五味，多则八九味或十三四味，二十味以上者比较少见。可见名家用药力避庞杂，其用药精到处，历历可证。学习医案之弥足珍贵者，亦常在此。

5. 勤于实践，勤于总结

何若苹回忆，何任先生认为只要有可能，就要多接触患者，坚持医疗实践以提高分析问题的能力。譬如麻黄一味，《神农本草经》谓能发汗。但临床上若单用麻黄就很少能见到发汗的；若以麻黄与其他发汗药相伍，则发汗就很明显；麻黄与其他利水药相合，尿量亦明显增加。说明书本知识与临床实际有时尚存在一定的距离，这个距离就要依靠医生的临床实践来缩短。何任先生常说："确是'纸上得来终觉浅，绝知此事要躬行'。要在实践中不断提高，争取'日异其能，岁增其智'"。正是这样，他在临床实践中，不仅验证古法、古方，而且拓宽了古方运用的范围。

何任先生在漫长的医林生涯中善于观察分析、勤于总结著述，形成习惯，无论是在教学、医疗、科研工作中，还是在阅读、休息的时候，一有体会辄加记录。他的不少文章的构思就是在这样平凡的生活、工作中完成的。50多年来，他之所以文思泉涌，专论专著不断问世，就是得益于勤于实践、勤于总结的科学态度和方法。

何任先生写文章、总结经验，多取材于平时记录积累的读书心得、医事体会、家庭教益、师友见闻，其著述或追忆旧迹，或把握临证。一些在他人看来是点滴繁琐的医学事物，他都不丢弃而引为日后文章题材。他常说："要问写文章，我念一首诗：'但肯寻诗便有诗，灵犀一点是吾师，夕阳芳草寻常物，解用都是绝妙词'，我是把医事中的'夕阳'和'芳草'这些看来平常的东西都不丢弃，花些工夫将它整理总结，那么真实、清新的文章就出来了。这是我向清代诗人袁子才学来的写作方法。"

6.珍惜光阴，学无止境

何若苹指出，何任先生经常告诫青年朋友，要想在事业上有所建树，就必须珍惜寸阴、持之以恒地努力学习。他常常提及陶渊明的"盛年不再来，一日难再晨。及时当勉励，岁月不待人"。几十年来，他始终保持求学时那种"夜卧人静后，晨起鸟啼先"的生活习惯。无论是节假日，还是繁忙工作中短暂的间歇，他都抓紧一切可以利用的时间，精勤不倦地看书、学习、著述。他说："我这一生无其他嗜好，唯书而已。""泰山不辞杯土，所以成其高；大海不涓细流，所以成其大"，他正是依靠这种珍惜分分秒秒、锲而不舍、勤奋研读的精神，在中医药学领域取得了很大的成就，成为知名的《金匮要略》研究大家。

何若苹跟随其父已经多年，其父的治学指导思想是有益于人民、有益于社会与国家，永远奉献。具体方法总结起来是勤奋、艰苦、求实、惜阴。不断充实、不断完善自己，实实在在，永不停步。我们要首先学他的治学思想，并在他的指导下，巩固学到的知识，而且一步步提高。古人说："临渊羡鱼，不如退而结网。"世上的大事业、大学问都是在实实在在的思想和方法下完成的。

第三节　方药运用

（一）要正确运用方药

何若苹回忆，何任先生常说："治病效果要好，这是做医生的第一要义。做医生治病用药既要安全又要验、便、廉。第一是治之有效，即'验'；第二要方便患者；第三要使病人负担少，用药要廉。"说到"验"字，他认为其中最重要的是准确用方用药。

1.以经方治病，须按原方配伍，力求准确

何任先生临床常用经方，用药味少而效宏。目前经方是指张仲景著作中的方子。经方用药是有严格规律的，他常举例说："用大承气汤就得按'四黄、八朴、五枳、三芒'的比例。如果少其中的芒硝，那就不能说用大承气汤，而是用小承气汤。看待这个问题日本汉医比我们认真……"意思是说要么你准确地运用经方，有针对性地辨病、辨证；要么不要说你用经方，只能说是个人的经验方。比如泻心汤，某一味药的用量加大，为主药，就分为半夏泻心汤、生姜泻心汤、甘草泻心汤等，而各方中亦有一些增损，但各有其适应证，不可混用。比如用复脉汤治"脉结代，心悸动"，九味药中，不能少麻仁的滋养，且应于全方之外视患者习惯，适当加入酒水煎，如此收效要好得多。又如用经方黄芪桂枝五物汤治痹证，断不能在方中加甘草，因为本方是桂枝汤去甘草倍生姜，再加黄芪而成，是治疗由阳气不足、营卫不和所致的痹证，证之临床，如本方加甘草，效果常不好。可见用方用药准确，方能切中病机，这是提高疗效的重要因素。

2. 用时方或其他医家方，必须掌握其方特点，正确使用

何任先生指出，"时方"习惯上指的是经方以外治温热病的各家方，如三仁汤、清营汤之类。这种方剂，基本上是结构完善的，一般宜全方使用，不可过多增减。至于内科、妇科等其他方，都融贯当时医家之探索经验，方始形成。例如，妇科中的完带汤，就是很典型的例子，此方是明末医家傅青主经验之结晶，用于治疗脾虚带下确有显效，而方中白术一两、山药一两都较其他药为重，用此方则必须用全方，白术、山药亦必须用足，即各 30g，效用方能明显。又比如，用千金苇茎汤，除了照原方比例薏仁半升（现用 15～30g）、瓜瓣（即冬瓜子）半升（15～30g）、桃仁 30 枚（9～15g）外，主药苇茎原是用苇的嫩茎二升煎汁放入他药，像这种一下子难配到的药，则可以改用鲜芦根 30g 以上煎汁代替。总之有些古方经过千百次的实践，其结构配合甚好，还当推崇使用全方。

3. 在准确辨证的前提下用方用药，治疗效果才显著

金代刘河间曾说："方不对证，非方也；剂不蠲疾，非剂也。"何任先生认为，我们处方用药是否对证，是否能治好疾病，全在于"对证"与"蠲疾"。如何做到对证、蠲疾，关键在于准确地辨证。辨证是决定治疗方法的前提和依据，定什么治则，处什么方，用什么药，这是论治，是治疗疾病的方法和手段。所以要治好病，准确辨证是前提。比如，金匮肾气丸治肾阳不足、痰饮喘咳、阳虚消渴，又可以治阳虚水肿和阳虚久泻。很多病可用肾气丸治愈，只要是辨证准确，用之得当就能"蠲病"。举例来说，何任先生曾治疗一上腭癌患者，经扶正祛邪治则治疗，已稳定多年，停药已久。1 周前，原病患处红肿疼痛大作，有医误认为癌肿发作，即以大量抗癌药物，服后不但不好，反而日益痛剧。复求治于何任先生，何任先生诊治时仔细询问这次发病的过程、原因，得知为进食时损及上腭所致，这说明上腭癌是痼疾，这次红肿是饮食所伤的新病，乃以清热消肿之药数剂而症状消失。

4.熟习方药，运用时才能得心应手

何任先生常说："药物之能治病，总离不开祛除病邪，协调脏腑，纠正偏颇，和调阴阳，恢复元气。故而学习药物，先当明白药物性能之性和味，反映药物作用部位之归经，指示药物作用趋向之升、降、浮、沉及有毒、无毒、用量等。这必须经过一定程度的熟习和一定时间的实践，方能了然。"从古到今，对于方剂，医书所载，何止千万。即从《黄帝内经》的半夏秫米汤、四乌鲗骨一芦茹丸至《圣济总录》《太平圣惠方》《太平惠民和剂局方》中的方剂，至今仍为现代医家常用。医生应熟记各家名方，用时方可探囊取物，信手拈来。我们常用的《太平惠民和剂局方》中的二陈汤、逍遥散、参苓白术散，刘河间的天水散、李东垣的补中益气汤、朱砂安神丸，朱丹溪的越鞠丸、保和丸、大补阴丸等都是配合极好的名方。至于明清各医家的名方更是不少，如王清任的诸逐瘀汤，其组成药物、用法、功效、主治、适应证和方义都应熟悉了解，运用自能准确。这些方子用得恰当，远比临时凑合的方子效果好。

（二）方药使用的经验

谈到用方，何任先生十分强调辨证的重要性，认为辨证是决定治疗方法的前提和依据，论治是治疗疾病的手段和方法，准确辨证是提高治疗效果的关键。他常引用刘完素的话说："方不对证，非方也；剂不蠲疾，非剂也。"这告诫我们，遣方用药成功与否，全在于是否能够对证，如对于高血压的治疗，必须先按四诊去辨证，是肝胆火旺？阴虚阳亢？阴阳两虚？还是痰湿阻滞？辨证准确了，然后才能决定用哪种方药。

他还非常重视经方的应用。他认为张仲景的方药是久经实践验证的，加以学习和灵活运用，当能在临床上取得较好疗效。例如，就张仲景之芍药甘草汤而言，如果能通过认真学习和分析，认识到此方为酸甘化阴之要方，并将其配伍组方原则和适应证牢牢掌握，就能在临床运用上得心应手，从而大大提高自己在某些疾病上的治疗水平。

何任先生用方，强调博采众长，并在临床上举一反三，加以灵活运用。例如，他用炙甘草汤，除了按《伤寒论》原文"伤寒，心动悸，脉结代"使用外，还常用于脉来不畅、短气、咽干便难者；或虚热咳嗽、痰中带血、咽干舌燥、心烦不眠者，以取其滋阴和营之功。值得一提的是，何任先生十分推崇叶天士医案中对于邪少虚多之温热病、内伤病的治疗方法，认为叶氏在这种情况下"顾阴液，须投复脉"一说极为可取，在临床遇到类似情况时参考应用，

多能取得良好疗效。

谈到用药，何任先生认为药物之治病，总离不开祛除病邪、调理脏腑、纠正偏颇、平衡阴阳等方面，能够识别和使用药物，是达到以上治疗作用的关键，而要想正确使用药物，则必须充分认识到药物的性味、归经、升降浮沉及有毒无毒、用法等。他还指出，由于药材产地不同，采集方法和加工炮制形式各异，也可造成治疗作用上的差别，故而在用量上也应有所不同。总之，用药方法贵在知常达变，医者在用药之前，要全面考虑药物的产地差别、患者的禀赋差异、自然条件差异等多种因素。

另外，他也指出，用药对应注意比较，以达到投用恰当的目的，譬如酸枣仁与柏子仁、全蝎与蜈蚣、石决明与草决明、青蒿与丹皮等，每两味药之间在性质和功效上有许多共同之处，但也存在一些区别，切不可混淆。如青蒿和丹皮都有退热之功效，但青蒿擅长退气分病所致之发热，而丹皮则擅长治血分病所致之发热。

何任先生认为，除了熟练掌握各种药物的一般用法外，医者还应多了解各家用药的特色，切不可拘泥于一家之见。例如半夏，综合各家论述，大多认为其能开结、化痰、消肿、降逆、止呕，为咽喉胸膈之药；观仲景诸方，所用半夏多治胸膈以上病；然而据《神农本草经》所载，有将半夏用于肠鸣、下气等病，可见半夏亦能治下；李时珍亦谓："半夏辛温能散，涎滑能润，故行湿而通大便，利窍而泄小便。"《太平惠民和剂局方》用半硫丸治老人虚秘，则更是纯属治下也。又如白术，一般多用以补脾益气、燥湿利水、固表止汗，用量常在 3～12g；而傅青主用其治脾虚带下，白术、山药各用到30g 以上。前人这些独特的用药经验，都值得我们学习和研究，并在临床实践中加以应用。

何任先生在治疗中亦十分注重总结实践经验。例如，治肿瘤患者，他往往根据"不断扶正，适时祛邪，随证治之"十二字原则遣方用药，疗效也往往较为理想。但对于某些肝癌患者，在接受治疗过程中可能会出现转氨酶升高现象，影响治疗效果。经过多年的实践总结，他认识到，此时应视具体情况暂时停止用党参、黄芪等药，而仅用中药清渗降酶，一般旬日即可使转氨酶降低，然后再恢复应用原来以扶正为主的治疗方法。又如在肝肾移植患者的临床治疗中，他体会到，机械地运用参芪等扶正之品往往不能收到令人满意的治疗效果，故而应以慎用为妥。

第四节 临证治要

1. 时病的治疗

（1）外感身热的治疗

何若苹指出，我们在临床上常会遇到身热不退的患者，包括多种时令病，如春季的春温、风温；夏季的中暑、泄泻、痢疾；秋季的疟疾、秋燥、湿温；冬季的冬温、咳嗽、伤寒等。其中亦离不开感染细菌或病毒所致。这类患者常常是先到医院用西药诊治，主要采取静脉输液、抗生素治疗，多可以热除病解，但也有些患者，经静脉输液、抗菌而仍不退热，有的偶尔身热退了，停药后随即复热，在无计可施的情况下，往往找中医诊治。何任先生遇到这类患者，一般 1～2 剂药就能使之热退而愈，且不再复作。他的常用药有二类，一是有感冒症状者，即出现咽痛、咳嗽、气促等症，身热四五天或一周不退者，用连翘、银花、黄芩、鲜芦根为主煎服，即可退热；二是身热甚高，甚至 39.5℃以上多天不退，用静脉输液、抗生素等不解，但未见上呼吸道症状的，则以黄芩、滑石、焦山栀为主，适当加清理肠胃的神曲、鸡内金等，一般也是服 1～2 剂即热退身安。热退以后，再适当针对症状辨证处方，巩固疗效。

（2）湿温病的诊治

何任先生常说："湿温病多由于暑雨炎蒸、氤氲而化生湿热，人感而病。本病一般发病缓慢，病程较长，初起恶寒身重，头胀而痛，胸闷身热，热势不扬，舌苔黏腻或白或黄，脉多濡缓，继则但热不寒；病在太阴脾、阳明胃。根据湿温症状特点及多发季节，与现代医学所说的伤寒、副伤寒颇相类似，属急性传染病。其他如沙门氏菌感染、流行性感冒、钩端螺旋体病等，若表现为湿热证候者，亦可按湿温病辨证处理。"

何任先生认为湿温病由口鼻而入，故多见肺胃证。肺证而逆传，则为心包；上焦病不治，则传中焦脾与胃，中焦病不治，即传下焦肝与肾。可见湿温之辨证，在于视其发展、病程、病变之所在。湿温乃湿热所致，故其辨证以卫、气、营、血与三焦为要点。本病初起，邪困卫阳，故有卫分见证，但为时甚短，且多伴有温邪蕴脾的气分见证，而呈现卫气同病。随着表证消失，则气分湿热逐渐转盛。就湿温病一般进程而言，初起阶段湿中蕴热，多表现为湿重于热；病渐进，湿热逐渐化燥，出现湿热并重现象，甚至转化为热重于湿，湿热郁蒸气分，虽以肺、胃症状为主，其邪亦可弥漫三焦，波及其他脏腑而出现多种证候。他对湿温的治法明确指出湿温既为湿热所致，当分其湿热所胜，湿胜者，当清其湿；热胜者，当清其热。湿胜其热，不可以热治，使湿愈重；热胜其湿，不可以湿治，使热愈盛。但在初时见到其湿，即当以利水清湿为要，使其湿不化成热。久而湿已化为热，亦不得再利其湿，使热反助其盛矣。此为泛指湿热诸病而言，但湿温证之临床诊治，自当以湿热俱清为宜，此为原则。但其变病，如神昏、谵妄躁狂、大便下血、瞀乱痉厥等，则按卫气营血各自病机论治。

湿温初起内外合邪、湿遏卫气时，宜芳香宣透以化表里之湿，表证解除后，则宜宣化气分湿浊，并视症状兼佐清热。湿渐化热，湿热症状俱现，则既化湿，又清热；湿邪化热而出现热重于湿，以清热为主，兼及化湿。湿热完全化火，即以化燥化火论治。至于热炽气分、腑实燥结、络伤便血、气随血脱等证，则分别以清热生津、通腑清热、凉血止血、补气固脱法施治。兼证、变证甚则延至撤销阶段，亦须谨慎地辨别余邪是否清除。至于具体方药，初起卫分证解表用淡豆豉、大豆卷、冬桑叶、甘菊花及藿朴夏苓汤或黄芩汤、银翘散之类；卫分证出现湿热见证的用三仁汤、葛根芩连汤、益元散、苍术白虎汤、竹叶石膏汤；营分、血分证时用清营汤，兼里实用凉膈散，兼神昏用玉枢丹、安宫牛黄丸，化燥用增液汤；便血（伤寒肠出血）则必须用犀角地黄汤（其中犀角用水牛角代）、黄连阿胶汤等。

2. 眩晕的论治

何若苹指出，眩晕临床上有单独出现的，亦有伴随其他证候同时出现的。眩晕又称头眩，亦作眩运。眩指的是眼花甚至眼前发黑，晕是指头眩晕转。《素问·至真要大论》从病机上指出："诸风掉眩，皆属于肝"，《灵枢·口问》则说："上气不足，脑为之不满，耳为之苦鸣，头为之苦倾，目为之眩。"《灵枢·海论》说："髓海不足，则脑转耳鸣，胫酸眩冒，目无所见……"

历代医家叙述眩晕之病因，虽说法各异，但总是以《素问》《灵枢》所说为立论之基本。其中突出论眩晕病因的，以刘河间之由于"风火"说，朱丹溪之由于"痰"说，张景岳之由于"虚"说，影响较深广。张景岳综合前人所论眩晕，说："眩晕一症，虚者居其八九，而兼火兼痰者不过十中一二耳。"证之临床，此说可信。

何任先生认为，中医资料中关于眩晕的证候分类，大体上以肝阳上扰、气血亏虚、肾精不足、痰浊中阻四种为主。老中医临诊时习惯上先分清标本虚实，本虚者，以肝肾不足、心脾亏损为主；标实者，以肝风、火、痰、湿浊为主。

因肝火内动、肝阳上扰眩晕者，每因烦劳、恼怒而眩晕作，常见口苦、苔黄、脉弦，常以平肝潜阳、解肝郁、清肝火诸品，常选用逍遥散、天麻钩藤饮、龙胆泻肝汤等。本虚肝肾不足甚者，亦可酌用杞菊地黄丸之类。

湿痰壅遏致眩晕者，则常见头脑晕兼闭塞，气促，苔白腻，脉濡；治以祛痰湿为主，以二陈汤为主方，随证加减，或选用泽泻汤、温胆汤、半夏白术天麻汤之类。若气虚挟饮者，则往往为"清阳不升，浊阴不降"，上重下轻所致，常以六君子汤为主加减治之。

体虚眩晕甚者，兼有气促、脉微、自汗不已，以重用人参或党参并六君子汤为宜。肾水不足、虚火上炎者常有手足心热、舌质红、脉弦细，常选用六味地黄汤。命门火衰、真阳上泛者，往往四肢不温、舌质淡、脉沉细，常选用右归丸之类。

何任先生常提到，他于临床所见，本病往往虚实互见，或本虚标实，或数种成因见证交织并见。更有眩晕不甚，而头目不利者多为气血亏虚而肝阳上扰之轻症，可以川芎散、防风散之类见效。此外，古人亦有将眩晕分为"真眩晕"及常见的头眩目花。所谓"真眩晕"，见于明代方隅之《医林绳墨》，系指眩晕突然发作，并有屋宇旋转、恶心呕吐等征象，相似于西医所谓"平衡感觉障碍"，由内耳迷路或前庭神经的病变所造成。临床见到这种病例，亦须分虚实寒热，辨证施治之。

3.治妇科病当重视调经和气

妇女疾病，因其经、带、胎、产数端而多于男子。由于妇女生理、病理与男子不尽相同，故其诊断、治疗、立法、遣药乃至预防均与男子的处理方法有差异。何任先生对中医妇科曾做过深入的研究，对历代妇科著述，他推崇清代傅山之《傅青主女科》，认为其立论定方，均不落古人窠臼；用药纯和，无一峻品；辨证详明，易于了解。对妇科病的问诊，他认为《冷庐医话》所附"问法要略"一篇，语约而意详，有助于临床诊断。

关于切脉，他尤注意尺脉，尺脉滑，反映血气实，常见为经脉不利；微弱，多为少血；微涩多闭经；脉来弦劲，若问诊得知少腹痛，则月经多不利；若弦劲而偶有断续之势，则不仅少腹痛，且有痛引腰胁乳胸之症状。胎前脉候，经停二三月，脉行滑数，尺中按之不绝，多为妊娠；配合尿液检查，常能一致。产后之脉，大都以缓、滑、沉、小为宜，尤以新产妇人多见，实、大、弦、急、坚、牢等均非产后正常脉候。带下脉候，若兼症少或无，脉虚而迟者，其证轻；数而实者，其证重。带下而经行量多如崩者，其脉多浮动。

对于妇科病的治疗，何任先生强调应该按照"治病必求于本"的总则。在具体治法上除采用一般的调气血、和脾胃、补肝肾方法外，要重视调经、补奇经、和气三者。

他指出，一者治妇人诸证，总于诊断中注意月经情况，而于治疗中重视调经。宋高宗时太医陈沂曾谓："女子经血宜行，一毫不可壅滞。既名月经，自应三旬一下。多则病，少则亦病；先期则病，后期则病；淋漓不止则病，瘀滞不通则病。故治妇人之病，总以调经为第一"，又说"凡治妇女之疾，先须调经。"验诸实践，凡月经不调者，则癥瘕痃癖、肿胀烦满、骨蒸痨瘵，诸症由此而生。但先调经，同时治疗诸疾，常能事半功倍。

二者诊治妇科病，必通晓奇经之理。奇经八脉为十二经脉以外之任、督、冲、带、阴跷、阳跷、阴维、阳维八脉。奇经具有联系十二经脉、调节气血之作用。何任先生认为妇科之经、淋、带、崩漏、产后各证均与八脉有关。叶天士曾谓："八脉聚于肝肾，一身纲维。八脉主束固之司，阴弱内热，阳微外寒矣。"正经犹沟渠，奇经犹湖泽，比如雨降沟盈，溢于湖泽。而正经病久，延及奇经。妇科疑难之疾，常为病久入络，气血消耗，渠枯泽竭也。何任先生治崩久不愈者，常用补奇经而收显效。此治妇科之不可不知也。

三者治妇科病应重视和气。妇科诸疾与气血关系至密，而于气尤为重要。妇人多气者，情不能舒，忧思愤怒，肝火时动。朱丹溪所谓："血气冲和，万病不生，一有怫郁，诸病生焉。"气郁血滞，则经不调、胎孕不安、产后腹痛、神情抑郁诸证均现。盖七情失和之气，反为元气之害，和气则能使元气复而脏腑功能正常。故治妇科病，调气血中必重和气，而疏肝、理脾则参在其中也。

4. 肿瘤治疗的经验

何若苹说："家父积毕生临床之心得，提出'不断扶正、适时祛邪、随证治之'的十二字治癌法则，疗效确切，得到学术界的广泛认可。"

所谓"不断扶正"，就是指治疗全过程自始至终注意调整正气、培益本元，使患者提高抗病能力。但在不同阶段，用药程度上有轻重区别。何任先生认为，不论何种癌症，"不断扶正"是主要的。扶正即是扶助人体对"邪"的防御能力，使人体达到正常功能，就是"培本"。前人说："善为医者，必责根本。"而本有先天后天之辨。先天之本在肾，后天之本在脾。故具体扶正则是以补益气血、补益脾肾为主，常用方药为四君子汤、四物汤、六味地黄汤等。一般扶正药中参、芪是不可少的，参用吉林参、西洋参、党参等，视病情而区别选择；四君子汤常用全方，四物汤则以当归、白芍、地黄为主，另外可加猪苓、制黄精、女贞子、枸杞子、灵芝、制何首乌等。至于绞股蓝和归脾丸也常采用。这是在扶正祛邪治疗原则指导下扶正的一方面。

"适时祛邪"或作"适时攻邪"，就是视时机适当用中药抗癌。所谓"适时"即用其他方法攻邪后中药就不一定再用攻癌药物；如果化学药物治疗（以下简称化疗）、放射治疗（以下简称放疗）告一段落或结束了，患者处在体力较好恢复时期，可以适时多用些抗癌中药。何任先生常用的抗癌中药有猫人参、白花蛇舌草、半枝莲、七叶一枝花、八月札、鳖甲、冬凌草、急性子、威灵仙、藤梨根、鱼腥草、石见穿、蒲公英、白英、山慈菇、山海螺、守宫、斑蝥、薏苡仁、干蟾皮、野葡萄根、大黄等。当然，上面说的扶正药也有祛邪作用，而祛邪中药，也有扶正作用，如鳖甲、薏苡仁等。他认为很多中药都具有扶正祛邪的双重功效。

所谓"随证治之"，是指随癌症患者病情发生的变化灵活应用相应的药物。何任先生指出，患者出现的症，多数是癌肿本身引起的症状，也是不可不知和不可不辨的。在癌症治疗过程中，由于症状的轻重，病程的短长，以及年龄、性别的差异，饮食环境的不同，出现的症状多种多样，不尽相同，应视病情而进出。如出现疼痛、发热、出血等症状，就要随时用止痛、解热、止血等品，有些轻的合并症状，如化疗以后胃纳不佳甚或呕吐等，就要针对症状而用药。何任先生在这类症状出现时常用清、解、和、渗及消导、开胃、调达和营、解热止痛、消肿利尿，以及安脏气（癌症患者不寐者不少）等法辨证施治。他认为癌症从早期到晚期各个阶段，都可按中医理论辨别清楚，认真仔细地选用方药，在"不断扶正、适时攻邪"的原则下，掌握好"随证治之"，既有助于了解癌症的好、坏、进、退，又能取得良好效果。

第五节　薪　传　有　道

1. 打实基础

何若苹回忆，其父年少之时，她的祖父何公旦已在钱塘颇负医名，祖父为培养何任的学医兴趣，打实他的医学基础，在他上小学之初，就让他诵读《汤头歌诀》《药性赋》《医学心悟》等医学入门著作，有些则是要求出口成诵。在他进入上海新中国医学院正规学习之后，更是对此孜孜以求，对于《黄帝内经》《温病学》，做到熟读细研，深有体会；对于《伤寒论》《金匮要略》，则是一一背诵，随用随取。就是这样，他打下了坚实的中医基础，并时常提起这些背诵的内容可真是有用。一直到后来，在临床辨证论治之时，他还会经常想起原先背诵的条文句子，将它们运用到临床，效果着实了得。有了此等亲身经历，他对自己的学生亦是非常强调基础这一环节，也曾不止一次地著文写道："一宜坚实基础。就是要对中医重要的文献著作（当然先是《灵枢》《素问》《难经》《伤寒论》《金匮要略》，再及各家）有较深刻的理解。"

与何任先生求学时代不同的是，我们在拥有浓厚的现代气息之时，传统文化气息却日趋淡薄，传统思维能力正日趋弱化。对此，他甚为忧心，经常对何若苹说："中医是成熟于古代传统文化之上的独特医学体系，要想理解它、发展它，就要有传统的思维，就要读好四书五经，掌握文字、音韵、训诂、校勘等知识，否则用西方医学思想去附会中医，那只会南辕北辙，从而怀疑中医甚至否定中医，最终消灭中医。"

2. 侍诊左右

古人有谓"读方三年，便谓天下无病可治；及治病三年，乃知天下无方可用"，临床病症，变化无端，几无辨证论治着力之处，因此欲成良医，随师侍诊亦成重要一关。

何若苹回忆，其父年少之时，在熟读背诵《汤头歌诀》《药性赋》之后，入上海新中国医学院系统学习之初，她的祖父即让他侍诊左右，起先只是站在她祖父后面，听她祖父如何问诊，看她祖父如何著案开方；后来则是能够坐在她祖父身边，替祖父抄写脉案处方；接着便是坐在她祖父对面，一道望患者舌象，切患者脉，还时不时也问上两句。当然脉案处方仍由她祖父动手，其父则是帮忙抄写；最后则是他处方的阶段，她祖父则帮忙修改分析。如此几年下来，在毕业之时，他已能独立从容应诊，奇证怪病亦能时出奇效。

对于自己的高徒，何任先生亦是十分重视侍诊的作用。他认为，侍诊是学习名老中医临床经验的最好方式。这种方式，可以让学生原原本本地观察到名老中医辨证论治的整个过程，是完全真实的临床，而不像书本的介绍，总是脱离临床一段距离。

3. 参合学用

中医学是一门实践性的学科，其宗旨是治病救人。因此，学以致用，用而问学乃是传承中医学的重要方法。

（1）学以致用

何任先生认为，中医著作汗牛充栋，但其中既有精华，又有糟粕，学习一定要选择那些历代公认并能真正指导临床的著作。他认为，在四大经典之中，《素问》构建了中医完整的理论体系，但相对古奥隐微，可作选择精读；《灵枢》着重于经络学说，对针灸的临床辨证处方有很好的指导意义，学内科的人可作一般理解；而《伤寒论》《金匮要略》，对临床辨证论治最有指导意义，应该全文背诵，烂熟于心；至于温病学说，别立心法，补《伤寒论》《金匮要略》之不足，临床运用较多，亦应熟读熟记。

学以致用的另一层含义，是要把所学的理论知识用于临床。要想发挥中医学的作用，就要把所学知识运用于临床实践，并在临床实践中巩固、提升所学知识，这就是所谓的"博涉知病，多诊识脉，屡用达药"。何任先生曾撰文写道："治学贵在实践。我们学习钻研中医著作，就要在实践中反复分析它的理、法，反复运用它的方、药。知识学活了，体会也就深了。从一些实例中就说明钻研书本理论是重要的，但如学用结合，勤于实践，治学效果就更坚实，理论认识就更通透。"

（2）用而问学

所谓用而问学，就是指在临床中遇到疑惑或发现问题，就要再去翻阅书本，查考资料。何任先生沿袭着其父亲的一个习惯，那就是每次临诊回家之后，都会抽出时间仔细审阅自己所处的脉案，回忆每个患者的用药情况以及患者前次服药后的效验结果，以提高疗效。

4. 撰写论文

何任先生认为，撰写论文的过程，其实是一次整理数据、条理知识、提升认识的过程，是一次将别人的间接经验转化为自身学识并使之系统化的过程，是一次最好的思维锻炼。因此，在学术传承之时，他非常重视论文的撰写工作。

为了更好地总结、继承其父的临床经验，何任先生写了多篇文章来系统介绍，通过整理《骈庵医学摭记》（骈庵为何若苹祖父的别号），他基本上掌握了自己父亲的临床经验，并且能够很好地运用于自身的临床实践。而与此同时，他还写了更多的文章来介绍自己的习医心得、临证体会。

同样，为了把自己的学术思想与临床经验尽快地传授给学生，何任先生常敦促学生多撰写论文。而每当论文写成之后，他都会亲自审阅，并进行评点、修改，有时还会进行详细分析，这让学生获益良多。撰写论文，他最喜欢对临床有切实指导意义的文章。他认为，读书札记、经方时方运用、临床经验总结类的文章最有价值，这类文章，可以多撰写。

5. 坚定信念

中医学严谨系统的理法方药，客观明确的治疗效果，那是掷地有声、毋庸置疑的，然而现代医学凭借其清晰的构造，实在的数据，日新月异的变化，对中医造成了强大的压力，于是在取舍之间，对中医应有的坚定信念，亦显得如此的重要。

对此，他没有对学生进行更多的说教，而是为学生举了一个例子。这是一个他亲手医治的案例，今将当年治疗始末照录于下。

沈某，男，45 岁，职工。1991 年 6 月 6 日初诊。患者因右上腹持续性疼痛 4 个月，伴恶心、呕吐、发热，于 1991 年 4 月 13 日入住嘉兴某医院检查、治疗。经 B 超、CT 等检查，初诊为肝癌晚期。半个月后在硬膜外麻醉下做剖腹探查，确诊为胆囊癌晚期肝浸润（癌肿为 12cm×10cm），并认为已无法医治，未做切除手术，缝合后 4 天送上海某医院，检查结果完全一样，亦认为晚矣，无法医治，并预言只能存活 20 天左右。患者与其家属深感绝望，回家后准备后事。其在杭的亲戚在朋友介绍下，代患者前来求诊。何任先生根据其亲属代诉及综合嘉兴、上海二地医院的病案记录、检查结果，经熟虑后，诊断：证属肝郁气滞，血瘀热毒内积，日久正虚不胜邪而发。治则蠲痛祛邪，佐以扶正。处方：白芍、石见穿、半枝莲、白花蛇舌草、党参、黄芪各 15g，猪苓 18g，金钱草 20g，炙甘草、延胡索、川楝子、海螵蛸各 9g。

10 月 21 日患者一人亲自来杭复诊，谓服上药 7 剂后，疼痛、恶心等减轻，自感有效而用原方连服至今，体征消失，精神振奋，饮食、二便正常，体力渐复，并于 10 月 1 日、10 月 15 日先后到嘉兴及上海原检查诊断医院进行复查，经 B 超、CT 等检查，两个医院结果一样：癌肿未见。效不更方，以原方续服。

12 月 12 日，沈某专程来杭道谢，诉服药后一切稳好。经嘉兴及上海二地医院再次 B 超、CT 等复查，癌肿消失，未见异殊。病得治愈，已于 12 月 2 日上班工作。其家属及其单位领导和同事，无不为沈某康复而感到高兴。沈某真诚地说："是何老给了我第二次生命！"令人欣喜的是，据其他患者说，沈某如今依然身体硬朗，根本看不出曾经患过大病。

医学，效验为先。类似的例子，在何任先生手上，可说是不胜枚举。他说："举这个例子，并非是说西医无用，中医绝对胜过西医。而是要说明，中医、西医为两个不同的医学体系，各有优劣，各有胜负，绝不可厚此薄彼，厚彼薄此，应科学对待，互为补充。"作为名师之高徒，乃中医学术继承、发展之中坚力量，对中医的信念则应坚定不移，因为信念是成就事业的基石。

第三章

声名鹊起

　　从 1983 年大学毕业到 1994 年作为首批经国家中医药管理局考试高徒出师，我一路走来，从国医大师何任教授的学术继承人成长为浙江中医药大学博士生导师和第五、六批全国老中医药专家学术经验继承工作指导老师，还收获了"浙江省优秀医生""全国医药卫生系统先进个人"等诸多荣誉，我的成绩来自家人、来自师友、来自患者、来自时代……对我而言，都弥足珍贵、感恩无限。

——何若苹

第一节　锋芒初露

　　1983 年，何若苹以优异成绩出师，留任金匮教研室，担任助教。与此同时，何若苹坚持每周独立坐诊两个半天，从此开启了她自立门户的救死扶伤生涯。

　　1980 年前后，由于社会各界对中医不够重视，加上国内医疗卫生方面不断地面临着西医西药的猛烈冲击，各界出现了严重的崇洋媚外思潮。国内中医中药的地位开始下降，有些医院甚至中成药也要求用日本产的，在这样的背景下，1980 年初，彭真同志给时任卫生部部长崔月犁同志写了一封信，信中说道："中医是人类最丰富的宝藏之一，它可能是我国对世界有所贡献的方面之一。要使中医对世界医学有所贡献，首先要继承祖国医药学这份宝贵遗产，坚持和发扬中医特色。继承健在的老中医的学术经验是整个继承工作的重要部分，是目前中医工作的当务之急。因为继承工作的意义不仅仅是继承某个老师的学术经验，而是关系到为人类健康卫生事业做出巨大贡献的中医学能否在我们这一代继承下去的大问题。老中医年事已高，故继承抢救工作就更显得刻不容缓。"信中言语字字中肯，字里行间流露出的是彭真同志对中医事业发展形势的担忧。在这般情景下，1983～1988年，浙江省卫生厅（现浙江省卫生与健康委员会）实行了"抢救中医"项目，以期在最短的时间内，培养出高质量中医人才，具体内容是为43名浙江省老中医委派助手，并且让助手与老中医确立师徒关系，学习继承名老中医的经验并帮助老中医完成一些工作。何若苹被确认为何任教授的助手。

尽管何任教授是何若苹的父亲，但是父女之间约法三章，项目正式开始前，何若苹与何任教授之间不断讨论并且最终决定了这期间何若苹的学习内容与时间安排。这些内容安排得非常紧凑，从最基础的医古文到中医经典书籍的熟悉掌握，从最基础的写作、文笔练习到论文、著述的完成。生活中是父女关系，但工作中是师徒关系，绝不能有丝毫麻痹懈怠。比如，何任教授在外坐诊的时候，何若苹和他就是完全的师徒关系。《素问·脉要精微论》云："是故持脉有道，虚静为保。"何任教授遵《黄帝内经》要旨，在诊脉的时候要求聚精会神，不喜被打扰，要求患者和周围环境都保持安静。何若苹熟悉父亲的看病习惯，所以在他看病诊察的时候，绝对不会轻易打扰他。她只是在一旁安静地、仔细地观察老师是如何通过望、闻、问、切四诊来辨证施治的，细心地体会老师的诊脉要领，并且在药方纸背后记录下自己的疑问，在门诊结束的时候再细细地询问父亲。何若苹延续了父亲的习惯，现在自己看门诊，在诊脉的时候，也要求周围环境的安静，要求患者不要说话等。这不仅仅是对诊法的细腻把握，也是对患者病情判断准确与否的负责任态度。

根据何任教授的要求，何若苹在收集整理资料、编纂论文的时候也非常细致入微，久而久之也就习惯成自然了。何若苹常说："文章不厌百回改。"何若苹对自己的著作和对学生的文章，要求也和自己治学时一样，一字一句，马虎不得。用何若苹的比喻来说，好的文章就像一块玉石，只有经过无数次的精雕细琢后，其内在的价值才得以完全焕发出来。何任教授在何若苹写作的时候常会给予某些意见，何若苹会仔细思考父亲的意见，但是有的时候碰到疑难的问题，她并不会不经思索就立刻询问父亲，而是经过自己一番查阅数据、自学思考之后，若是再不通透才会询问父亲。这样的学习方法不仅使她得以全面地掌握疑难问题，而且提升了她自我学习研究的能力。

应该说，何若苹在之前打下了深厚的中医、西医基础，方便了"抢救"工作的开展。在这5年中，何若苹既独立门诊，坚持理论与实践相结合的治学态度，同时也跟随何任教授门诊，并且整理出版一些何任教授的医学著作。"夜眠人静后，早起鸟啼先"正是何若苹这段时间生活的真实写照。因为要门诊或跟随父亲门诊，没有时间学习看书背诵，而且正所谓"一日之计在于晨"，何若苹利用这清早的空闲时段，背诵经文典籍。在经历了忙碌的一天之后，回到家中，何若苹又要写文章、整理医案、总结经验、阅读相关资料、撰写论文著述，这样的工作又每每至夜卧人静后，或追忆旧迹，或把握临证，自学、思考一段时间后再休息。虽然工作辛苦，但她感觉日有收获，非常充实，想到能再次获得学习提高的机会，她心中总会激起幸福的波澜。

而对初涉医门的年轻人来说，最大的幸福莫过于自己医术的长进和得到患者的肯定。对刚出道的新人何若苹来说，这样的幸福常常袭来，颇获佳声，好不喜乐！

何若苹回忆，1985年夏日某一天，有位男性患者王某，找到何若苹时，面容苦恼，心事重重，他支支吾吾地说："我……嗯……何医生您好！我今天来，嗯……我今年32岁。是这样……我。"当时这位男性患者对于自己的情况，欲言又止地介绍了很久，但何若苹却没有打断他，而是给予足够的耐心，让他能够畅所欲言。原来患者结婚已经6年，但未能生育。同时他还有其他不舒服的症状，比如经常感觉到腰酸腿软，平日里工作繁忙，时感劳累，时有遗精，家庭琐事的困扰又让他思虑过多，而且常感心悸，睡眠欠佳，胃口也不是很好。何若苹仔细诊察他的舌脉，舌尖红，尺脉虚。经过一番思考，何若苹认为其病机为思虑劳累为时已久，耗伤正气，日久伤及脾肾两脏，肾气不足则肾精封藏不固，故而遗精。何若苹治疗注重标本同治，乃用益肾涩精法治之。方药选用熟地黄、怀山药、山萸肉、泽泻、茯苓、丹皮、炙龟板、桑螵蛸、五味子、菟丝子、芡实。患者在坚持服药1个月后，症状开始缓解，其信心大增，继续服用。半年后，他的妻子怀孕了，可喜可贺。

又如，1986年春季，曾有一位女性患者卢某，初诊时，自述尿频、尿急症状明显。同时患者苦于腰腿痛和足跟痛，何若苹仔细察看其检查单，发现尿检中红细胞（＋）、白细胞（＋）。仔细询问其病史，得知患者1个月前有身热、尿频、尿急、腰酸的症状，当地医院诊断为尿路感染。经过治疗后身热退尽，但尿频、尿急的症状没有完全得到缓解。这样的情况实际上是上尿路感染（肾盂肾炎）。经抗生素治疗后，虽然发热退了，但其他不适症状仍有。何若苹经过辨证论治，通过口干、头昏神疲、心烦、舌红、脉虚数等症状，判断其为肾阴不足，开方为生地黄、怀山药、山萸肉、泽泻、丹皮、茯苓、川断、杜仲、淡竹叶。患者服用 2 剂中药后，症状得以明显减轻，小便也不难受了。服完 5 剂后，再次去医院查尿常规，结果显示已经正常。何若苹治病，认真仔细态度好，遣方用药效果佳，这样的病例，当年已不在少数，一传十、十传百，何若苹的患者越来越多，名声也就越来越大。都说中医要老，但无论如何，疗效才是硬道理。何若苹得其父真传，年纪轻轻以女儿之躯，巾帼不让须眉、有为不在年高，书写了"文化大革命"后新一代中医迅速崛起的篇章。

何若苹不仅看病疗效好，而且勤于笔耕，收获也丰。在开展"抢救中医"项目的 5 年中，何若苹每次跟随何任教授门诊，注意观察体会父亲的一套辨证施治、遣方用药规律，并且将一些取效迅捷、理想的治验做了一些整理，在何任教授的指导下，何若苹完成了多篇论文的创作并发表在国内多家期刊上，包括 1984 年发表在《上海中医药杂志》上的《痹证论治》、发表在《浙江中医杂志》上的《何任治疗脘腹痛的经验方》；1985 年发表在《浙江中医学院学报》上的《试论〈金匮〉温经汤》、发表在《重庆中医急症通讯》上的《何任教授温病治案四则》；1987 年发表在《上海中医药杂志》的《苓桂枣草汤的临床应用》《半夏麻黄丸的临床应用》；1988 年发表在《浙江中医学院学报》的《栝蒌瞿麦丸的临床应用》等。与此同时，何若苹还完成了《何任医论选》《何任经验方》《何任医话汇编》三部医著的编辑工作。这样的成绩，从理论到实践，在"抢救中医"项目中也是卓尔不群的。所以，何若苹不仅在 1988 年结业考核得以顺利通过，而且还获得了"浙江省名老中医优秀继承人"的荣誉称号。

大学毕业后的这些年，何若苹除了跟随父亲出色完成"抢救中医"项目外，在《金匮要略》的研究与教学实践中，也是喜讯连连。她先后参与完成《金匮要略》考试题库的编选工作，参与制作的"《金匮要略》多功能微机辅助教学系统"是全国首个开展的数字化辅助教学系统，获得了浙江省卫生厅（现浙江省卫生与健康委员会）颁发的二等奖。她还在临床上运用中医辨证论治和异病同治的理论，将《金匮要略》中一张原来用于治疗妇女绝经期后下利夹血的良方"温经汤"用于治疗一位结婚 4 年不孕的罗姓妇女，不久患者身怀六甲。后来何若苹将该方用于小腹寒冷、崩漏、月经量多或月经不调的不孕症患者，屡获良效。这就扩大了经方的适应范围，真正达到了继承与创新相互结合的层次。

何若苹以上的成就，其名医风采，已显端倪。

第二节 再 上 层 楼

时光飞逝，转眼到了1990年。

1990年国家进行机构改革，国家中医药管理局在机构改革中面临着被撤销的险境，这不利于在整个国家民族的立场上发展中医药事业，不利于弘扬民族瑰宝。何任与邓铁涛、方药中、路志正、焦树德、张琪、步玉如、任继学共八位国内知名中医学家获悉后，他们联名上书中央，提出国家中医药管理局不能撤销，其职权范围和经费不能减少，另外还提出建议各个省都设立各自的中医药管理局等建设性意见，得到了党中央和国务院的高度重视，不仅国家中医药管理局得以保留，而且职能比之前有所加强。之后，一些省、市还相继成立了中医药管理局。此番波折之后，国家中医药管理局直接推动开展了一项重大的国家级项目，那就是1991～1994年首批国家级名老中医学术经验继承工作的开展。

古往今来，师承教育培养了朱丹溪、李东垣、叶天士等一个个中医大家，师承教育是培养中医传统人才不可或缺的重要形式。名老中医药专家的学术经验和技术专长是中医药理论与他们长期实践相结合的结晶，是祖国医学文化宝库的珍贵财富。鉴于国内学院教育的蓬勃发展和中医大师们的相继过世，传统的师承教育形式、多样的中医复合型人才出现了危机，1990年人事部、卫生部、国家中医药管理局联合发文，要求采取紧急措施，务必做好老中医药专家学术经验的继承工作，即"国家级名老中医带高徒"项目。同年10月，在北京人民大会堂举行了隆重的拜师大会。全国各地相继遴选出近500名具有独到经验和专长的老中医药专家作为指导老师，并且为这500名老中医药专家配备了一批中青年助手作为学术继承人，展开了为期三年的师承面授、学习总结老中医药专家学术经验的继承工作。机遇再次降临，从1991年9月至1994年9月，何若苹成为国家级名老中医何任学术经验继承人，开始了"国家级名老中医带高徒"项目。

相较于之前5年的省级"抢救中医"项目，在这三年的学术继承工作期间，何若苹除了做好何任教授的医疗助手外，更是笔耕不辍，尤为注重对何任教授治学方法的经验总结。平日随诊，秉持有一点收获就做一点笔记的习惯，一直将跟师期间的点点滴滴记录在手册上。等积累到一定的程度，加以整理修改，就可以形成一篇篇富有指导性和借鉴意义的论文了。为提高名老中医经验继承工作的成效，那几年，国家中医药管理局继承工作办公室和中华中医药学会联合举办了一年一度的有奖征文活动。1991年是征文活动的第一年，确定以总结老中医药专家的治学方法与经验为题，要求应征论文能够从各个不同的角度和方面，揭示老专家们的治学方法与门径，这可以说是集当代中医药名家治学经验之大成了。何若苹当时撰写了一篇《何任教授治学方法探讨》的论文，主要从"扎实基础，不断累积""熟读精思、深刻理解""围绕《金匮要略》，多方研究""勤于实践，勤于总结""珍惜光阴，学无止境"等五个方面对何任教授的治学方法进行探讨，该文获得1991年全国中医药继承工作有奖征文二等奖。此外，何若苹在"国家级名老中医带高徒"项目期间，还撰写了《六味丸运用探微》《何任从古籍整理谈中医学术发展》《何任教授临床经验撷英》《何任教授治疗咯血临床经验举隅》等论文，相继在《中医杂志》《浙江中医学院学报》《美国综合医学杂志》上刊出。其中，《六味丸运用探微》获得了1995年浙江省科学技术协会优秀论文奖二等奖。另外，《艰苦 勤奋 求实 惜阴》《妙用薏苡仁》《急性植物神经感染导致直立性低血压病中医治疗之探讨》等文章还分别被收录到中国中医药出版社等出版的有关文集中。

为了让"国家级名老中医带高徒"项目多出成果，何若苹一方面反复温习中医经典、广泛阅读中医古籍，一方面用心体悟父亲的治学经验、辨证思路，两者互为促进、互为深化。期间，何若苹还开展著作编纂、课题科研和何任教授教学纪录片的文字撰稿工作，其中她参与编纂的《中国名老中医药专家学术经验集》于1994年在贵州科学技术出版社出版；由她作为课题第一主持人主持的"何任教授消癥丸治疗子宫肌瘤卵巢囊肿的研究"项目取得了圆满的成功；由她作为第一撰稿人完成的"《金匮要略》妇人三篇"录像片在中华医学音像出版社出版，该录像片记录下了《金匮要略》课程的教授过程，为何任教授《金匮要略》见解的传播起到了非常重要的作用。

1994年，何若苹作为首批名老中医经验继承人，经过严格规范的临床诊疗考核，并完成了《何任教授临床经验撷英》三万字的论文，顺利通过答辩，毕业出师。

在整个20世纪90年代，可以说是何若苹从学术到临床全面提升并获丰收的一个时期，与20世纪80年代相比，临床声誉与学术造诣可谓再上一层楼。1992年何若苹晋升主治医师，5年后的1997年又被评为副主任医师，任浙江中医学院附属门诊部中医内科主任。虽然何若苹将自己的大部分精力都放在何任教授学术经验的整理、研究上，但亦注重将自己对何任教授的学术继承和自己对经典的体悟与创新结合起来，在临床上取得了非常好的疗效，尤其在治疗恶性肿瘤方面取得了卓越的成绩。何任教授曾提出治疗恶性肿瘤的十二字要诀，即"不断扶正、适时祛邪、随证治之"，何若苹继承此要诀，将其运用于临床。她曾治疗一男性患者张某，患者就诊时已经62岁，是一位退休教师。在2000年的时候，患者因为在如厕时发现无痛性血尿而前往某医院就诊。在医院里，做了膀胱镜检查，竟然发现自己患上了膀胱癌。之后，患者在医院里做了膀胱部分切除手术，术中病理切片结果显示为膀胱移行上皮乳头状癌Ⅱ级（膀胱癌术后复发率极高）。术后3个月，患者前来何若苹处就诊。何若苹对患者进行了仔细的诊察，通过望闻问切四诊，发现患者小便略赤，舌尖红，苔根薄腻，脉细。何若苹针对其病情，因人治宜，处方以麦冬、半枝莲、太子参、茯苓、白术、炙甘草、淡竹叶、白花蛇舌草、薏苡仁、猪苓、六味地黄丸为主。患者在连续服药3个月后，再去医院做膀胱镜复查未见复发，又继续服药半年，之后病情一直非常稳定，随诊近20年未再复发。

临床上，何若苹除了善于把何任教授的经验灵活运用于实践中，还根据患者的症情，大胆验证古法、古方。

曾有一位女性患者王某前来求医，当时她在丈夫的陪同下前来就诊。王某是一名人民教师，平日里对学生们的功课尽心尽责，但由于性格及职业关系，患有失眠已经10多年了，特别是近2年来，失眠情况越来越严重，每天晚上只能够睡2～3小时，而且一旦遇到不顺心的事甚至彻夜难眠。患者一直在使用艾司唑仑维持自己的睡眠，刚开始用药的时候还有效，但是随着病情的加重，如今在失眠严重的时候，即使加大艾司唑仑的剂量，也无济于事。并且据患者自述其服用艾司唑仑还会有白天精神困倦等副作用。患者自述近10年来非常痛苦，非常恐惧夜晚的到来，因为一到夜里就睡不着，但是又不得不强迫自己去睡觉，每到夜幕降临，就会有一种度日如年的感觉。何若苹通过望诊观察到患者面容神情非常憔悴，身体也骨瘦如柴。在与患者交流的过程中，何若苹发现患者的性格不稳定、心烦易怒等。最后再结合患者的舌质较暗，脉象沉涩，在沉思片刻之后，何若苹认为患者病证属瘀血内阻，心神不安，兼有痰浊，拟祛瘀化痰安神为治法。当机立断开出七剂血府逐瘀汤，处方为桃仁、红花、赤芍、当归、生地、川芎、川牛膝、柴胡、枳壳、夜交藤、丹参、姜半夏、生甘草、佛手片。并嘱咐患者每日临睡前1小时温服。一个星期过后，患者非常开心地来到何若苹诊室中，整个人的精神状态看起来好了许多。何若苹询问了详细的经过，患者说道："何医生，您这药太灵了！喝完第二剂，我的睡眠就开始明显好转了，晚上大概能睡6个小时，太好了！现在我白天精神好多了，胃口也好了，人有力气多了。"何若苹仔细观察患者的舌脉之后，略做加减，开了14剂，让患者回去接着服。患者在坚持服药半年后，10余年的沉疴失眠症就此痊愈。

还曾有一位男性技术员张某前来求医，他因为结婚4年，而妻子至今未孕前来就诊。患者之前经过了某省级医院的检查，检查报告显示其精子活力为Ⅰ级，意味着精子活动力差，基本上只能在原地打转，不具有正常的向前运动的能力。我们知道，精子只有向前运动，穿过重重阻碍，才能与卵细胞结合变成受精卵，着床后才有生育的可能性。何若苹发现患者体格壮实，但是面色暗红，询问了烟酒嗜好，患者回答自己平时喜欢喝酒。何若苹又仔细观察了患者的舌象，发现其舌质红，而且舌下的静脉曲张非常明显，苔根薄腻。何若苹认为张某是由于平素饮酒过多，导致体内湿热内蕴，湿热阻滞气机而致气滞血瘀，肝肾因此失调。何若苹仍以血府逐瘀汤加减，并嘱咐患者减少饮酒量。服药4周后，患者又去医院检查了1次，惊喜地发现，精子活动力从Ⅰ级提高到了Ⅱ级。患者因此对于病情的恢复感到信心大增。何若苹对其处方略作增减，又继续服用2个月左右。过了一段时间，患者没有来何若苹这里。没想到，之后患者突然来找何老师，原来是特地前来告知，他的妻子已经怀孕了！这真是喜出望外！第二年的9月份，他的妻子顺利地产下了一个健康的女宝宝。

对于治疗不孕不育症，何若苹还治疗过这样一位不孕的女性，这位患者患有先天纵隔子宫。这样的患者由于宫腔畸形，容积较小，容易反复流产，顽固性不孕。而且这位女性患有卵巢囊肿，到医院做卵巢囊肿切除后，没有过多久做B超复查发现卵巢囊肿复发，由于不想再动手术伤元气，她四处求医，服用药物多年未见明显效果。该患者找到何若苹之后，诉说了自己想要控制卵巢囊肿及怀孕的愿望，未想何若苹通过辨证施治、对症治疗经过数月之后，该患者竟然怀孕。之后继续经过中药调理，患者成功保胎，并且生下了孩子。何若苹就此在生育保胎方面传出了名声，之后此方面的患者也是络绎不绝。

曾有一位在电视台工作的女士找到何若苹，通过详细的问诊，何若苹了解到这位患者曾患有畸胎瘤，做手术切除后，不幸复发多次，经数次手术后，只剩下一侧卵巢，而且，这侧卵巢面积仅仅只剩下原来的三分之一，月经数月不行，月经量也极少。患者曾去上海找过某知名不孕不育机构寻求帮助，但被告知几乎不可能怀孕。经过何若苹的一段时间中药治疗，该患者的月经渐渐地恢复了正常，而且原先患有的卵巢囊肿的病情也控制住了。又过数月，该患者居然怀孕了！但由于患者仅剩下三分之一的卵巢面积，而且还有卵巢囊肿和畸胎瘤的病史，流产的概率非常大。过了一段时间，患者出现了先兆流产的症状，再次找到何若苹进行中药治疗，何若苹严密地诊察，仔细地辨证，结合患者自身的体质，最后开出了一张"保胎第一方"——泰山盘石散用以保胎，并嘱咐患者回去煎药的时候加糯米一盅，放入汤药中一起煎煮，经过数月的调治，患者终于足月生产！孩子们总是对周围的事物充满着好奇心，特别是对于自己是怎么来的。后来我们才知道，睿睿（代名）的外婆在孩子长大过程中，一直对睿睿说："你是何医师用糯米把你粘在你妈妈肚子里的。"睿睿外婆的玩笑在令人捧腹的同时，也让我们惊叹祖国医学的神奇。

何若苹巧用古方，关键在于对古方君臣佐使的准确把握和辨证论治精致应用，如是，方能效若桴鼓。何若苹曾治疗一位64岁的男性患者张某，其患有肺气肿，至冬日则动辄喘促，服消炎平喘之西药为时已久，且出现大便闭结。何若苹诊之为肾阴虚，以六味地黄丸去山药加胡桃肉治之而愈。何若苹还常用六味地黄丸加菟丝子治疗妇女面部色斑，多获奇效。另曾治疗一女性患者陶某，其月经每月两行，且腹痛遇寒更甚，何若苹用六味地黄丸去丹皮加失笑散使其月事恢复正常。何若苹遵循古方而不拘泥，灵活运用古方治疗层出不穷的疾病。

第三节　破茧化蝶

对于长期担任何任教授工作助手的何若苹而言，无论是1980年的"抢救中医"项目，还是1990年的"国家级名老中医带高徒"项目，都只是做好何任教授中医学术思想继承、保护与研究工作的一个时间段。实际上，对何任教授中医思想继承、保护与研究的工作，从何若苹上大学开始，就一直没有停歇过。进入21世纪，随着何任先生年事渐高，进一步深化对他的中医理论精髓的挖掘与实践经验的总结，在何若苹看来，显得尤为迫切。所谓思想决定行动、行动决定收获，正是基于何若苹有着这样一种继承、保护与研究好何任教授中医思想与经验的责任与使命，在朝朝暮暮的细细感悟和辛勤耕耘中，使得其对于何任教授中医思想把握臻于化境、破茧化蝶。

2002年，何若苹晋升为主任医师，医名日隆，四方求诊者不绝。临床上，何若苹用扶正祛邪法治疗肿瘤，尤其是对于肿瘤术后或放、化疗后的中医治疗积累了丰富的经验；此外，还擅长治疗胃病、急慢性肝胆疾病、肠炎、咳喘、冠状动脉粥样硬化性心脏病、高脂血症等内科常见病和疑难病，以及妇女月经不调、盆腔炎、不孕、子宫肌瘤、卵巢囊肿、乳腺增生、更年期综合征等，对运动保健调理、中医冬令进补等也有较深的研究。作为医者，何若苹薪续何任教授之仁心仁术，触类旁通，全心医道。

到何若苹这里求治的患者，癌症患者占了不少。其中有一则病案，是家住杭州郊区龙坞乡的肝癌患者杨某，手术后本人不愿意接受化疗，但医院当时已经告知家属，患者最多只能再活几个月，买点好吃的给他吃就是了……患者及他的家属听到这样的消息之后非常绝望，不愿意进行化疗。无奈之下，患者由其家属抬着，到医院找到了何若苹。当时患者已经在肝区置化疗泵，但是没有上化疗药。同时伴有肝硬化和脾肿大等症状。没想到，经过何若苹运用中医中药，以扶正祛邪治法悉心治疗后，加上患者听从医嘱，坚持服药，患者竟然已经如常人般地生活了近20年。而化疗泵一直放置在患者体内，没有进行过一次化疗。该患者后来逢人便说："是何医师让我多活了这么多年。"患者是前几年去世的，去世后，他的女儿带来了这个消息："父亲走的时候是87岁，没有痛苦，很安详，感谢何医生让她患肝癌的父亲带病延年20年，安享晚年。"她的女儿患有乳腺癌，也常找何若苹诊治至今，遇到亲朋好友身体不适都会介绍他们到何若苹处就诊。

2005年，一位卵巢癌患者胡某找到何若苹求治，胡某刚找到何若苹的时候，当时她患左卵巢透明细胞腺癌，伴有盆腔的淋巴结转移，并且已经进行了八次化疗。身体非常虚弱，化疗反应明显。经过何若苹的悉心诊治，患者至今身体健康。在2008年6月，胡某还送给何若苹一面锦旗，上面写道"医德高尚、医术精湛、热心助人、尽心尽责"，以此表达对何若苹的感激。患者后来还介绍了自己的妹夫来何若苹这里看病，其妹夫患有双侧肾癌，经过何若苹一段时间的诊治后，病情稳定，至今已有5个年头。

何若苹在继承何任教授使用血府逐瘀汤治疗顽固性失眠的基础上，还创新运用此方，在临床上经常将血府逐瘀汤运用于治疗多种难治病中，取得了意想不到的疗效。例如，何若苹曾成功运用此方治疗好了一位被皮肤瘙痒困扰数年的离休老干部。这位老干部李某来就诊的时候，65岁，正是退休后在家享清福、其乐融融的日子，但是李爷爷在 3 年前患上了轻度的皮肤瘙痒，当时患者本人还没有特别在意，只是一开始使用了氯苯那敏、阿司咪唑等药物，皮肤瘙痒曾经一度减轻，但是没过多久，旧疾再犯，死灰复燃了。于是多处求医，西医也好，中医也罢，但瘙痒的情况不但没有得到控制，反而越来越严重了。据李爷爷自述，自从入冬以来，他瘙痒的部位从原来的下肢，扩散到了全身，而且痒的部位并不是固定的，全身都发痒，难以忍受，到了夜间会更严重，痒到彻夜不眠。何若苹听完李爷爷的叙述，让他掀起衣服看看情况，没想到，一掀起来，真是吓一跳。只见李爷爷的背上，布满了一道道的抓痕，整个背能抓到的地方全都有抓痕，有些还结着血痂。再看腿上，也是一样。不仅如此，李爷爷的全身皮肤十分干燥，有很多的细屑，一拍全落下来，怎么也弄不干净，洗澡洗得再干净也无济于事。何若苹让患者伸出舌头，看看舌象，发现舌体上有较多的瘀斑、瘀点，再诊患者的脉象，弦涩脉。何若苹辨证论治，认为李爷爷的病机证属气滞血瘀、营卫不和，正气虚则外感风邪入络。何若苹本着"治风先治血，血行风自灭"的治疗思想，拟了 7 剂的血府逐瘀汤加上防风、徐长卿等祛风药物，嘱咐患者回去好好服药。一周后，患者的瘙痒症状明显减轻！晚上也能够正常睡觉了，皮肤上面的抓痕也明显减少了。李爷爷激动万分，非常感激何老师，之后回去又服用了两周药物，李爷爷顽固不解的皮肤瘙痒症就这样被治愈了。

对于妇女更年期患者，何若苹采用补肝肾、调奇经、和气血的治法，在临床上也取得了非常明显的疗效。有一位面容憔悴的妇女，经医院一位西医大夫介绍找到何若苹，可未曾想到她一坐下来，就一脸神情淡漠地说："我很厌世，我不想活下去了，但惟一丢不下的就是长期瘫痪在床需要我照顾的丈夫。"经过仔细问诊，何若苹了解到该妇女已经多处诊治均未能见效，现 40 多岁月事紊乱，情绪焦虑不安，彻夜不寐。何若苹在认真分析她的病情后，认为是由于家庭经济负担重，精神压力大，患者又正值更年期，于是给患者开了几剂疏肝解郁、活血祛瘀、价格便宜的中药，并且始终耐心地开导她。待患者回去后，何若苹甚至主动帮助她联系小区申请家庭低保的事情。在经过几次诊治之后，患者初诊时的症状明显改善，复诊时她万分感激地说："真是太谢谢您了，何医师！现在我的心态好了，日子过得舒心多了！"像这样类似的例子，还有很多很多……

此外，何若苹对亚健康的中医治疗也有一定的研究。在 2000 年浙江名中医馆成立后，何若苹率先开设了冬令进补膏方门诊，并且倡导按照不同时令采用不同进补的四时进补法，使许多亚健康患者恢复了健康与活力。每年立冬开始便是何若苹最繁忙的时间，因为找她开膏方的人非常多。由于白天诊务非常繁忙，她就将白天求诊的一些患者的情况记录下来，然后利用晚上的时间认真仔细地为他们开出一张张个性化的膏滋药方。何若苹将此项工作称为"做功课"，每年冬至前后的2个月，这样的"功课"每晚都要做到深夜。虽然很累，但何若苹说："看到坚持吃膏滋药方的患者身体一年比一年好，我就有说不出的高兴。"由于何若苹临证疗效明显，找她就诊的患者越来越多，那些年年平均门诊量总是超过万余人次，始终居医院前列。

2003年，何若苹受浙江省体育局之聘，担任浙江省体育运动协会理事，负责运动员的保健调理工作。由于长期处于极度紧张的状态，运动员在赛前很容易出现心理和生理上的双重紊乱，表现出心悸气急、头晕、烦躁、口干、食欲不振、恶心呕吐、腹痛腹泻，或便秘、月经紊乱、视物模糊、双手颤抖、小腿痉挛、智力减退、思维僵化、血压急剧上升等现象，这样的症状称为赛前综合征。据何若苹介绍，目前一般采取比赛前20～30天内保持睡眠、增加营养，消除紧张心理，以协调心理、生理、社会三者之间的关系，但效果尚不够理想。亦有在赛前使用镇静类药物，但这样往往会导致某些不良反应的出现，反而影响比赛成绩。而通过中医药的方法加以调理，不仅疗效好，而且副作用少。因此，有不少出现赛前紧张综合征的运动员就会请何若苹运用中药进行调理。

2005年10月在南京举行的第十届全国运动会前夕，有两位浙江的运动员出现吃饭不好、睡眠不安、脾气暴躁等明显的赛前紧张综合征表现。浙江省体育局的教练请来何若苹为其治疗，何若苹经过仔细的诊察后认为，引起两位运动员产生不适的原因主要是由于心理过分紧张，压力过大，获奖欲望太过强烈，这样的心理引起了"脾胃不和、肝气郁结"的病机。之后何若苹就采用了调和脾胃、疏肝解郁的方法进行治疗，结果两位健将赛前紧张综合征很快就得到了改善，比赛的时候发挥得也很好，还获得了两块金牌，大家都非常高兴。其中一位毛某在此之后，身体若是有什么不适，就经常会到何若苹这里来进行中药调理。何若苹见到这个小姑娘也非常欢喜，有一次，毛某竟然自己制作了一本台历，专程到诊室来送给何若苹，以表达她的感激之情。还有，得过皮划艇世界冠军的钟某患月经不调后也闻讯来到何若苹这里进行中药调理，最后痊愈。何若苹的医德与医术在运动员们之间口口相传，之后来进行中药调理的运动员一直在延续。2006年10月，何若苹在浙江省体育局主办的"运动员保健论坛"担任主讲，该学术讲座的主题为"女性运动员经期调摄"，运动员们自述在此论坛中大获裨益。

2000～2007年的8年间，何若苹不仅临床上医术猛进，而且学术研究上也是硕果累累，医学论文、课题研究、著作整理等成果不凡。

就医学论文而言，仅是2001年一年，何若苹就先后在《中医药导报》上发表了《何任教授治疗时病的经验》、在《江西中医药》上发表了《何任治疗杂病验案2则》、在《浙江中医杂志》上发表了《何任方药使用经验谈》、在《中医杂志》上发表了《何任治疗肿瘤经验点滴》、在《中华中医药杂志》上发表了《何任谈学习医案之重要》等多篇研究何任教授学术思想的论文。

在科研项目重点课题方面，2002～2003年，何若苹作为第一主持人主持了浙江省教育厅下达的"何任专病论治临床经验研究"项目，此项目于2006年荣获浙江省中医药科学技术创新奖二等奖。2005～2006年，何若苹作为第二主持人主持了国家中医药管理局科学技术部下达的"'十五'国家科技攻关计划——何任学术思想及临证经验研究"项目。2005～2007年，何若苹作为主持人之一开展了"中西医结合治疗系统性红斑狼疮的增效减毒作用研究"项目，此项目荣获浙江省人民政府颁发的科学技术成果一等奖。

在著作编撰方面，2001年，何若苹撰写的《中国百年百名中医临床家丛书·何任》于10月在中国中医药出版社出版；2004年，何若苹作为第三作者编撰的《四诊心法要诀白话解》于5月在人民卫生出版社出版；2005年，何若苹作为第二作者编纂的《中医临床必读丛书——金匮要略》于8月在人民卫生出版社出版；2005年，何若苹作为第二作者编纂的《何任医学经验集》于11月在浙江科学技术出版社出版。

由于何若苹在中医学术上的继承与创新、临床的总结与探索中的卓越表现，何若苹被评为2005～2006年"浙江省优秀医生"。

第四节　实至名归

时间到了2008年，对中国人而言，中国迎来了首次举办奥运会的光荣与梦想。而对何若苹而言，则是迎来了荣获"省级名中医"称号的医学辉煌与荣耀。不仅如此，她还获得了第五届中国医师奖提名奖。这一年，何若苹还作为第一课题主持人，成功申报主持浙江省中医药管理局下达的"何任教授治疗重症验案评析"项目，经过两年奋战，该课题成果以同名专著形式由中国中医药出版社出版。

2008 年，为了弘扬祖国传统医学，加快浙江省中医药事业的发展，大力营造新一代名中医专家脱颖而出的良好氛围，使一大批医德高尚、中医药理论功底深厚、拥有独特的中医药临床诊疗技术、群众公认的名中医药专家们发挥更大的引领和示范作用，浙江省人民政府开展了新一轮的"浙江省名中医"评选活动。浙江省名中医评选的条件非常严格，评选条件中不仅包括对获得正高级中医卫生技术职务时间有硬性标准，而且在年龄、中医药科研项目等方面也有着具体要求，要有扎实的中医药理论基础和丰富的专业经验，在诊疗常见病、多发病和某些疑难重症方面具有独特过硬的诊疗技术，并且在全省范围内的群众中享有较高的声誉；能够勇于创新，在学术上有较高的造诣，并且积极利用现代科学技术，在提高中医药学术水平和临床疗效方面成绩显著。通过严格考试，层层筛选，何若苹在众多申报者中脱颖而出，被浙江省人民政府授予"浙江省名中医"的称号。

2010 年，何若苹被卫生部授予"全国医药卫生系统先进个人"的荣誉称号，以表彰她在忠于职守、乐于奉献，认真履行救死扶伤、治疗患者的光荣使命，全心全意为人民健康幸福服务中所做出的卓越贡献。

2012 年 7 月，国家中医药管理局公布了第五批全国老中医药专家学术经验继承工作实施方案的通知，在此何若苹被确定为学术经验继承工作指导老师，也就是人们习惯所称的"国家级名中医"。

2017 年，国家中医药管理局公布了第六批全国老中医药专家学术经验继承工作实施方案的通知，何若苹再次被确定为学术经验继承工作指导老师。

荣誉接踵而来，荣誉代表责任。何若苹意气风发，荣誉激励着她以更高的热情投入到治病救人的崇高事业中。

在何若苹诊疗的患者中，曾有一位某知名报社主编，该患者是经过某医院介绍过来看病的。患者自述其编辑的工作十分辛苦，经常会因此而日夜颠倒，报社做文字编辑工作往往要到凌晨，只能利用第二天上午的时间来休息。不仅如此，患者身为报社领导，每天上午还要主持工作会议，所以睡眠严重不足。因此患者向何若苹述说自己感觉无法胜任高强度的工作，身体的情况也一日不如一日，到了不该睡觉的时候总是犯困，到了该睡觉的时候却又失眠了，失眠使她非常痛苦。再加上其曾患有子宫肌瘤，而且年龄也已经接近50 岁，深受更年期综合征的困扰，时有潮热，心情烦恚，容易急躁，自己本身有沉重的领导任务，有时候压力大就会很难控制自己的情绪。患者叙述了病情，何若苹仔细聆听后，又询问了其饮食情况，发现患者还是一名素食者。素食者往往因为不摄入动物蛋白，导致营养不够全面。经过一番仔细的诊察，何若苹开了中药让患者回去按时温服。服了何若苹开的中药后，患者睡眠及精神状态大有改善，一些更年期的常见症状也减轻不少，这更加坚定患者继续服中药的信心，这一服就是数年。患者感激地说："这些年因为有您，让我有健康的身体去背负繁重的工作，报社也因此能够平稳发展。医者，大善，名医，至善也！"时至今日，患者还是隔周找何若苹诊病，她又对何若苹说："这些年承蒙您的诊治，我能够平安地工作、退休，有现在的快乐时光。我内心的感恩是无法言喻的……"每逢佳节，患者都会与何若苹互道祝福，互相传递正能量。

在海宁市区，有这样一位"月饼奶奶"，她曾因为专门给环卫工人和敬老院里的老人们免费提供月饼而不止一次登上过当地报纸，如今的她已经75岁了。从2013年开始，"月饼奶奶"都会在中秋前后的1个月时间里，坚持每天至少12个小时，做上千个月饼，目的只是为了送给环卫工人和敬老院的老人吃。老人曾经乐呵呵地说过："还有力气做月饼送人，这是福分，说明自己还没老。"2015年，老人CT检查发现肺部有一个占位性病变，但是由于年事已高，怕进行手术她体力难以支持，所以最后找到何若苹。老人相信中医，想通过中医药的调理来改善身体症状。在何若苹的悉心诊治下，经过一段时间，老人复查肺部CT，占位竟然已经毫无踪影。从此以后，"月饼奶奶"遇到患者总是热心地介绍到何若苹这里，之后的数年中，有不少的海宁患者经"月饼奶奶"介绍前来，其中有一位癌症患者，经何若苹诊治，现在恢复得不错，正在家里带小孩，还送了一面锦旗给何若苹，称赞何若苹"医术精湛、医德高尚"，以此表达对何若苹的谢意。不仅如此，"月饼奶奶"一直跟何若苹保持着密切的联系，将何若苹带给她的正能量传播给周围的亲朋好友，并多次给何若苹写感谢信。每年的中秋，"月饼奶奶"都会托人带些月饼过来送给何若苹，何若苹的好多届研究生都吃到过"月饼奶奶"亲手做的月饼。千里送月饼，礼轻情意重，流露出的是"月饼奶奶"的感激和对何若苹医德医术的肯定。这样的故事每天都在发生。

这些年，对何若苹来说，做好自己学术经验的传承工作，引领更多的年轻人成长，是一份十分沉重的责任，这是中医发扬光大、生生不息的不二门径。她要把自己积累的所有学识经验无私地传递给她的弟子们。何若苹除了认真做好全国老中医药专家学术经验继承工作的带教工作，她还努力多挤出些时间来带教全日制硕士研究生，其心也诚，其志可鉴。

何若苹的第五批全国老中医药专家学术经验继承人分别是浙江省中医院的张丽医生和浙江大学医学院附属第二医院的金晨宇医生。在继承何若苹老师学术经验的过程中，金晨宇发表了《何若苹对膀胱癌分阶段治疗经验》《何若苹运用益气养阴法治疗肺癌的经验》《益气养阴法治疗老年原发性支气管肺癌的效果》等文章，张丽发表了《何若苹治疗卵巢癌经验浅析》《何若苹运用半夏泻心汤加味治疗胃痛经验》等文章。教学要求以跟指导老师临床（实践）和独立临床（实践）为主，全面系统地继承指导老师的学术思想、临床经验和技术特长，并且每年完成不少于 60 个半天的跟师学习笔记，12 篇1000 字以上的学习心得或临床经验整理（以月记的形式），20 份指导老师临床医案总结。何若苹在两位继承人的每份跟师记录的末段都亲笔附上自己详细的想法和建议。譬如在谈到对古方今用的认识上，何若苹向两位继承人提出："前人留给我们许多有效的方剂，是宝贵经验的总结，值得我们借鉴学习。但在临床运用时，既要宗于其方，不失其义，又要根据具体情况灵活加减、随证变化，不应胶柱鼓瑟、拘执其方，做到'善用方者不执方，而未尝不本于方'的境界。"正是何若苹的悉心带教，两位继承人都顺利出师。

2018 年 3 月 28 日，在浙江名中医馆举行拜师仪式，随着古乐声的响起，何若苹的第六批全国老中医药专家学术经验继承人——浙江省中医院主治医师王洁和杭州市中医院主治医师桑怡，向指导老师行鞠躬礼、敬茶礼，并且献上鲜花。在拜师之后，两位继承人将跟着老师出门诊、学习临床经验，并在 3 年后参加由浙江省中医药管理局组织的统一考试，在各种考核、评估完成后才能毕业，成为一名合格的"继承人"。何若苹对两位继承人满怀欣喜和期待，虽然门诊的工作量及进一步研究整理已故名医何任教授学术思想的传承工作任务很繁重，但何若苹对这项传承工作尽心投入，如春蚕般无怨无悔。学生们曾撰文"我眼中的老师"，让我们一起感受何若苹教授的师表风范。

学生叶医师：我有幸成为何老师的硕士研究生，在老师身边学习工作，现在想来也是万分荣幸的。跟随何老师学习，学到的不仅是诊病技能，也是为人处世之道。老师做事处处认真仔细，注重细节。虽然目前都是计算机处方，但凡是前来就诊的患者，老师都会亲自手书脉案，详细到患者年龄、住址、主诉、症状变化、治法治则。老师说："每一份脉案处方都是诊病的基础，同时也是医者自身学习提高的重要数据，都要认真对待。"老师又说："患者因信任前来就诊，我们医者就要尽心尽力、对患者负责，每一张处方都要深思熟虑，虽然有时因为门诊时间有限，可能考虑不周，但事后仍要反复斟酌，在患者复诊时给予合理调整。"

学生赵医师：我愿意把自己当年的跟师过程比作在江湖中的拜师学艺，跟师的过程是一段最温馨快乐的记忆。我"歪打正着"地与何老师开始了一场师徒缘分，她对我们如同亲生子女一般，关爱无微不至，时常为我们准备早点。何老师的经典早餐搭配是薏苡仁粥和茶叶蛋组合。在毕业离开以后，薏苡仁粥成了我自己每天必备的早餐，捧起粥碗，就会想起当年何老师在生活中对我们的细心照顾，感恩何老师。何老师，我毕业后会常回来看您的……

学生骆医师：曾几何时，老师是我触不到的梦，是我踮起脚尖仰慕的医学大家，幸运的是，最终我与老师结缘。我的何老师是我的榜样。患者往往看到的是老师出门诊，看不到的是老师利用下班后的时间不停学习，不断总结。于学习中，老师最让我佩服的是她做学问的态度，当我的毕业论文被她一次又一次认真地修改，从我最初成稿时的三万字删改至一万余字时，我深深地被她折服。有一次老师门诊规劝患者要按时休息，劝罢转而对旁边的我说，她自己也很难做到按时休息，每晚看书写资料也要到11点。她的师姐妹曾多次劝说老师注意身体、劳逸结合，但老师总推说自己有太多的事没有做，有太多脉案资料等着整理。生活上，老师是一位追寻诗和远方的少女，还会拉小提琴。老师喜爱花花草草，诊室的窗台上从不缺乏一抹抹新绿和美丽的花朵。除了把生活过成诗情画意外，老师时常叮嘱我一定要心怀感恩，用温柔的视线来看待生命中的跌宕起伏，哪怕是挫折。老师如同我们的母亲，给予我们无微不至的爱，她会担心我们钱够不够用，她会怕我们门诊结束较晚而挨饿，提前为我们准备点心。于我而言老师是恩人，是妈妈，是我此生不能辜负之人。她担心我没钱而为我添置衣服，她知道我痛经而给我满满一罐红糖，她为我的工作和前程操碎了心。她让我感受到生命中有人在悄悄地宠爱我，她让我知感恩，她让我懂报答。谢谢您，我挚爱的恩师！

学生刘医师：何老师不仅医术精湛，对身边的人特别是患者总能保持和蔼亲切的态度。有时遇到一些患沉疴痼疾的患者，在讲述发病、求医的过程时，悲从心来不能自已。老师总是耐心倾听，不断安慰，从来没有表现出一点不耐烦，拟定处方后，必耐心讲解服药方法及注意事项。对于一些经济困难的患者，老师每次开方必反复琢磨，力求精简药材，在不影响疗效的前提下尽量减少患者的医药费。老师善良又无私，每每有义诊活动，哪怕她已年过花甲，还总是冲在义诊服务的第一线，我自己也曾跟随老师去义诊过好几次。前不久，师门小聚，问及老师的近况，得知老师刚刚去了云南宁蒗扶贫。云南宁蒗远在深山，缺医少药，资源匮乏，很多当地的患者又因经济、交通等条件所限，无力去大城市大医院治疗，当地发出邀请，希望名医名家能够前来义诊，老师受邀后当即应允前往。而且，在得知是扶贫项目后，还坚持自付旅费。老师的行程先由杭州至昆明，再转机至宁蒗，昆明至宁蒗是小飞机，事后才知道该航线由于受天气等因素影响，飞机经常因不能正常降落而折返。没想到这次幸运，老师的飞机最终成功降落于宁蒗机场。老师不顾年高旅途劳顿，稍事休息就开始为翘首期盼的患者们进行诊治。老师精通内、妇、肿瘤科疾病，竭力问诊给药。许多得到诊治的当地患者知道自己的病有方法治疗后感激不尽，坚持以最隆重的"四脚动物（烤乳猪）"作为答谢招待老师一行人。返程是乘车从宁蒗到丽江的，在那"一阵风、一阵雨、一阵雾"能见度不足5米的大山里，沿着山间村路，起伏弯转，一路颠簸，终于得以安全返回。听了老师行程的介绍，我们大家都不禁感叹路途的艰险，甚至有点后怕，为她担心。她却淡淡地说："大山里缺医少药，我们去做些公益也是应该的，好比人家吃斋念佛，我们做点公益也是积德行善吧，心里也是蛮愉快的。"在老师讲述时的平实语言、脸上溢满的喜悦及清朗的笑声里，我能深深地感到老师是快乐的，也是幸福的。

学生叶同学：初次见到何老师，还是在学校研究生招生系统里。当时对未来十分迷茫，看着一个个导师的简介、照片，却做不了决定。快翻完整个导师名单的时候，看到何老师的照片时，突然有一种似是而非的感觉：哎呀，这个老师真像我的妈妈呀！内心泛起点点涟漪，对未来多了很多向往，或许这就是传说中的"一见钟情"吧！工作时的何老师是个认真、严谨、仔细、负责的人。所有的患者她都会亲自问诊、书写脉案，如果患者表述不清，老师会再三确认，以得到准确信息，绝不模棱两可，她会告诉患者："你准确地表达自己的情况，我才能给你准确地开药。"某天门诊又是下午1点多才结束，下班送老师回去的路上，老师淡淡地说道："刚才突然觉得一阵头晕想吐，有点不舒服。"那一刻，我才观察到老师的疲倦，与工作时的神采飞扬迥然不同，她说："上班时精神都是高度集中的，回到家才发现自己累了，有时候只想简单地吃个饭，然后躺下休息。"老师又是个善良、温暖的人，她总能体会患者的心情，患者家中有难事，她也会为之心酸，设身处地地为患者考虑。曾有患者生命垂危，老师劝其家人要做好临终关怀，她说："在ICU里，一个人躺在里面是很孤独无助的，去世前要多去照顾他，哪怕只是

浙江中医临床名家·何若苹

摸摸他的手，在他耳边说说话，也愿他能走得从容安详一点。"说这些话的时候，老师哽咽了，我知道那也是老师的亲身经历，那是何老病重时老师作为女儿尽的最后的孝心。老师有咳嗽的老毛病，也是因为她的母亲生病期间，她既要照顾母亲，又诊务繁忙，自己的病当时都没顾得上治疗，太过操劳落下的病根。有时也会碰到经济困难的患者，老师总会停笔，万分惆怅，理解他们，在保证药效的同时，尽量为他们节省开支。因为老师高尚的医德和精湛的医术，来求诊的患者络绎不绝，全国各地都有，甚至有来自美国、菲律宾、泰国的，而且有时候都是过了很多年，老师都不曾记起的患者会回来感谢老师。某天，一进诊室就发现墙上挂了一面锦旗："救死扶生名医家风，医术精湛扁鹊再世"，这是一个年逾古稀、头发花白的老爷爷一大早送来的，他说，过去的几年里，都是他推着轮椅带他母亲来看病的，他的老母亲年前去世了，但是她走的时候无病无灾，所以要谢谢老师。说这些的时候，他眼里泛着泪花，最后拍了一张老师门诊的照片留作念想。还有个93岁的老人自己要求家人陪他从贵州坐火车颠簸了一夜来杭州看病，他说七八年前奄奄一息之际经老师调治多活了这么些年，要谢谢老师的救命之恩。或许是因为从此以后他再也无缘来杭州看病了，所以这种发自肺腑的感恩让人唏嘘不已。生活中的老师，是个有情怀又有情调的人，老师喜欢《红楼梦》，诗句也是信手拈来。记得某天一个患者坦言近些年都没来看病，中间也曾辗转去其他医生那看过病，但终究还是觉得何老师治疗效果最好，其他地方再也不想去了。当时我觉得这正是"除却巫山不是云"的真实写照啊，于是脱口而出。老师听到，哈哈大笑，拍了拍我的肩膀，欣喜地看着我，说道："唐代元稹的《离思》，'曾经沧海难为水，除却巫山不是云'，中医与中华传统文化不可分离，我们就需要这样的文学根底，青年人更要弘扬中华民族深厚的文化精神底蕴啊！"老师还有一手好厨艺，我们时不时地会吃到老师烧的爱心菜肴，菜里面饱含着我们这群在外求学的孩子渴望的母爱。老师也喜欢花草植物，家里、办公室里都有老师用心培植的植物，因为那些花花草草，房间里充满着春天的气息。曾经无意间看到老师年轻时候的照片，才发现岁月并没有在老师脸上留下太多的痕迹，似乎老师一直是18岁的少女，正如她的名字，一直是一颗可爱的苹果。

学生黄同学：老师对患者，皆如至亲，细心诊察。她常跟我们说："病人生病已经很痛苦，我们能帮一把是一把。"对远道而来挂不上号的求诊者，有时已接近下班时间，我们考虑到老师的身体情况，欲回绝加号，老师得知后，用商量的口吻对我们说："要不，加一个号吧。"记得有一次，一位从山西远道而来的恶性髓母细胞瘤患儿，高热不退，父母实感无奈。老师四诊合参，细心辨证，选生地、百合、麦冬、银花、黄芩等滋阴清热之品，服2剂药后，患儿高热即退。后患儿家属考虑路途遥远，希望老师通过微信诊病开方。见彼苦恼，若己有之，深心凄怆，老师答应了家属的请求，通过网络仔细问诊，亲自写好处方，服务患儿，但却未收取分文诊疗费用。老师对学生体贴入微，谆谆教诲。老师常说："铁打的老师，流水的学生，你们每一个人，都像我自己的孩子一样。"每到薏苡仁新产的季节，老师总会煮上一锅热气腾腾的米仁粥，放入一些枸杞子，撒上几朵桂花，香气扑鼻。茶叶蛋、红烧猪蹄、鱼头豆腐、端午粽子等，这些都是老师给我们亲手做的饭菜，让身处异乡的我，感受到了家的温暖、母亲般的关怀，能成为何老师的学生，真好。老师教导我们说："医学生是做学问的人，做学问需要细嚼慢咽。你们要静下心来，慢慢学，慢慢悟，这好比吃饭一样，要嚼得烂，方好消化，这样才能达到'众里寻他千百度，蓦然回首，那人却在灯火阑珊处'的学习境界。"

学生徐同学：老师出身于书香世家，精勤不倦，如何任教授的风范一般，何老师的性格也不喜张扬，从来都是低调并且淡泊不争的。她总是踏踏实实地做好每一件事情，严于律己，宽容大度，重在务实。每次都是制订好详细稳妥的计划，然后一项项地实施，并及时做好各项总结。因为之前有将何老师的成长之路与各项荣誉记录下来的需要，我们问起何老师，何老师才说出来。她的大半辈子都投身在整理父亲何任先生的著作中，而几乎从不宣扬自己的成就。在惊讶于这么多丰硕成果的同时，我们也感叹何老师其实自幼就悟性很高，天资聪颖，也知道了即使这样，何老师也一直都是勤奋努力，几十年如一日地践行着自己济世救人的事业。其实跟师学习也一样，并不在于老师一字一句地教，而是在潜移默化中感受老师的思维和智慧。思之，又思，再思，经三思而体悟。在开方用药上，何老师开的方子看起来都很平和，就像她从容温婉的性格，几乎没有峻猛的毒药、强效的贵细药，但是对重症患者却能于平淡中见神奇，使人不禁感慨何老师的处方所蕴含的精深。她常常对次证也都兼顾，实可见老师用药处方的顾全大局而又不失主要矛盾。有时，诊室里会出现一两个突然来咨询的患者，我们或许只觉面熟，但老师却大多能将他们的姓名以及病情治法脱口而出，我们不禁心中暗暗佩服，或许只有对每个患者都高度重视，才能真正地了解患者，对他们的病情都了然于心。何老师对患者一视同任，皆如至亲之想，对学生竭其所知，倾囊相授，并寄望传承。想来，这就是大医啊！

学生韩同学：医路漫漫，最大的幸运莫过于能遇到一位良师、一位益友，老师从没提过她治过什么样的顽疾，起过什么样的沉疴。但老师的技艺，都在药味的一加一减之中，在患者复诊时欣喜的反应当中。我获益最深刻的，则是老师教导我们对患者的负责和关照，这些道理都不在话里，而在平日的行动里。

"令公桃李满天下，何用堂前更种花"，2018年9月10日，是我国第34个教师节。记者采访报道：学生眼中，何教授"仁心仁术疗病患，和蔼可亲勉后学"；患者眼中，何教授"不仅有过硬的医术，还有良好的医德，是一个让人忍不住为她叫好的医生"。都市快报以《心诚行正》整版报道了何若苹教授的优秀事迹，引起多方关注，社会反响极好。报纸付梓发行当天，何若苹接到的电话不断，微信收到99条，有感谢的、有感恩的、有感怀的、有祝贺的，互联网上的反馈也很多，同样让我们体会患者对何若苹教授践行大医精诚的感言。

第四章

高超医术

救死扶伤是业医者的职业道德和基本素养，我有幸在过去30多年的从医道路上，以自己的诚心、精心，医治了无数肿瘤、内科、妇科和疑难杂症患者，并且疗效确凿，深受病家爱戴，自觉无愧于心。过往已去，未来可追，救死扶伤是我永恒的生命职志。

——何若苹

第一节　肿瘤诊治荟萃

1.脑瘤

髓母细胞瘤主要发生于14岁以下的儿童，是颅内恶性程度最高的胶质瘤，其生长迅速，生存期短，主要表现为颅内压增高和小脑症状，预后极差。现代医学治疗此病以手术和放疗为主，对于是否常规给予术后化疗，目前尚存争议。鉴于此病恶性程度高、放化疗毒副反应大，故许多患者求助于中医药。本病属中医学"脑瘤"范畴，患病群体以儿童为主，儿童肾气未充，此时颅脑又历刀奎，髓海受损，肾之精气益损，故患者预后多为不佳。若术后出现面瘫、四肢无力等，则可从"口僻""痿证"论治。关于本病的治疗，何老师以扶正祛邪为主，尤其注重顾护脾胃，佐以泻浊、养肾、通络等法，往往可获良效。

案例：张某，男，9岁。2011年8月1日初诊。2010年12月，患者因"头痛"检查发现脑部肿瘤，遂于内蒙古当地医院行手术治疗，诊断为小脑蚓部髓母细胞瘤，术后化疗8次，放疗31次。现患者面色苍黄，左右眼不能同步运动，右侧面瘫，口角歪斜，双下肢不能灵动，不能平衡，纳差，多食则呕，大便日行而干，周身乏力，时感晕眩，舌苔薄白，脉细弦。中医诊断：脑瘤，气阴两虚证。治法：益气阴，祛邪浊。处方：党参10g，黄芪24g，女贞子20g，猪苓15g，茯苓15g，枸杞子15g，猫人参15g，三叶青10g，白花蛇舌草15g，北秫米（包煎）20g，姜半夏10g，炙甘草6g，淮小麦20g，红枣20g，佛手10g，淫羊藿15g，仙茅15g。30剂，另嘱每日以米仁60g煮粥晨服代早餐，后以泽泻、天麻、丹参、防风等加减调治2年余，诸症好转。

2013年9月17日复诊：患者药后步履稳好，体力渐复，口眼㖞斜亦有改善，右眼仍闭合不全，纳可，大便1～2日1行，舌苔薄，脉弦，治宗原法。处方：党参10g，黄芪24g，女贞子20g，猪苓15g，茯苓15g，枸杞子15g，猫人参15g，白花蛇舌草15g，炙甘草6g，红枣20g，佛手10g，天麻6g，泽泻6g，白术12g，丹参20g，赤芍10g，川芎9g，当归6g，豨莶草20g，瓜蒌仁15g，90剂。后续予桑枝、六神曲等加减调治半年余。

2014年6月19日复诊：患者药后诸症改善，现已上学，惟鼻塞流涕，纳可，大便日行，舌苔薄，脉弦，治宗原旨，佐以通窍。处方：党参18g，黄芪24g，女贞子20g，猪苓15g，茯苓15g，枸杞子15g，猫人参15g，白花蛇舌草15g，炙甘草6g，红枣20g，天麻6g，泽泻6g，白术12g，丹参20g，赤芍10g，川芎9g，当归6g，瓜蒌仁15g，辛夷（包煎）6g，苍耳子6g，90剂。后续予矮地茶、怀山药等加减调治。

患者服药较为坚持，定期复诊，服药至今已7年余，现步履渐平稳，面瘫、口角歪斜等基本缓解，定期复查均未见复发迹象。

按：患者术后出现面瘫，在中医古籍中，属于“口僻”“口眼㖞斜”“吊线风”等范畴。《诸病源候论》言：“偏风口僻，是体虚受风，使其筋急而不调故令人口僻也。”《类证治裁》曰：“口眼㖞斜，血液衰涸，不能荣润筋脉。”指出正气不足、风邪外袭为其主要病机。患者历经化疗和手术，耗气伤阴，腠理不固，虚邪外受，则出现面瘫、口眼㖞斜等症状，其根本属气阴亏虚，故以参芪苓蛇汤合甘麦大枣汤加减调治，方中党参、黄芪益气补虚扶正；女贞子、枸杞子滋阴养血；猪苓、茯苓祛邪降浊，与诸补益药相伍，补中有泄，扶正而不助邪。脑为元神之腑，诸阳之神气会于头部，患者术后髓海受损，则四肢运动困难，故加淫羊藿、仙茅，其性温润，可补命门而又不大热，不仅能补肾益精以充髓海，又能微微生火，鼓舞肾气，有“少火生气”

之效。甘麦大枣汤养心安神，甘缓和中。后随症加减，便秘则加瓜蒌仁等润肠通便，鼻塞流涕则加苍耳子、辛夷等祛风通窍。患者坚持服中药至今，步履渐平稳，面瘫、口角㖞斜等症均有好转，仅遗留有右眼闭合不全，病情稳定。

（李振兴 整理）

2. 鼻咽癌

鼻咽癌是一种好发于鼻咽部的恶性肿瘤，在我国已经成为头颈部恶性肿瘤的主要癌种和病死因素，好发于广东、广西等中国南部地区，20 岁以后随着年龄增长，发病率逐渐上升，在 45 ～ 60 岁达到峰值。鼻咽癌的主要病因是 EB 病毒感染，多呈现家族遗传性及种族易感性。本病临床常表现为鼻衄、头痛、听力减退、颈部淋巴结肿大等，可归属中医学"颃颡岩""上石疽""失荣""控脑砂"等范畴。本病具有地域性，正如《岭南卫生方》记载"岭南既号炎方，而又濒海，地卑而土薄。炎方土薄，故阳燠之气常泄；濒海地卑，故阴湿之气常盛"，阳气易泄，卫表失衡，邪犯颃颡（鼻咽），滞留阻络而成岩（鼻咽癌）。中医学认为放疗为"火热毒邪"，易伤阴，阴血亏虚，气无所附，终致气阴两亏，故本病以气阴两虚型最为多见。治疗上，何老师以扶正祛邪为治疗原则，以益气滋阴为基本治法，佐以祛邪，临床常取得不错的疗效。

案例：吕某，女，57 岁。2012 年 12 月 22 日初诊。2009 年，患者发现鼻咽癌，当时左侧颈部已有转移，行淋巴结清扫术，病理提示鳞癌，术后接受 5 次化疗，36 次放疗。现口咽干燥，易发口腔溃疡，疲乏无力，纳差，烦恚，寐欠安，舌质红，苔薄燥，脉细弦。中医诊断：颃颡岩，气阴两虚证。治法：养气阴，祛邪浊。处方：天冬9g，麦冬9g，西洋参（自备）3g，鲜铁皮石斛（另煎）12g，枸杞子20g，女贞子18g，黄芪30g，猪苓12g，茯苓12g，白花蛇舌草30g，七叶一枝花9g，猫人参30g，淮小麦30g，蒲公英30g，生甘草10g，红枣30g，桔梗8g，薏苡仁（另包）40g，沉香（后下）6g，玄参9g。14 剂，嘱其每日取薏苡仁煮粥晨服代早餐。

2013 年 1 月 5 日复诊：药后患者口咽干燥减轻，口腔溃疡未作，胆汁反流性胃炎，嗳气反酸。治宗原旨，疏肝利胆，上方减生甘草、桔梗，加金钱草30g、郁金12g，14 剂。药后患者嗳气反酸好转，略作增减，继服月余。

2013 年 3 月 2 日复诊：患者近日不慎感邪，咳嗽咳痰，痰略黄，感胸闷，舌苔薄，脉弦。治宗原旨，化痰止咳。处方：天冬9g，西洋参（自备）3g，鲜铁皮石斛（另煎）12g，枸杞子20g，女贞子18g，黄芪30g，猪苓15g，茯苓15g，白花蛇舌草30g，七叶一枝花9g，猫人参30g，淮小麦30g，蒲公英30g，红枣30g，薏苡仁（另包）40g，玄参15g，金钱草30g，佛手12g，姜半夏10g，黄芩12g，瓜蒌皮15g，炙百部30g，28剂。药后患者胸闷咳嗽均瘥，灵活加减，续服月余。

2013年4月13日复诊：药后患者诸症平稳，唯晨起时感烘热，寐欠安，舌苔薄，脉弦。治宜益气阴、祛邪浊、清虚热。处方：天冬9g，西洋参（自备）3g，鲜铁皮石斛（另煎）12g，枸杞子20g，女贞子18g，黄芪30g，猪苓30g，茯苓15g，白花蛇舌草30g，七叶一枝花9g，猫人参30g，淮小麦30g，蒲公英30g，红枣30g，玄参15g，金钱草30g，佛手12g，薏苡仁（另包）40g，炙龟板（先煎）20g，地骨皮9g，14剂。药后患者潮热改善，随症加减，继续服药5年。

2018年4月21复诊：患者鼻咽癌放疗后近10年，服中药6年余，病情平稳，近日感邪，鼻炎发作，咽痛，咽痒干咳，舌质略紫暗，苔白，脉略数。治法：辛凉透表、化痰止咳。处方：桑叶18g，金银花15g，苦杏仁6g，薄荷（后下）5g，连翘15g，鲜芦根30g，桔梗8g，生甘草9g，化橘红8g，牛蒡子9g，冬凌草30g，蒲公英30g，黄芩12g，浙贝母10g，防风9g，瓜蒌皮15g，白前12g，炙百部30g，14剂。患者持续服中药6年余，复查均未见明显异常，体力恢复良好，精神佳，日常家务基本可自行完成。

按：本例患者接受刀圭之伐后，正气已伤，又受"火热毒邪"，进一步耗伤气阴。热盛伤阴，消灼阴液，阴液亏虚，不能上承于口，则口咽干燥；阴虚不能制阳，虚火上扰，则易发口疮；气虚则脏腑机能减退，故见疲乏无力。何老师认为，该患者以气阴耗损为主，火邪热毒留恋不散为次，治则以益气养阴为主，泻火解毒为辅，方拟参芪苓蛇汤加减，且在原方基础上，改党参为西洋参，加鲜铁皮石斛、天冬、麦冬加强补气养阴、清热生津之效；甘麦大枣汤解郁养心安神；玄参清热凉血、滋阴降火；桔梗一味，引药上行。患者既往有胆汁反流性胃炎，反酸嗳气，此乃肝气横逆犯胃所致，故予金钱草、郁金疏肝解郁利胆。2013年3月2日复诊时，患者不慎感邪，但病症尚不严重，可标本兼治，故加姜半夏、瓜蒌皮理气化痰，黄芩清肺热，炙百部润肺下气止咳。患者早过七七之年，肾阴日渐亏虚，加之火毒之邪攻伐，阴液亏虚更甚，可见潮热；阴液不足以载阳，则阳难入阴，可见寐欠安，故在益气养阴基础上，加炙龟板、地骨皮滋阴清热、凉血除蒸。患者感邪咽痛明显，急则治其标，予辛凉透表之银翘散加减，待表邪解后，继续扶正。何老师始终遵循癌肿十二字治疗原则，即"不断扶正、适时祛邪、随证治之"，临证中灵活变通，用药精当，药精简而效宏。

（张依静　整理）

3. 肺癌

原发性支气管肺癌，又称肺癌，是我国最常见的恶性肿瘤之一。据中国癌症中心 2018 年发布的数据显示，肺癌发病率在我国男性恶性肿瘤中位居第 1，女性位居第 2，而死亡率均位居第 1。肺癌早期可无明显症状，当病情发展到一定程度时，常出现刺激性干咳、痰中带血，或肿块压迫症状等。若出现原因不明、久治不愈的杵状指（趾）、非游走性关节疼痛、男性乳腺增生、皮肤黝黑或皮肌炎、共济失调等症状体征时，需引起重视。针对肺癌的治疗，西医常有计划、合理地应用手术、化疗、放疗和分子靶向治疗等手段，以期延长患者生存时间、提高生存率、控制肿瘤进展和提高患者生活质量。追源溯流，历代医家多将肺癌的病机归为气滞血瘀、痰浊互结、毒邪郁结、气阴两虚。何老师认为，肺癌发生时本已正气亏虚，脏腑功能失调，加之邪毒入里，放、化疗，耗伤气血津液，致气阴不足，同时兼夹气滞、血瘀、痰湿、热毒等病理因素，故属于本虚标实的疾病。临床需分清标本缓急，若以咳嗽气急为主症者，则先取止嗽散加老鹳草、佛耳草等药治其标，缓解症状；若以胃纳不佳、恶心呕吐、体虚乏力为主症者，则选香砂六君子汤健脾益气；骨髓抑制者，在此基础上，酌添制黄精、淫羊藿等益精填髓之物；若表现为干咳、口渴、乏力等气阴亏虚症状者，则选何氏参芪苓蛇汤加减治疗。总而言之，肺癌的治疗，需抓主症，分清标本缓急，辨证施治。

案例：楼某，女，62 岁。2010 年 5 月 20 日初诊。2010 年 5 月 7 日，患者于浙江某医院胸外科行右肺癌根治术，术后病理示（右下肺）中分化腺癌，大小约 2.0cm×1.2cm，侵犯神经，局灶紧贴肺膜，未见转移。既往有 2 次剖宫产及 1 次宫外孕手术史。现白细胞偏低，干咳少痰，略感乏力，胃纳尚可，寐劣，大便日行，舌下纹暗，舌苔薄，脉弦。中医诊断：肺积，气阴两虚兼夹邪浊证。治法：益气血，祛邪浊，安心神。处方：北沙参 20g，黄芪 30g，霍山石斛（另煎）12g，枸杞子 20g，猪苓 30g，茯苓 30g，黄芩 10g，白花蛇舌草 30g，七叶一枝花 15g，三叶青 30g，浙贝母 12g，酸枣仁 20g，五味子

12g，姜半夏12g，北秫米（包煎）30g，野荞麦根30g，米仁（另包）60g。5剂，嘱其每日取米仁60g，煮粥晨服代早餐。

5月25日二诊：患者仍感疲乏无力，偶有咳嗽，夜寐较安，胃纳尚可，准备化疗。治以扶正为主，上方去白花蛇舌草、七叶一枝花、三叶青，加大枣20g，矮地茶15g，制黄精30g，何首乌20g，沉香（后下）6g，14剂。

6月10日三诊：患者已行1次化疗，反应大，呕泛作，血压高，大便干结，数日一行。治宜益气养阴，降逆止呕为先，上方去黄芩、五味子、野荞麦根、沉香，加旋覆花15g，代赭石15g，姜竹茹12g，10剂。

6月21日四诊：患者呕泛偶作，大便干溏不一。上方去薏苡仁、矮地茶，加沉香（后下）6g，干姜5g，10剂。

7月1日五诊：药后患者呕泛已解，胃纳尚可，大便隔日行，舌质略紫暗，脉弦，上方去姜竹茹、旋覆花、代赭石、干姜，加野荞麦根30g，三叶青30g，白花蛇舌草30g，猫人参30g，五味子10g，14剂。

患者坚持服中药至今8年余，近查胸部CT示右肺下叶术后，右侧胸膜增厚伴多发高密度灶，两肺尖少许纤维灶。患者自觉诸症稳好，惟胃脘偶有欠舒，夜寐略欠安，续予参芪苓蛇汤加减治疗。

按：此患者初诊时，已接受西医手术治疗，耗伤正气，气虚则脏腑功能减退，故见神疲乏力；肺癌手术，耗伤肺阴，影响气机，肺失宣降，则咳嗽少痰；心主血脉，主神明，心血不足，阳不入阴，神失所养，则夜寐不安。治从益气阴、祛邪浊、安心神入手，拟取参芪苓蛇汤加减，方中黄芪、北沙参、霍山石斛益气养阴，枸杞子补益肝肾，猪苓、茯苓渗湿抗癌，黄芩、白花蛇舌草、七叶一枝花、三叶青、野荞麦根清热解毒抗癌，浙贝母化痰止咳，酸枣仁养心安神，半夏秫米汤和胃化痰，助安寐。二诊时，患者将行化疗，此时需提高正气，助其平稳度过化疗期，故去白花蛇舌草、七叶一枝花、三叶青等清热解毒祛邪之品，加制黄精、何首乌填精益髓，矮地茶化痰止咳，沉香行气降逆。三诊、四诊时，患者化疗后，出现恶心呕吐等胃气上逆的症状，加旋覆花、代赭石、姜竹茹降逆止呕。五诊，患者呕泛解，咳嗽瘥，诸症好转，故去姜竹茹、旋覆花、代赭石、干姜，加三叶青、白花蛇舌草等祛邪抗癌。纵观整个施治过程，扶正祛邪，灵活加减，随证治之，充分体现了何任教授所倡导的治癌"不断扶正、适时祛邪、随证治之"之十二字原则。

（黄　硕　整理）

4. 乳腺癌

乳腺癌是发生在乳腺腺上皮组织的恶性肿瘤，是全球女性最常见的恶性肿瘤之一。在我国，乳腺癌的发病率已跃居女性各种癌瘤之首，近年来一直呈上升趋势。乳腺癌的发病年龄多在45～49岁，占总数的25.2%，以女性居多。本病病因不明，但与家族史、乳腺癌相关基因、月经、婚育因素、电离辐射、营养饮食等相关，临床常表现为乳腺肿块、乳头溢液、皮肤改变、乳头乳晕异常、腋窝淋巴结肿大等。本病可归属于中医学"乳石痈""乳疳""乳岩"等范畴。正气内虚、脏腑阴阳失调，是罹患本病的内在基础，气郁、痰浊、瘀血、热毒等为主要的病理因素。在中医经络学说中，乳头为肝肾二经之冲，乳房为阳明气血汇聚之所。故乳岩发病与肝脾（胃）关系密切。关于本病的治疗，何老师以扶正祛邪为治疗原则，以益气养阴、补养心脾、解毒抗癌为治疗大法，根据围手术期、放化疗期、术后巩固期3个阶段的正邪虚实变化，随症加减，常取得满意的疗效。

案例：成某，女，35岁。2014年3月10日初诊。2012年12月，患者行右侧卵巢癌切除术，术后化疗3次。2014年又查出乳腺癌，于2月19日行双侧乳腺癌根治术，术后病理示（双乳）浸润性导管癌（世界卫生组织Ⅱ级）。现患者烦恚急躁，夜寐欠安，疲乏无力，胃纳尚可，大便偏干，舌下纹暗，苔白腻，脉弦。中医诊断：乳岩，气阴两虚、邪浊积聚证。治法：益气养阴、祛邪抗癌。处方：生晒参6g，川石斛12g，女贞子18g，猪苓30g，茯苓30g，枸杞子20g，黄芪30g，三叶青粉（吞服）6g，七叶一枝花10g，白花蛇舌草30g，猫人参30g，薏苡仁30g，大枣20g，淮小麦40g，炙甘草10g，蒲公英30g，酸枣仁20g，佛手12g，焦六曲12g，5剂。药后患者疲乏、烦恚减轻，大便转润。

2014年3月17日二诊：患者已做1次化疗，反应大，时感呕恶，夜寐欠安，苔白腻，脉细弱。治宜补虚扶正、降逆止呕。处方：生晒参6g，川石斛12g，女贞子18g，猪苓30g，茯苓30g，枸杞子20g，黄芪30g，薏苡仁30g，大枣20g，淮小麦40g，炙甘草10g，蒲公英30g，酸枣仁30g，焦六曲12g，制黄精30g，何首乌15g，龙齿（先煎）30g，姜竹茹12g，沉香（后下）6g，14剂。药后患者呕恶感减轻，在中药辅助下，平稳度过6次化疗，25次放疗。

2014年10月14日复诊：患者近查白细胞计数2.3×10^9/L，大便日行、艰下，苔白腻，脉弦。原法续进，佐以润肠通便。处方：太子参15g，女贞子18g，

浙江中医临床名家·何若苹

猪苓 30g，茯苓 30g，枸杞子 20g，黄芪 40g，猫人参 30g，大枣 20g，制黄精 30g，淮小麦 30g，炙甘草 6g，灵芝 30g，蒲公英 30g，瓜蒌仁 30g，白花蛇舌草 30g，无花果 30g，14 剂。随症灵活加减，调治数日，患者白细胞计数逐渐上升。

2017 年 12 月 25 日复诊：患者近咽痒咳嗽，有痰，血脂偏高，余无所苦，苔薄白，脉弦。原旨出入，佐以化痰止咳。处方：党参 24g，黄芪 24g，猪苓 20g，女贞子 15g，枸杞子 18g，大枣 15g，制黄精 30g，白花蛇舌草 30g，猫人参 30g，七叶一枝花 9g，绞股蓝 20g，矮地茶 18g，灵芝 30g，蒲公英 30g，冬凌草 30g，生甘草 10g，桔梗 8g，化橘红 8g，14 剂。药后患者咽痒咳嗽均解，患者服药至今 4 年余，病情平稳，无何不适，复查未见明显异常。

按：《杂病源流犀烛·积聚癥瘕痃癖痞源流》言："壮盛之人，必无积聚。必其人正气不足，邪气留着，而后患此。"该患者正气本虚，又经手术，则气阴亏虚更为明显。气虚则疲乏无力；阴虚致阴不能敛阳，阳热上冲，扰乱心神，则烦恚不安、夜寐欠佳；阴液不能濡润肠道，则大便偏干。患者虽已结束手术，然仍将化疗，癌邪尚未完全祛除，故以扶正祛邪为法，方用何氏参芪苓蛇汤加减。方中生晒参、黄芪、川石斛、女贞子、枸杞子益气养阴，猪苓、茯苓、薏苡仁利水泻浊，三叶青粉、七叶一枝花、白花蛇舌草、猫人参、蒲公英清热解毒、消肿抗癌，甘麦大枣汤、酸枣仁补养心脾、安神助眠，佛手、焦六曲理气和胃、顾护中焦。二诊时，患者化疗后，正气更虚，阴液更伤，故以扶正为主，前方加制黄精、何首乌补养肝肾，去白花蛇舌草、猫人参、七叶一枝花以免伤正；患者呕恶明显，加姜竹茹、沉香和胃降逆、化痰止呕；龙齿镇静安神、以助睡眠。大便艰下，乃阴液亏虚不能濡润所致，加瓜蒌仁、无花果润肠通便，其中无花果又能抗癌，一举两得。后随症加减，若白细胞计数偏低，则加制黄精、灵芝益精填髓、培补正气；若咽痒咳嗽，有痰，则加冬凌草清热润肺，桔梗甘草汤清利咽喉，化橘红理气燥湿化痰。纵观整个治疗过程，何老师始终以扶正祛邪为治疗原则，以参芪苓蛇汤为基本方，配合患者的不适症状，随症加减，至今 4 年余，患者稳好，宛如常人。

（林志豪　整理）

5. 胃癌

胃癌是发生于胃黏膜上皮组织的恶性肿瘤。有数据显示，我国胃癌发病率与死亡率均居世界第三，分别为 30.77/10 万和 21.89/10 万，全国每年新发胃癌病例约 40 万，占恶性肿瘤发病的 13.08%；死亡病例约 28 万，占恶性肿瘤死因的 14.71%。目前认为，本病的发生与幽门螺旋杆菌感染、饮食习惯、吸烟等因素有关，常表现为上腹部疼痛、食欲减退、消瘦乏力、恶心呕吐、黑便等。本病属于中医学"噎膈""反胃""伏梁"等范畴，其发病主要由于正气不足，或外邪侵袭，或情志失调，气机不畅，或饮食失节，损伤脾胃，致脾失健运，胃失和降，聚湿生痰，阻滞血脉，化生瘀毒，日久积聚，形成本病。正如张从正所言："积之成也，或因暴怒喜悲思恐之气，或伤酸苦甘辛咸之食，或停温凉热寒之饮，或受风暑燥寒火湿之邪。"治疗上，何老师以扶正祛邪为治疗原则，以健脾益气、调和脾胃、祛邪抗癌为基本治法，帮助许多胃癌患者平稳度过化疗期，减轻因化疗等治疗手段给患者带来的痛苦。

案例： 吴某，男，31 岁。2001 年 11 月 8 日初诊。患者在 2001 年 10 月 10 日行胃癌根治术，病理示胃窦部印戒细胞癌，侵及深肌层浆膜内，肝左淋巴周围网膜组织边缘有散在 AE1/AE3（CK）阳性细胞。现患者体虚至极，疲乏无力，需家人搀扶，恶心欲呕，胃脘胀滞，隐痛不舒，小便时淋漓涩痛，苔白腻，脉弦。中医诊断：积聚，脾胃不和、膀胱湿热证。治法：理气和胃，清热利湿。处方：太子参 30g，姜半夏 12g，干姜 6g，黄芩 10g，黄连 3g，川朴 12g，白芍 18g，炙甘草 8g，延胡索 18g，炒川楝子 10g，金钱草 30g，滑石（包煎）12g，车前子（包煎）12g，金银花 12g，焦六曲 12g，虫草（另煎）3g，7 剂。

2001 年 11 月 20 日复诊：药后患者恶心、脘痛、小便时疼痛均已瘥解，已做 1 次化疗，肝功能异常。治宗原旨，清热利湿。处方：太子参 30g，姜半夏 12g，干姜 6g，黄芩 10g，黄连 3g，川朴 12g，白芍 18g，生甘草 10g，金钱草 30g，虫草（另煎）3g，绵茵陈 30g，垂盆草 20g，龙胆草 6g，车前子（包煎）12g，焦六曲 12g，14 剂。药后患者肝功能逐渐好转，减龙胆草、车前子等品，续服月余。

2002 年 1 月 7 日复诊：患者已做 3 次化疗，恶心呕吐明显，疲乏无力，舌苔薄，苔根部略腻，脉细弱。治宜扶正为主。处方：太子参 30g，姜半夏 12g，干姜 5g，黄芩 10g，黄连 3g，川朴 12g，蒲公英 30g，虫草（另煎）3g，淮小麦 40g，红枣 30g，炙甘草 10g，焦六曲 12g，姜竹茹 12g，炒谷芽 20g，10 剂。药后患者呕吐渐瘥，后予上方灵活加减，助其平稳度过 4 次化疗。

2003 年 9 月 18 日复诊：患者诸症平稳，惟略感口干，腰腿酸楚，苔薄，脉濡。治宜益气阴、祛邪浊。处方：黄芪 20g，党参 30g，女贞子 20g，猫人参 30g，猪苓 30g，茯苓 30g，枸杞子 18g，补骨脂 10g，骨碎补 10g，白花蛇舌草 15g，七叶一枝花 15g，淮小麦 50g，红枣 30g，香茶菜 30g，佛手片 15g，沉香曲 12g，薏苡仁（另包）60g。14 剂，嘱其每日取薏苡仁 60g 煮粥晨服代早餐。

2003 年 12 月 4 日复诊：患者胃癌术后 2 年余，胃脘胀痛，舌质红，苔薄，脉弦。治宜理气和胃蠲痛为先。处方：延胡索 20g，白芍 20g，炒川楝子 12g，炙甘草 10g，乌药 6g，蒲公英 30g，海螵蛸 12g，沉香曲 12g，制香附 12g，焦六曲 12g，生谷芽 18g，佛手片 15g，香茶菜 20g，红枣 15g，7 剂。药后患者脘痛已解，续予 2003 年 9 月 18 日处方加减，患者病情日趋稳定，体力精神渐复，生活基本如常人，并逐渐回归工作岗位，前后共服药 6 年余，稳好无殊，复查未见明显异常。

按： 本例患者胃癌术后，体虚至极，脾胃功能受到极大影响，出现恶心欲呕、脘胀隐痛等症状。脾主升清，胃主降浊，脾胃升降失常，中焦痞塞不通，则胃脘胀滞；胃气上逆，则恶心欲呕，故予辛开苦降之半夏泻心汤散结消痞，加入川朴一味，燥湿消痰，下气除满。患者隐痛不舒，予芍药甘草汤合金铃子散，补肝体而助肝用，缓急止痛。《素问·灵兰秘典论》云："膀胱者，州都之官，津液藏焉，气化则能出矣。"湿热聚于膀胱，膀胱气化失司，则小便淋漓涩痛，故加金钱草、滑石、车前子清热利湿。另加虫草，补虚损而益精气。患者因化疗致肝功能异常，此乃肝阴不足、肝胆湿热所致，故在芍药甘草汤养肝阴基础上，配伍金钱草、绵茵陈、垂盆草、龙胆草等清利肝胆湿热，护肝降酶。2003 年 9 月 18 日复诊时，患者无何不适，略感口干，腰腿酸楚，采用益气阴、祛邪浊之法，选何氏参芪苓蛇汤加减，方中黄芪、党参、女贞子、枸杞子、红枣益气阴，育肝肾，猪苓、茯苓渗湿祛浊，猫人参、白花蛇舌草、七叶一枝花清热解毒抗癌，佛手片、沉香曲固护胃气、调畅中焦气机。后患者出现胃脘胀痛、脉弦，考虑是由肝气犯胃所致，急则治其标，宜理气和胃蠲痛，方用何氏脘腹蠲痛汤（延胡索、白芍、炒川楝子、炙甘草、乌药、蒲公英、海螵蛸、制香附、沉香曲）加减治疗。何老师灵活遣方，随证加减，用药精良，故疗效显著，助患者转危为安。

（黄 硕 整理）

6.肝癌

原发性肝癌是目前居我国第四位的常见恶性肿瘤及第三位的肿瘤致死病

因，严重威胁人们的生命健康。有数据显示，2015 年我国原发性肝癌发病人数为 46.6 万人，死亡人数为 42.4 万，超过世界原发性肝癌发病总数的一半。原发性肝癌主要分为肝细胞癌、胆管细胞癌和混合型癌三种，其中肝细胞癌占 85%～90% 以上。本病具有治愈率低、复发率高等特点，因此，需要引起以下人群的高度重视，主要包括乙型肝炎病毒和（或）丙型肝炎病毒感染、长期酗酒、非酒精脂肪性肝炎、食用被黄曲霉毒素污染的食物、各种原因引起的肝硬化，以及有肝癌家族史等的人群。目前，虽然西医采取根治性外科切除、肝脏移植、局部消融、介入治疗、放疗、化疗、分子靶向治疗及免疫治疗等多种治疗手段，但本病治疗形势仍十分严峻。在综合治疗过程中，中医药可以改善症状、提高机体免疫功能、减轻放化疗不良反应等。关于肝癌的治疗，何老师倡导在西医治疗的基础上，采取中医药的辅助治疗，从肝、脾、肾三脏入手，补虚扶正，同时根据不同症状，分别佐以不同治法，若出现目黄、溲黄等症状者，则选用茵陈蒿汤加石见穿、贯众等清热解毒、利湿退黄；若出现腹水者，则选五苓散温阳利水，同时加楮实子养阴清肝利水；若胁痛明显者，则选用何氏脘腹蠲痛汤疏肝理气、缓急止痛；若肝功能异常者，则选五味子、白芍、糯稻根滋育肝阴，垂盆草、黄毛耳草、茵陈等清肝利湿降酶。

案例：应某，男，60 岁。2012 年 8 月 4 日初诊。患者半月前行肝癌经导管动脉化疗栓塞术，既往有慢性乙型肝炎病史。近查白细胞计数 2.0×10^9/L，右胁隐痛，神疲乏力，口苦，胃纳尚可，大便日行 2～3 次，舌苔腻，脉弦。中医诊断：肝积，脾肾亏虚、湿热瘀结证。治法：健脾益肾，清热利湿，理气活血。处方：太子参 30g，制黄精 30g，淫羊藿 15g，茵陈 30g，青蒿 12g，焦山栀 12g，大叶金钱草 30g，三叶青粉（吞服）6g，白花蛇舌草 30g，猫人参 30g，蒲公英 30g，莪术 15，丹参 30g，石见穿 15g，炙鳖甲（先煎）18g，郁金 12g，延胡索 20g，炒川楝子 10g，佛手 15g，生甘草 10g。14 剂，嘱患者三叶青粉用 30℃温水分 2 次冲服。

2012 年 10 月 27 日复诊：药后患者胁痛减轻，白细胞计数 3.4×10^9/L，惟肌肤瘙痒，胃纳尚可。原旨续进，祛风止痒。处方：太子参 30g，制黄精 30g，淫羊藿 15g，茵陈 30g，大叶金钱草 30g，三叶青粉（吞服）4g，白花蛇舌草 30g，猫人参 30g，蒲公英 30g，莪术 15g，丹参 30g，石见穿 15g，炙鳖甲（先煎）20g，郁金 12g，七叶一枝花 9g，赤灵芝 30g，绞股蓝 30g，徐长卿 30g，白鲜皮 30g，14 剂。

2012年11月10日复诊：药后患者肤痒好转，日前痛风发作，静脉输液治疗。原旨出入，清热利湿。处方：太子参30g，制黄精30g，淫羊藿15g，茵陈30g，大叶金钱草30g，三叶青粉（吞服）4g，白花蛇舌草30g，猫人参30g，蒲公英30，莪术15g，丹参30g，石见穿15g，炙鳖甲（先煎）20g，郁金12g，七叶一枝花9g，赤灵芝30g，绞股蓝30g，徐长卿30g，车前子15g，车前草15g，14剂。

2013年3月2日复诊：患者尿酸指标下降，略感视物模糊。原旨续进，养肝明目。处方：太子参30g，制黄精30g，茵陈30g，大叶金钱草30g，石见穿15g，三叶青粉（吞服）4g，白花蛇舌草30g，猫人参30g，蒲公英30g，七叶一枝花9g，莪术15g，丹参30g，炙鳖甲（先煎）20g，赤灵芝30g，绞股蓝30g，枸杞子20g，白菊花10g，14剂。

2013年10月12日复诊：药后患者诸症稳好，惟大便日行4～5次，总胆红素偏高。原旨出入，健脾止泻，疏肝利胆。处方：生晒参9g，制黄精30g，茵陈30g，石见穿15g，三叶青粉（吞服）4g，白花蛇舌草30g，猫人参30g，蒲公英30g，七叶一枝花9g，炙鳖甲（先煎）20g，莪术10g，丹参15g，灵芝30g，枸杞子20g，怀山药24g，白术20g，海金沙（包煎）20g，郁金15g，金钱草30g，14剂。

此后随症灵活加减，患者服药6年余，诸症稳好，查胆红素、肝功能、肿瘤标志物、B超等均未见明显异常。

按：此肝癌患者乃湿热蕴于肝胆，影响肝胆气机升降，致肝失疏泄，胆失通降，而见口苦、胁痛、舌苔腻等症。《灵枢·决气》云："中焦受气取汁，变化而赤，是谓血。"《景岳全书·传忠录》云："血者水谷之精也，源源而来，化生于脾。"脾为后天之本，气血生化之源，脾旺，则气血生化充足。《诸病源候论·虚劳病诸候下》云："肾藏精，精者，血之所成也。"《素问·脉要精微论》云："髓者，骨之充也。"肾为后天之本，主骨生髓，主藏精，精能生血，精血同源。患者行手术治疗，损伤正气，耗气伤血，导致脏腑功能失调，脾肾亏虚，故神疲乏力、白细胞计数偏低、大便次频。本虚标实，中医辨为脾肾亏虚、湿热瘀结证，拟以健脾益肾、清热利湿、理气活血为法。方中太子参、制黄精、淫羊藿健脾益肾，阴阳并补，达"阴中求阳、阳中求阴"之目的；茵陈、青蒿、焦山栀、大叶金钱草清利肝胆湿热，郁金、延胡索、炒川楝子疏肝理气止痛，三叶青粉、白花蛇舌草、猫人参、蒲公英清热解毒抗癌，莪术、丹参、炙鳖甲活血化瘀散结，佛手固护脾胃，石见穿乃何

64

老师治疗肝癌患者之常用药物，因其入肝经，具有清热解毒、活血散瘀之功。复诊时，随症灵活加减，若肌肤瘙痒者，责之风邪，正所谓"无风不作痒"，加徐长卿、白鲜皮祛风止痒；若痛风发作，乃体内湿热所致，加车前子、车前草清热利湿，且现代药理研究表明，上述两味药有降尿酸的作用；肝开窍于目，肝阴不足，则视物模糊，故加枸杞子、白菊花养肝明目；"湿甚则濡泻"，若腹泻明显，则加白术、怀山药健脾渗湿止泻，胆红素高，常选五金散（鸡内金、海金沙、金钱草、金铃子、郁金）加减以疏肝利胆。整个治疗过程，充分体现了"不断扶正、适时祛邪、随证治之"的治疗原则。

（黄　硕　整理）

7. 胰腺癌

绝大部分胰腺癌是起源于腺管上皮的导管腺癌，是消化系统较为常见的恶性肿瘤之一，其发病率虽低，但恶性程度高，具有极高的死亡率。据统计，确诊后中位生存期为 6 个月，5 年生存率低于 5%。近十几年来调查发现，许多肿瘤，如肺癌、乳腺癌、前列腺癌等死亡率均呈下降趋势，但胰腺癌的死亡率却缓慢增长，且男性多于女性。目前在西医治疗方面，手术、化疗等方案为常规治疗手段，但其存活率依然很低，且许多患者发现时，往往已错过了最佳手术机会。该病中医学当属于"积聚""伏梁"等范畴。《医宗必读》曰："积之成也，正气不足，而后邪气踞之。"何老师认为，本病多属本虚标实之证，肝经气滞不畅，瘀阻气机，脾虚生湿，湿郁化热，肝脾二经不和，致气血失调，浊毒内蕴，久而成积。治疗当疏肝利胆、健脾化湿，早期以祛邪为主，晚期尤重扶正，扶正是本。

案例： 陈某，男，67 岁。2011 年 10 月 24 日初诊。患者体检发现胰腺肿物，于全身麻醉下行开腹"胰体尾＋脾脏切除术"，术后病理示（体－尾）胰腺高分化神经内分泌肿瘤。患者术后畏惧西医治疗手段，未作放、化疗，又担心复发转移，遂寻求中医治疗。现疲乏感甚，左胁略感不适，胃纳尚可，大便日行偏干，夜寐不安，舌下纹暗，舌质稍红，苔白中根部较厚，脉弦。中医诊断：积聚，脾虚湿阻证。治法：补脾气，祛邪浊。处方：生晒参 6g，霍山石斛（另煎）12g，枸杞子 20g，猪苓 30g，茯苓 30g，女贞子 18g，蒲公英 30g，猫人参 30g，白花蛇舌草 30g，七叶一枝花 10g，金钱草 30g，炙甘草 10g，白芍 20g，沉香曲 12g，酸枣仁 20g，丹参 30g，五味子 10g，薏苡仁（另包）50g。14 剂，嘱其米仁每日晨起空腹服。药后患者疲乏好转，惟多思虑，夜寐欠安，分别予夜交藤、柏子仁、琥珀末、黄连、肉桂加减治疗，后寐较安稳。

2012年11月24日复诊：患者诸症尚稳，查癌胚抗原15.14ng/mL，胆固醇偏高，余项尚常，大便偏干。原旨出入。处方：生晒参6g，霍山石斛（另煎）12g，枸杞子20g，猪苓30g，茯苓30g，女贞子18g，蒲公英30g，猫人参30g，白花蛇舌草30g，七叶一枝花10g，金钱草30g，酸枣仁30g，丹参30g，夜交藤30g，瓜蒌仁30g，玄参15g，麦冬12g，三叶青粉（分吞）6g，薏苡仁（另包）50g，14剂。患者服药月余，复查癌胚抗原指标降至3.99ng/mL。

2015年2月14日复诊：患者近复查未见明显异常，纳可，大便日行，偏干，舌下纹暗，苔薄，脉弦。原旨出入。处方：党参15g，黄芪30g，枸杞子15g，猪苓12g，女贞子12g，猫人参30g，白花蛇舌草30g，金钱草30g，瓜蒌仁30g，绞股蓝30g，柏子仁30g，制黄精15g，玄参18g，麦冬15g，生地15g，14剂。

患者肿瘤术后至今已经7年，病情平稳，各项指标检测尚常。

按：患者胰尾肿瘤术后，病理为高分化神经内分泌肿瘤，该肿瘤具有惰性的缓慢生长、低度恶性直至高转移性等明显恶性的生物学行为。患者术后担心西医放疗的毒副作用，遂转向中医治疗。患者平素多思伤脾，脾胃虚弱。李东垣在《脾胃论》中云："脾胃之气既伤，而元气亦不能充，而诸病之所由生也。"此为本虚使然。手术后，患者感疲乏，左胁略不适，夜寐不安，此乃正气不足，湿热之邪阻滞肝经，致气机不畅，上扰清窍，致神魂不安。治当以扶正祛邪为大法，宜健脾益气、化浊安寐，方选参芪苓蛇汤加减，加金钱草、薏苡仁清热利湿化浊，芍药甘草汤柔肝缓急，沉香曲疏肝和胃，丹参、酸枣仁、五味子养心安神。患者夜寐不安甚，遂予夜交藤、柏子仁养心安神，琥珀末镇心安神，交泰丸交通心肾而助眠。患者坚持服药，情况平稳，每年检查基本正常。肿瘤之治，当循何任老先生"不断扶正、适时祛邪、随证治之"之旨。

（傅丹旦　整理）

8. 膀胱癌

膀胱癌是发生在膀胱上皮组织和间皮组织的恶性肿瘤，是泌尿系统最常见、发病率最高、术后易复发的恶性肿瘤之一，可发生于任何年龄，其原因可能与长期吸烟、接触芳香胺类化合物、遗传、慢性感染等因素有关。在中国，

2008 年全国流行病学调查显示，膀胱癌的发病率在 60 岁以后的人群中超过肾肿瘤，居我国泌尿系统恶性肿瘤发病首位；至 85 岁以上年龄组膀胱癌的发病率达到 69.77/10 万的峰值。由此可见，膀胱癌发病率随着年龄的增长而升高。目前针对膀胱癌的治疗，西医主要以手术为主，化疗、放疗、膀胱灌冲治疗为辅。中医学古代文献虽无"膀胱癌"病名，但大致可将其归属于"溺血""血淋""癃闭"等范畴，《灵枢·百病始生》指出"壮人无积，虚则有之"。正气不足，贼风虚邪侵入人体，湿浊阻滞下焦，久之瘀而不行，积之所成。何老师以扶正祛邪法为旨，注重补益脾肾，祛除痰湿、血瘀、郁热等毒邪，疏理肝气，通调水道，使湿浊等邪有出路，邪去正自安。

案例：李某，男，30 岁。2012 年 1 月 10 日初诊。患者患膀胱癌，已行电灼术，病理切片提示膀胱颈口低度恶性尿路乳头状肿瘤，已进行 3 次膀胱灌冲治疗。现患者体倦，夜寐欠安，苔白脉弦。中医诊断：膀胱癌，气阴不足、湿热内蕴证。治法：益气养阴，清热利湿兼以安神。处方：黄芪 30g，猪苓 18g，女贞子 18g，枸杞子 12g，白花蛇舌草 30g，半枝莲 12g，金钱草 30g，生甘草 10g，猫人参 30g，滑石（包煎）15g，七叶一枝花 9g，淡竹叶 15g，白术 15g，红枣 15g，蒲公英 30g，车前子（包煎）15g，夜交藤 30g，14 剂。

2017 年 1 月 27 日复诊：患者 5 年来一直坚持服用中药，同时做膀胱灌冲治疗，先后经过多次膀胱镜复查均未见异常。近日患者稍有咳嗽，苔白脉弦。原旨出入。处方：黄芪 30g，猪苓 18g，女贞子 18g，枸杞子 12g，白花蛇舌草 30g，半枝莲 12g，金钱草 30g，生甘草 10g，猫人参 30g，滑石（包煎）15g，七叶一枝花 9g，淡竹叶 15g，白术 15g，红枣 15g，蒲公英 30g，桔梗 8g，百部 20g，14 剂。

2018 年 12 月 8 日复诊：患者又以上方加减服药近 2 年，每年膀胱镜复查一次均正常，纳可，大便日行，近日又感邪咽痛，苔薄白，脉略数。原旨出入。处方：黄芪 30g，猪苓 24g，女贞子 18g，枸杞子 12g，白花蛇舌草 30g，半枝莲 15g，金钱草 30g，生甘草 10g，猫人参 30g，七叶一枝花 6g，红枣 15g，蒲公英 30g，茯苓 15g，制黄精 20g，滑石（包煎）10g，荆芥 10g，防风 10g，金银花 15g，连翘 15g，14 剂。药后患者外感咽痛已愈，诸情稳定。

按：患者 7 年前患膀胱癌行电灼术后，寻求中医治疗。膀胱癌多由下焦湿热所致，经过电灼、膀胱灌冲治疗后，正气受损，患者表现为体倦乏力，故治疗一方面需要扶助正气，补气益阴；另一方面仍需要注意清利湿热。方

浙江中医临床名家·何若苹

中重用黄芪补益元气，又以女贞子、枸杞子益肝肾之阴，共起扶助正气作用；白花蛇舌草、半枝莲、滑石、猫人参、蒲公英等清热解毒并利湿热以祛邪。其中解毒与利湿对于膀胱肿瘤的治疗非常重要，两者相须，使毒邪从水道而出。猪苓、白术健脾化湿，培后天之本，充养元气。诸药相合，起到补气阴、利湿热、祛邪浊的作用，故患者服中药7年，情况稳定。至于治疗过程中出现寐差、外感咽痛，则随症治之，这也体现了急则治标、缓则治本、标本兼治的治疗方针。

（范雁沙　整理）

9. 肾癌

肾癌是指起源于肾实质泌尿小管上皮细胞的恶性肿瘤。在我国，肾癌发病率有地区、性别、年龄的不同，城市高于农村，男性高于女性，男女比例约为2：1，好发于50～70岁的中年人。肾癌的病因至今未明，但有流行病学数据显示，其发病与吸烟、肥胖、长期血液透析、服用解热镇痛药及某些职业（如石油、皮革、石棉等产业）等因素有关。本病临床常表现为血尿、肿块、腰痛、发热等，属于中医学"积聚""腰痛""尿血""肾积"等范畴，主要由于正气不足，或外邪侵袭，或情志失调、气机不畅，或饮食失节、损伤脾胃，致使机体阴阳失调，正气衰退，邪毒内扰，肿瘤始生。何老师认为，肾虚为本病的发生基础，瘀血、湿浊等邪气内阻为发病关键，治疗时，以益肾固本、健脾益气、祛邪抗癌为治疗大法，临床常取得较好疗效。

案例：杨某，男，65岁。2015年5月31日初诊。患者于2014年11月12日行经输尿管软镜肾盂探查加左肾盂肿瘤切除术，同年11月26日行右侧肾盂癌根治术，术后病理示（肾盂）非浸润性尿路上皮乳头癌（Ⅱ级），部分呈内翻性生长。化疗4次，膀胱灌冲治疗6次。5月22日查肌酐145μmol/L，尿素氮8.4mmol/L，尿酸499μmol/L。现稍感疲乏，腰酸坠感，面色黧黑，纳寐尚可，大便日行，舌下纹暗，舌红苔白，脉弦。中医诊断：积聚，肝肾阴虚证。治法：益肝肾，祛邪浊。处方：生地黄15g，怀山药15g，山茱萸12g，牡丹皮12g，茯苓20g，猪苓30g，泽泻12g，积雪草30g，车前子12g，生甘草9g，白花蛇舌草30g，半枝莲12g，七叶一枝花9g，14剂。服药月余，患者面色黧黑稍褪，嘱其每日自购薏苡仁煮粥晨服代早餐。后随症灵活加减，患者肌酐、尿酸、尿素氮指标均有下降。

2015年8月30日复诊：患者近日尿频尿急，膀胱镜提示膀胱炎症，大便日 2 行，苔白，脉弦。治宗原旨，清热利湿。处方：生地黄 15g，怀山药 15g，山茱萸 12g，牡丹皮 12g，茯苓 15g，猪苓 20g，泽泻 12g，积雪草 30g，车前子 15g，生甘草 9g，白花蛇舌草 30g，半枝莲 15g，七叶一枝花 9g，炒杜仲 12g，玉米须 30g，海藻 15g，金钱草 30g，蒲公英 30g，14 剂。患者前后服药 1 个月，药后尿频尿急逐渐好转，后上方随症加减，患者坚持服药。

2016 年 8 月 14 日复诊：患者 8 月 12 日查癌胚抗原 7.0μg/L，肌酐 122μmol/L，尿酸、尿素氮未见异常。处方略做调整，患者坚持服药至今，体力尚佳，诸症稳好。

按： 患者历经手术，本已气血俱伤，耗伤阴液，加之化疗、膀胱灌冲治疗等热毒之邪，耗气伤阴，致其更虚。肾气乃一身元气之根本，肾虚则见疲乏；肾为作强之官，伎巧出焉，腰为肾之府，肾虚则有腰酸坠感；肾癌术后，肾脏阴阳虚衰，当升不升，当降不降，当藏不藏，当泄不泄，湿浊毒邪内蕴，则肾功能指标异常。故以益肝肾、祛邪浊为法，方选六味地黄汤加味，方中以生地黄、怀山药、山茱萸为"三补"共奏益肾、养肝、补脾之效；茯苓、牡丹皮、泽泻为"三泻"，制约"三补"，以求补泻兼施；加积雪草、车前子清热利湿解毒，使湿浊之邪从小便而解；加白花蛇舌草、七叶一枝花清热解毒。2015 年 8 月 30 日复诊时，患者感尿频急，考虑为湿热聚于膀胱，膀胱气化失司所致，故加玉米须、金钱草、蒲公英清利膀胱湿热。后随症加减，血肌酐、尿素氮、尿酸指标随之逐步下降，整体情况好转。

（骆丽娜　整理）

10. 子宫内膜癌

子宫内膜癌是一组来源于子宫内膜上皮组织的恶性肿瘤，是女性生殖系统常见的恶性肿瘤之一，其发病率占女性生殖系统恶性肿瘤的 20% ～ 30%，且发病率在世界范围内呈持续升高趋势。本病好发于围绝经期及绝经后的妇女，但近年来有年轻化趋势。子宫内膜癌主要临床表现包括月经紊乱，不规则阴道出血、流液、恶病质等。本病属中医学"癥瘕""崩漏""五色带下"等范畴。《备急千金要方》记载"崩中漏下，赤白青黑，腐臭不可近，令人面黑无颜色，皮骨相连，月经失度，往来无常，小腹弦急，或苦绞痛，上至心，两胁肿胀，食不生肌肤，令人偏枯，气息乏力，腰背痛连胁，不能久立，每嗜卧困懒"，以上所描述之症状与现在我们所认识的子宫内膜癌所致之阴道异常出血、带下秽浊腥臭，疾病后期少腹疼痛、乏力、消瘦、恶病质等情况颇为相似。《诸病源候论》谓："带下病者，由劳伤血气，损动冲脉、任脉，致令其血与秽液相兼带而下。"冲任损伤，正气不足，或风寒袭胞，气血凝滞；或湿浊留恋，化腐成毒；或痰瘀相搏，凝聚成癥；或情志失调，气滞血瘀，久遏成毒，酿生此疾。故何老师认为，本病发病与正气亏虚、冲任损伤有关，治疗上以益气育阴、补益冲任、解毒抗癌为主。

案例：戴某，女，70岁。2009年10月19日初诊。患者子宫内膜癌术后，病理示子宫内膜癌，浸润至深肌层，可见脉管内癌栓。同时发现其左腿部有病灶，考虑骨盆转移性癌。由家人代诊：已行1次化疗，呕泛明显，胃纳不佳，大便尚可。中医诊断：癥瘕，脾胃亏虚、痰浊阻滞证。治法：健脾益气养阴，化痰降逆止呕。处方：生晒参6g，霍山石斛（另煎）12g，女贞子18g，猪苓30g，茯苓30g，枸杞子20g，制黄精30g，三叶青30g，藤梨根30g，生谷芽30g，生麦芽30g，焦六曲15g，姜竹茹12g，姜半夏12g，淮小麦30g，炙甘草10g，红枣20g，7剂。其中嘱其霍山石斛另煎，代茶饮。

2009年11月2日二诊：药后患者呕泛已解，将行放疗，上方减姜竹茹、姜半夏，加矮地茶15g，黄芪30g，补骨脂15g，骨碎补12g，14剂。

2009年11月30日三诊：患者已化疗1次，放疗5周，大便日行7～8次，考虑放射性肠炎，舌苔薄黄，脉濡。上方去矮地茶，加白术15g，淫羊藿15g，薏苡仁（另包）60g，14剂。其中薏苡仁单独煎煮，代早餐服用。药后患者便次逐渐减少，大约日行2～3次。

2010年4月1日复诊：患者5次化疗后，查白细胞计数1.1×10⁹/L，纳尚可，大便日行2～3次，舌苔白，脉细。治宜扶正为主。处方：生晒参6g，女贞子18g，枸杞子30g，制黄精30g，猪苓30g，茯苓30g，焦六曲15g，淮小麦30g，炙甘草10g，红枣20g，白术15g，淫羊藿15g，补骨脂15g，骨碎补15g，黄芪30g，仙茅15g，姜竹茹12g，干姜6g，何首乌15g，怀山药20g，14剂。药后患者体力渐复，并每日练功3小时左右，夜寐安，白细胞计数升至2.5×10⁹/L，上方再做增减。

患者2015年8月5日曾复查示骶骨、两侧耻骨、左侧髋臼转移肿瘤考虑，与前片相比略有好转。药治至今9年余，患者诸症稳好。

按：《医学心悟·积聚》云："治积聚者，当按初中末之三法焉。"何老师依古人之训，将肿瘤治疗与现代医学疗法相结合，分阶段而治。放化疗期间，多以扶正为主，调补五脏，灵活治疗兼症。放化疗间隔期，则扶正祛邪，一方面协助患者恢复正气，提高抗病能力；另一方面使祛邪之功得以为续。本例患者初诊时处化疗间歇期，出现明显的胃肠道反应，此乃邪毒留滞，正气亏虚，中焦运化失常，聚湿生痰，痰浊阻滞，脾胃升降失调所致，宜健脾益气养阴，化痰降逆止呕，兼以解毒散结。予参芪苓蛇汤加制黄精益肾精，三叶青、藤梨根清热解毒、活血消癥，姜半夏、姜竹茹燥湿化痰、降逆止呕，生谷芽、生麦芽和胃消食，甘麦大枣汤养心安神。全方攻补兼施，扶正为主，攻邪次之，使五脏安和，正气得助，为后期治疗做准备。二诊时，患者呕泛解，将放疗，故去姜半夏、姜竹茹，加黄芪益气扶正，补骨脂、骨碎补补肾助阳，纳气止泻，以防放疗副作用，先安未受邪之地。后患者出现放射性肠炎，放疗乃"大热峻剂"，损伤脾胃，小肠泌别清浊失司，故加白术、薏苡仁健脾渗湿止泻，淫羊藿配制黄精、补骨脂温肾益精，补先天之本。放化疗期间，患者出现骨髓抑制，白细胞计数偏低，此时，五脏气血阴阳俱虚，不宜攻伐，故去三叶青、藤梨根、矮地茶等攻邪之品，而重温补脾肾，填精养血。何师立法确切，用药得当，灵活遣方，疗效显著，助患者转危为安。

（叶　璐　整理）

11. 宫颈癌

宫颈癌是女性常见恶性肿瘤之一，在女性人群中的发病率居第 2 位，病死率居第 4 位，其发病与高危人乳头瘤病毒感染等因素有关。随着人乳头瘤病毒疫苗的研制，宫颈癌有望成为一种可以早期预防、早期诊断、早期治疗的恶性肿瘤。然而，对于缺乏足够资源投入的欠发达地区，本病发病率仍未得到很好控制。宫颈癌可归属于中医学"五色带下""癥瘕""石瘕""阴疮""虚损"等范畴。《素问·骨空论》云："任脉为病，女子带下癥瘕。"因此，其病因多为情志内伤、饮食失调、房劳多产、房事不节等，导致肝肾亏虚，冲任受损，带脉失约，痰浊、湿热、瘀毒等邪侵犯胞宫，留滞不去，血败肉腐，渐成癥积。何老师遵扶正祛邪的原则，采用补益肝肾、益气养阴等法扶正，配合清热利湿、行气化痰、活血解毒、软坚散结等法祛邪，攻补兼施，疗效显著。

案例： 王某，女，39 岁。2015 年 9 月 14 日初诊。患者宫颈癌术后 4 个月，病理示宫颈中分化鳞状细胞癌。术后化疗 3 次，放疗 25 次，白细胞计数偏低，三酰甘油偏高，B 超提示卵巢萎缩。现患者下腹部因放疗出现皮肤发硬，

浙江中医临床名家·何若苹

周身酸楚，烘热阵作，夜间为甚，心烦，颈腰腿痛，尿频，排尿费力，纳少，大便日行，舌下纹暗，苔薄，脉弦。中医诊断：癥瘕，阴虚火旺、邪毒留滞证。治法：育肝肾，祛邪浊。处方：生地黄 12g，怀山药 12g，山茱萸 10g，牡丹皮 10g，茯苓 20g，泽泻 12g，龟甲（先煎）20g，枸杞子 20g，淮小麦 30g，炙甘草 10g，大枣 30g，七叶一枝花 12g，白花蛇舌草 30g，金钱草 30g，淡竹叶 10g，车前子（包煎）12g，7 剂。药后患者烘热尿频减轻，周身酸楚不适，颈腰酸痛，上方减淡竹叶、车前子，先后加延胡索、川楝子、络石藤、徐长卿、木瓜等祛湿通络止痛。

2015 年 12 月 14 日复诊：患者查白细胞计数 $3.5×10^9$/L，癌胚抗原 5.3μg/L，皮肤时有红疹瘙痒，舌苔薄，脉弦。原旨出入。处方：生地黄 10g，怀山药 12g，山茱萸 10g，牡丹皮 10g，茯苓 20g，泽泻 12g，龟甲（先煎）20g，枸杞子 12g，大枣 30g，白花蛇舌草 30g，金钱草 30g，蒲公英 30g，徐长卿 30g，白鲜皮 30g，蝉衣 8g，猫爪草 30g，七叶一枝花 9g，防风 9g，14 剂。患者服药 1 个月余，皮肤红疹瘙痒瘥解，自觉潮热，上方去徐长卿、白鲜皮、蝉衣、防风，加地骨皮、青蒿等清退虚热。

患者术后坚持服药至今，潮热、心烦好转，时有血脂、血尿酸偏高，小便频急等症，均对症治疗而解。目前患者病情稳好，下腹部皮肤发硬发黑明显好转，且介绍周围多位肿瘤患者于何老师处治疗。

按： 现代医学治疗宫颈癌常用手术或放疗等治疗手段，而对于晚期宫颈癌患者，放疗则是最常用的治疗方法。本例患者宫颈癌手术及放化疗后，局部病灶得以缓解，然其造成的副作用让患者备受所苦，主要表现为局部皮肤变黑发硬及心烦、烘热等围绝经期症状。患者年近 40，刀圭后反复攻伐，致肝肾亏虚，阴虚无以制阳，虚阳外浮则潮热汗出；肾水无以上济于心，心火偏亢则心烦；腰为肾府，肾气不足，腰府失养，则腰腿酸痛；肾者主水，与膀胱相表里，肾虚膀胱开阖失司，复因放疗等因，致湿热内蕴，而见尿频急；湿热毒蕴结于皮肤，气血不畅，肌肤失养则皮肤色黑质硬。四诊合参，辨证属阴虚火旺、邪毒留滞，予六味地黄丸、枸杞子滋阴益肾，甘麦大枣汤养心安神，龟甲滋阴潜阳、软坚散结，七叶一枝花、白花蛇舌草清热解毒抗癌，金钱草、车前子清热利湿、利尿通淋，淡竹叶清心利尿除烦。复诊时，患者皮肤红疹瘙痒，乃血虚风燥、湿热内蕴、搏结肌肤所致，故加徐长卿、白鲜皮、蝉衣、防风祛风祛湿止痒。待皮疹好转之后，则复以滋阴益肾、退虚热为主。何老师在守方的基础上，辨证论治，灵活对症处理，使患者病情逐渐趋于稳定，放疗副作用逐渐得以缓解。

（叶 璐 整理）

12. 卵巢癌

卵巢癌是女性生殖系统最常见的恶性肿瘤之一。在我国，卵巢癌的发病率居女性生殖系统恶性肿瘤的第 3 位，而死亡率居妇科恶性肿瘤之首。卵巢癌发病隐匿，早期症状无特异性，然其进展迅速，有数据显示，超过 70% 患者在确诊时，已经属晚期。晚期卵巢癌临床可表现为腹痛、肠梗阻、压迫症状等。根据其症状表现，可归属于中医学"癥瘕""积聚""肠覃"范畴，其主要由于正气亏虚、冲任失调，或风寒袭胞、气血凝滞，或湿浊留恋、化腐成毒，或痰瘀相搏、凝聚成癥，或情志失调，气滞血瘀，邪滞体内，滋生癌毒。何老师采用"扶正祛邪"大法，以健脾益肾、益气养阴、适时祛邪之法，取得良好的疗效，使患者病情得到缓解，达到带病延年的目的。

案例：金某，女，54 岁。2014 年 11 月 22 日初诊。患者 8 年前曾行卵巢癌根治术，病理示透明细胞腺癌。术后行多次化疗（具体不详）。2011 ～ 2014 年间，先后发现脾、肝、直肠转移，并行手术治疗。现面色㿠白，疲乏无力，气短声低，胃纳差，大便日行 2 ～ 3 次、便溏，舌质淡，苔白，脉细弱。中医诊断：癥瘕，气血亏虚证。治法：益气养血，补益肝肾。处方：党参 15g，黄芪 30g，枸杞子 12g，女贞子 18g，猪苓 20g，茯苓 10g，猫人参 30g，制黄精 30g，沉香曲 5g，大枣 15g，14 剂。

2015 年 2 月 28 日复诊：药后患者精神好转，胃纳渐展。治宗原旨。处方：党参 15g，黄芪 30g，枸杞子 12g，女贞子 15g，猪苓 24g，猫人参 30g，制黄精 30g，焦六曲 12g，白花蛇舌草 30g，玄参 12g，生谷芽 30g，七叶一枝花 9g，14 剂。

2015 年 6 月 6 日复诊：药后患者气力渐增，胃纳已展，大便欠畅，舌苔薄白，脉弦细，查癌胚抗原 19.9μg/L。考虑正气渐充，邪气增盛。处方：党参 15g，黄芪 30g，枸杞子 12g，女贞子 15g，猪苓 15g，猫人参 30g，制黄精 20g，白花蛇舌草 30g，七叶一枝花 6g，石见穿 15g，绞股蓝 20g，瓜蒌仁 20g，14 剂。后患者定期复查癌胚抗原，指标逐渐降至 6.3μg/L。

2017 年 4 月 22 日复诊：患者病情日趋稳定，近复查未见明显异常，惟感心烦不寐，舌苔薄白，脉弦。以原法化裁，佐以养心安神之品。处方：党参 30g，黄芪 30g，女贞子 18g，枸杞子 18g，猪苓 9g，猫人参 30g，制黄精 30g, 白花蛇舌草 30g, 七叶一枝花 15g, 石见穿 12g, 红枣 20g, 藤梨根 40g, 瓜蒌仁 15g, 玄参 12g, 绞股蓝 30g, 茯神 15g, 淮小麦 30g, 炙甘草 10g, 14 剂。患者服药 4 年余, 体力精神恢复, 生活如常, 复查均未见明显异常, 未见肿瘤再次复发。

按: 本例患者卵巢癌多次转移, 经多次手术、化疗等, 屡经攻伐, 脾胃亏虚, 气血耗伤。脾虚不运, 水湿代谢失常, 则面色㿠白、纳差便溏; 气血生化之源, 脏腑官窍失荣, 则疲乏气短。何老师指出, 初次就诊, 患者气血虚弱, 不任攻伐, 且术后邪势尚缓, 当先扶正气, 以参芪苓蛇汤(党参、黄芪、女贞子、枸杞子、猪苓、茯苓、猫人参、白花蛇舌草)去白花蛇舌草, 加大枣益脾精, 制黄精养先天, 沉香曲理脾胃。后患者正气渐充, 邪气渐强, 邪正交争, 表现为肿瘤指标升高, 故加七叶一枝花、石见穿祛邪抗癌, 瓜蒌仁润肠通便, 使邪有出路。后患者因心烦不寐来诊, 结合患者苔薄白、脉弦的表现, 考虑阴血不足, 心神失养, 宜加养心安神之品, 予仲景之甘麦大枣汤养心安神。何老师临证, 遣方灵活, 用药精良, 疗效显著。古人云: "大积大聚衰其半而止, 盖恐过于攻伐, 伤其气血也。" 罗天益曰: "养正积自除。" 可谓得其旨者矣。

(刘清源 整理)

13. 胎盘部位滋养细胞瘤

胎盘部位滋养细胞瘤来源于种植型中间型滋养细胞, 常发生于足月产、流产及葡萄胎以后的女性, 虽然该病在临床上以良性过程多见, 但仍有一部分会出现复发和转移。目前本病最好的治疗方法仍以手术切除子宫为主, 术后仍有 10% ~ 15% 的复发可能, 因此术后治疗, 亦不容小觑。本病在中医学上没有专属名称, 根据其临床症状, 归属于 "癥瘕" 范畴。关于本病的治疗, 何老师倡导通过健脾益气、补益肝肾扶助正气, 清热解毒、活血化瘀、利湿泻浊等抗癌祛邪。

案例: 陈某, 女, 50 岁。2013 年 7 月 18 日初诊。患者 2 个月前诊断为妊娠滋养细胞瘤, 病理示(宫腔)水泡状胎块, 滋养细胞中 - 重度增生。已行 EP 方案化疗 1 次, 复查人绒毛膜促性腺激素 > 15000U/L, 7 月 26 日将再行化疗。现夜间周身发热, 多汗, 纳欠展, 大便日行, 舌质红, 苔白, 脉弦。中医诊断: 癥瘕, 气阴亏耗证。治法: 益气养阴。处方: 生晒参 9g, 女贞子 18g, 猪苓 30g, 茯苓 30g, 霍山石斛(另煎)12g, 黄芪 30g, 枸杞子 20g,

七叶一枝花 15g，白花蛇舌草 30g，猫人参 30g，蒲公英 30g，浮小麦 30g，淮小麦 30g，红枣 30g，炙甘草 10g，青蒿 12g，夏枯草 12g，六神曲 12g，14 剂。

2013 年 8 月 22 日复诊：患者诉化疗反应大，呕泛难受，9 月 4 日将做第 4 次化疗，舌质稍红，苔白，脉弦。拟以扶正为主。处方：生晒参 9g，女贞子 18g，猪苓 30g，茯苓 30g，黄芪 30g，枸杞子 20g，白花蛇舌草 30g，猫人参 30g，蒲公英 30g，浮小麦 30g，淮小麦 30g，大枣 30g，炙甘草 10g，六神曲 12g，生稻芽 30g，生麦芽 30g，姜半夏 12g，姜竹茹 12g，14 剂。患者化疗期间出现粒细胞数减少，加入制黄精、制首乌、淫羊藿等品，补肾填精生髓。

2013 年 11 月 28 日复诊：患者诉 10 次化疗已结束，夜寐不安，口腔溃疡，苔薄，脉弦。原旨出入。处方：生晒参 9g，霍山石斛（另煎）12g，女贞子 18g，猪苓 30g，茯苓 30g，黄芪 30g，枸杞子 20g，蒲公英 30g，淮小麦 30g，大枣 30g，炙甘草 10g，六神曲 12g，生稻芽 30g，生麦芽 30g，制黄精 30g，淫羊藿 15g，佛手 15g，猫人参 30g，金荞麦 30g，14 剂。

2013 年 12 月 31 日复诊：患者肝功能指标异常，大便日行艰下。原旨出入，清热利湿。处方：生晒参 9g，霍山石斛（另煎）12g，女贞子 18g，猪苓 30g，茯苓 30g，黄芪 30g，枸杞子 20g，蒲公英 30g，淮小麦 30g，大枣 30g，炙甘草 10g，六神曲 12g，生稻芽 30g，猫人参 30g，七叶一枝花 15g，茵陈 30g，黄毛耳草 30g，糯稻根 30g，矮地茶 18g，14 剂。患者服药 2 个月后，肝功能指标恢复正常，病情尚稳定。于 2015 年 11 月 12 日复查肺部 CT 示两肺少许慢性感染性病变考虑。

2017 年 6 月 20 日复诊：患者月事已停 2 年，复查血人绒毛膜促性腺激素 < 0.13U/L。胸部 CT 示右肺中叶病变，较前片（2015 年 11 月 12 日）稍有吸收，右肺中叶慢性支气管炎。患者一直进行中药调理，诸症稳定，精神佳。

按：患者系妊娠滋养细胞瘤，化疗后出现药物性肝功能损伤，服药近 3 年，肝功能恢复正常，人绒毛膜促性腺激素指标下降。本病当属于中医学"癥瘕"范畴，证属"气阴亏耗"。患者初诊时正处于化疗期间，化疗药物作为一种邪毒在侵袭肿瘤细胞的同时，耗伤人体气血津液，使得正气损伤，阴液耗散。《素问·上古天真论》言："任脉虚，太冲脉衰少，天癸竭。"患者本已七七之年，肾阴本不足，继之化疗，肾阴更亏，虚火上扰，故周身发热；正气本虚，腠理疏松，则汗自出。《素问·至真要大论》云："壮水之主，以制阳光。"故治当以益气滋阴降火为主，然肿瘤疾病扶正祛邪之大法不可偏颇，故扶正当健脾益气、清火养阴，祛邪则清热解毒消瘤。方选参芪苓蛇汤加减，配伍青蒿、夏枯草清虚热，甘麦大枣汤养心安神。化疗过程中出现恶心呕泛，为脾胃虚弱、胃失和降，故减清热解毒药味，加姜半夏、姜竹茹化痰降逆止呕。化疗后，患者出现药物性肝功能损伤，此为湿热毒邪蕴结于中焦，脾虚不化，肝失疏泄，湿热壅滞，故配伍茵陈、黄毛耳草清利湿热，矮地茶活血消肿，糯稻根养阴清肝。何老师在守方的基础上，辨证论治，灵活加减，使患者平稳度过化疗期。

（骆丽娜　整理）

第二节　内科诊治荟萃

1.发热

发热是临床上最常见的症状之一，可见于各类病原微生物的感染，其次是恶性肿瘤、白血病、免疫系统疾病等。现代医学根据发热的不同特点，将其分为弛张热、稽留热、间歇热、波状热、回归热等，目前主张以治疗原发病为主，反对过早使用降温药物。中医将发热分为外感发热、内伤发热。历代医家认为，外感发热，因外感六淫及疫疠邪气所致，以实证多见；内伤发热，因七情不利、饮食劳倦致气血阴阳失调所致，以虚证或虚实夹杂证多见。何老师认为，因现代人的生活作息、饮食习惯、体质状况与古人有较大差异，临床外感发热与内伤发热均多见虚实夹杂、表里同病，故遣方用药应表里兼顾，注意祛邪不伤正，扶正不助邪。

案例：陈某，女，21岁。2018年4月7日初诊。患者平素饮食不规律，半月余前出现发热，初时热势不盛，4日后热势渐升，体温最高达39℃，伴咽痛、颈部淋巴结肿大，遂住院治疗，诊断为EB病毒感染，予补液、退热等治疗后，发热、咽痛等症状无明显改善。来诊时仍有发热，测腋下体温38.5℃，咽痛，胃纳不馨，大便2日1行，质溏，舌苔白厚，脉略数。中医诊断：湿温病，湿热俱盛证。治法：清热化湿解热。处方：金银花18g，连翘15g，淡竹叶15g，牛蒡子9g，薄荷（后下）4g，生甘草10g，桔梗8g，广藿香12g，白豆蔻（后下）4g，茵陈30g，滑石（包煎）12g，黄芩12g，射干10g，大青叶15g，焦山栀9g，防风9g，焦六曲12g，鲜芦根30g，3剂。

4月9日二诊：药后患者体温渐降至36.8℃，偶有咳嗽，口干，胃纳尚可，大便隔日 1 行，舌苔白，脉略数。上方加荆芥 10g，续予 5 剂。

4 月 21 日三诊：患者发热未作、咽痛、口干基本瘥解，偶有鼻塞、咳嗽。上方减焦山栀、大青叶等苦寒之品，加辛夷、白芷等疏风之品，再予 7 剂。后电话随访，患者服中药后，诸症悉平。

按： 本例患者清明前后起病，以发热、咽痛、颈部淋巴结肿大为主要表现，属中医学之湿温病范畴。薛生白曰："太阴内伤，湿饮停聚，客邪再至，内外相引，故病湿热。"患者平素饮食不规律，以致脾胃损伤，湿邪内阻。杭州地处江南，时值清明，阳气渐升，阴雨霏霏，患者素体湿盛，加之外感湿温之邪而发此病。关于本病的治法，吴鞠通警告云："汗之则神昏耳聋，甚则目瞑不欲言；下之则洞泄；润之则病深不解。"何老师深以为然，认为治疗此病惟有清热化湿，故选用甘露消毒丹合银翘散加减，原方中减去升散之豆豉，加清热解毒之大青叶，健脾和胃、消食调中之焦六曲等品，表里兼顾，故能使邪气渐退。

（李振兴　整理）

2. 咳嗽

咳嗽是人体清除呼吸道分泌物或异物的保护性反射动作，是内科疾病中最为常见的病症之一。据统计，慢性咳嗽的发病率为 3%～5%，在老年人中的发病率可达 10%～15%。西医学中的上呼吸道感染、支气管炎、支气管扩张、肺炎等疾病，若以咳嗽为主症，均属于中医学"咳嗽"的范畴。咳嗽的病因有外感和内伤两大类。外感咳嗽多由于气候骤变或调摄失宜，六淫之邪从口鼻或皮毛侵入；内伤咳嗽则由于嗜烟好酒，熏灼肺胃，灼津生痰；或嗜食肥甘厚腻之味，损伤脾胃，痰浊内生，上干于肺；或情志刺激，肝失调达，气郁化火，气火循经，上逆犯肺，致肺失肃降而作咳。中医药治疗咳嗽有较大优势，关于咳嗽的治疗，何老师以宣肺止咳为基本治法，视其不同证型，分别施以疏散表邪、养阴润肺、清热化痰等不同治法。

案例： 孙某，男，33 岁。2017 年 4 月 7 日初诊。患者晨起咳嗽为时已久，日前肺部 CT 检查未见异常，惟上颌窦、筛窦炎而已，咳嗽痰多，痰色白、呈泡沫状，略感畏寒，纳尚可，大便日行，舌苔薄白，脉细数。中医诊断：咳嗽，外寒内饮证。治法：解表散寒，温肺化饮。处方：桂枝 9g，炙麻黄 6g，干姜 6g，白芍 20g，炙甘草 10g，细辛 3g，姜半夏 10g，五味子 10g，茯苓 20g，地龙 9g，化橘红 8g，蝉衣 8g，7 剂。

浙江中医临床名家·何若苹

4月14日二诊：药后患者咳嗽咳痰较前好转，上方略作增减，再予14剂，以期巩固。

按：风寒束表，腠理闭塞，故见畏寒；内有寒饮，停滞于肺，则咳嗽痰多，色白，且呈泡沫状，正如《难经·四十九难》所记载"形寒饮冷则伤肺"。四诊合参，此乃典型之外寒内饮证。治疗上，若强宣其表，易引动内饮；若徒治里饮，则表邪难解，故何老师选小青龙加茯苓汤解表散寒、温肺化饮。方中炙麻黄、桂枝发汗而祛表邪，细辛、姜半夏、干姜、茯苓逐寒以祛里饮，五味子收敛肺气，以防肺气耗散太过，白芍益阴养血，病位在肺，加蝉衣、地龙、化橘红宣肺利气、化痰止咳。诸药相合，切中病机，效如桴鼓。

（黄　硕　整理）

3. 心悸

心悸是以心中急剧跳动，惊慌不安，不能自主为主要表现的一种病症。现代医学中由多种原因导致的心律失常，大多可表现为心悸。中医药通过辨证论治，从整体上调整患者的气血阴阳，单用或与西药联合使用，多有高效、低毒的优势。《景岳全书·怔忡惊悸》云："怔忡之病，心胸筑筑振动，惶惶惕惕，无时得宁者是也……此证为阴虚劳损之人乃有，盖阴虚于下，乃宗气无根，而气不归原，所以在上则浮振于胸臆，在下则振动于脐旁，虚微动亦微，虚甚动亦甚。"此处将其归为"宗气外泄"之故也。历代医家不断完善其病因病机，多认为有本虚、标实两个方面，虚者，为气血阴阳不足，心失所养所引起；实者，或为痰火扰心，或为惊恐之后日久、心失所主，或为外邪内传扰心、痹阻心脉引起。何老师认为，心悸病位在心，与肝、脾、肾三脏关系密切，临证时以虚证多见，故以益心气、养心血、温心阳为主，辅以理气、活血、化痰等法，同时重视生活调摄，嘱患者节饮食、慎起居。

案例：薛某，女，65岁。2018年4月21日初诊。患者早年曾患病毒性心肌炎，后感心悸，心电图提示房性期前收缩。近期操持劳累后，感心悸胸闷，背畏风寒，夜寐不安，多汗，喜饮，足部略有浮肿，纳可，大便日行1次，舌下纹暗，苔白，脉结代。中医诊断：心悸，阴阳两虚证。治法：益气养阴，温阳宽胸。处方：黄芪30g，党参30g，麦冬10g，五味子9g，炙甘草12g，桂枝6g，干姜6g，生地12g，阿胶珠9g，火麻仁10g，瓜蒌皮15g，姜半夏10g，薤白6g，丹参30g，红景天15g，红花6g，淮小麦30g，红枣20g，14剂。

5月5日二诊：药后患者胸闷心悸诸症减轻，上方去红枣，改桂枝9g，红景天18g，红花8g，续进14剂。

5月19日三诊：患者心悸基本未作，夜寐转安，惟血压偶有波动，上方去红花、薤白，加苦参15g，夏枯草12g，7剂。后随访，患者劳累后偶发心悸，发作频次明显减少，症状亦有减轻。

按：患者年过花甲，女子任脉虚，太冲脉衰少，肾气不足，加之劳倦过度，导致气血阴阳亏虚，脏腑功能失调，心阳不足，无以温煦，可见背部畏风寒；阳虚水湿不化，则见足肿；心血不足，心失所养，神无所归，故夜寐欠安；血虚则脉道充盈不足，气虚则鼓动无力，故脉来不能自续，而为结代。方予炙甘草汤合黄芪生脉饮加减。生地、阿胶珠、麦冬、火麻仁滋阴养血，桂枝、干姜、薤白通阳复脉，党参、炙甘草、红枣健脾益气养心。宗气以胸中之地为宅窟，患者阳气不足，水湿运化无力，痰浊内生，进一步加重心悸，故加瓜蒌皮、姜半夏化痰畅膈，使宗气得以斡旋其中。五味子性酸，与炙甘草相伍，收敛阴津；与党参、黄芪相伍，益气扶正固本。丹参祛血脉瘀滞，助新血化生，使心神得养。诸药相伍，阴血足而血脉充，阳气旺而心脉通，气血充足，阴阳调和，则悸定脉复。

（张依静　整理）

4. 胸痹

冠状动脉粥样硬化性心脏病是指由于冠状动脉粥样硬化使管腔狭窄、痉挛或阻塞导致心肌缺血、缺氧或坏死而引发的心脏病。本病多发于中老年人群，男性多于女性，是欧美国家最常见的病种，近10余年本病发病率在我国也呈明显升高趋势。根据《中国心血管病报告2014》显示，目前心血管疾病占居民疾病死亡构成的40%以上。本病归属中医学"胸痹""心痛"等范畴。根据《素问·痹论》之"胸痹者，脉不通"，《金匮要略·胸痹心痛短气病脉证治》之"阳微阴弦"，以及《素问·举痛论》之"寒气客于脉外则脉寒"等论述，可见瘀血阻滞、阳气不振、阴寒凝结是胸痹的常见基本病机。现代医家认为，胸痹多由正气亏虚，痰浊、瘀血、气滞、寒凝而引起。何老师认为，胸痹心痛的发生责之于不通则痛和不荣则痛，其病位在心，与年龄、情志、饮食等相关，病位涉及肝、脾、肾，多属本虚标实之证，在心之气血阴阳不足的基础上，兼夹痰浊、血瘀、寒凝等病理因素。临证应谨守病机，营血不足者，以炙甘草汤加减；心气不足，鼓动无力者，以黄芪生脉饮加减；胸阳不振者，予枳实薤白桂枝汤等剂，并酌情添加活血、行瘀、祛痰之品，常获良效。

案例：沈某，男，52岁。2017年1月24日初诊。患者10年前因"胸痛"行"冠脉支架置入术"，目前偶有心胸作痛，含服硝酸甘油或饮热水后缓解，大便不畅，胃纳尚可，舌下纹暗，舌质偏紫，舌苔白腻，脉弦。中医诊断：胸痹，气血不足伴瘀阻证。治法：补气活血，宽胸益心。处方：炙甘草12g，党参30g，炙桂枝10g，干姜9g，麦冬12g，生地12g，火麻仁12g，大枣12g，黄芪24g，五味子9g，丹参15g，红景天15g，川芎15g，生山楂30g，决明子20g，桃仁6g，红花6g，杜仲12g，14剂。

2月16日二诊：药后患者胸痛好转，大便转畅，苔白腻，上方加石菖蒲12g，14剂。

3月2日三诊：药后患者感觉舒如，胸痛发作减少，效不更方，前方续服21剂，以期巩固。

按：《伤寒论》有云："伤寒，脉结代，心动悸者，炙甘草汤主之。"本病病机当为营血不足、经络阻塞。本例患者心胸作痛，兼有大便不畅，辨为气血不足伴瘀阻证；营血亏虚，津液不足，肠道失濡，则大便不畅；营血亏虚，脉道不利，不通则痛，则心胸作痛；"血得寒则凝，得温则行"，故饮热水后营血流行，胸痛稍缓解；舌质偏紫、舌下纹暗、脉弦均为营血亏虚、血行瘀滞之象。以炙甘草汤合黄芪生脉饮加减。方中麦冬、火麻仁益心阴；炙甘草、大枣、生地、五味子滋益心脾，增气血生化之源；丹参、川芎、桃仁、红花、生山楂活血行血，逐瘀通络；党参、黄芪益气健脾；炙桂枝、干姜温经通阳；决明子润肠，杜仲益肾。二诊时，考虑患者气血不足伴瘀阻，气机郁滞，阻碍水湿代谢，痰湿内阻，故舌苔白腻，故加石菖蒲辛烈疏通，豁痰醒神，使痰消瘀去，脉道畅，则胸痛减轻。

（刘清源　整理）

5. 中风

中风是中医学范畴的病名，相当于西医学的脑卒中，包括脑出血、脑梗死等疾病，临床表现多为突发意识丧失、口眼㖞斜、语言障碍、肢体偏瘫等。本病好发于老年人，近年来，在中年群体中，发病率有上升趋势。本病发病急骤、变化多端，严重危害中老年人身心健康与生活质量，且给家庭、社会带来一定的负担。祖国医学认为，中风的病因病机，不外乎虚、火、风、痰、气、血六端，其中以肝肾阴虚为本，肝阳化风，气血并逆，直冲犯脑而致。何老师认为，中风的辨证应从标本着手；辨其本，视其阴阳偏胜，气血逆乱；辨其标，视其风火交煽，痰浊壅塞，瘀血内阻，形成本虚标实、上盛下虚之证。治疗上，以补益肝肾、滋阴潜阳治其本，清热化痰、祛瘀泻浊祛其标。

案例： 吴某，女，58 岁。2012 年 6 月 2 日初诊。患者夙有高血压，2 个月前因"头部不适、失语"查头颅 CT 示右侧基底节区多发性腔隙性脑梗死。多普勒示双侧大脑中动脉轻度狭窄；左侧前动脉中度狭窄；脑动脉硬化血流频谱改变。现患者血脂偏高，步履欠稳，忧思欲怒，胃纳尚可，大便日行，舌苔薄，脉弦。中医诊断：中风，风阳上扰证。治法：滋育肾阴，平肝潜阳。处方：夏枯草15g，钩藤（后下）12g，天麻10g，茯苓20g，石决明15g，桑寄生15g，枸杞子20g，白芍20g，炙甘草6g，红枣30g，淮小麦30g，焦六曲12g，丹参30g，地龙12g，葛根20g，骨碎补15g，7 剂。患者居住于甘肃，服药后感觉良好，于当地医院按本方配药服用 3 个月余。

10 月 20 日复诊：家人代诊，药后患者步履渐稳，血脂下降，曾患胆囊炎。上方加川芎18g，三七粉（分吞）3g，决明子30g，金钱草30g，郁金15g，14 剂。患者服药近半年，头颅 CT 复查示颅脑未见明显异常。

按： 患者时值中老年期，肾精亏虚，又夙有高血压，结合患者年龄及病史，考虑为肝肾亏虚、风阳上扰所致，风阳携瘀血上扰，闭阻清窍，故见步履欠稳、失语。故拟滋阴潜阳、平肝息风法，方选天麻钩藤饮加减，加甘麦大枣汤养心安神解郁；结合影像结果，考虑局部瘀血阻滞，故加丹参、地龙、葛根活血化瘀、通经活络。二诊时，患者自觉诸症好转，效不更方，加川芎、三七粉增活血化瘀之功，决明子清肝明目、通便泄浊、降其血脂，金钱草、郁金疏肝利胆。诸药相合，益肝肾、平肝风、化瘀浊、明清窍，则诸症愈。

（骆丽娜　整理）

6. 情志病

近年来，随着社会节奏的加快和人们生活压力的增大，由精神压力过大、情志不舒所引发的心理障碍及相关身心疾病的发病率有升高趋势。世界卫生组织报告显示，包括北京、上海在内的世界 15 大城市的综合性医院就诊者，确诊为各类心理障碍的患者比例达到24%，亚临床心理障碍者达到9%，这样的数据可谓触目惊心。在日常新闻报道中，因心理问题备受困扰，而导致悲剧者亦屡见不鲜。心理健康问题在一定程度上影响了现代人的生活和工作，而这一类因精神情志因素而导致的精神异常和健康问题都属于中医学"情志病"的范畴。五脏化五气，《素问·举痛论》云："怒则气上，喜则气缓，悲则气消，恐则气下，惊则气乱，思则气结。"情志变化与脏腑功能密切相关，若情志变化超过一定限度，导致脏腑气机紊乱，则会变生诸疾。何老师治疗本病，多从心、肝二者入手，重视气、痰、瘀三者，认为"百病皆生于气"，该病由气郁而起，气血同源，气行则血行，气滞则血阻，"血不利则为水"，血行不利，水液代谢失常，聚湿成痰，痰浊阻滞，进一步加重气血运行不畅，故痰、气、瘀三者互为因果，交结致病。治疗上，何老师善用甘麦大枣汤、百合地黄汤、四逆散、栀子豉汤等仲景方，以及越鞠丸、血府逐瘀汤、癫狂梦醒汤等时方，疗效可观。

案例： 余某，女，58岁。2018年3月17日初诊。患者于2018年2月12日在外院诊断为分离转换性障碍、慢性萎缩性胃炎、贫血。自述长期反复舌麻、手抖、躯体不适多年，多思寐劣，烦惫紧张，情绪不稳，纳少，大便偏干，甚则赖开塞露而下，舌下纹暗，苔白，脉弦。中医诊断：郁证，气滞痰浊血瘀证。治法：疏肝理气，化痰散瘀。处方：桃仁10g，姜半夏10g，苏子15g，桑白皮15g，大腹皮15g，陈皮10g，小青皮10g，炙甘草12g，柴胡12g，制香附12g，赤芍15g，淮小麦40g，红枣30g，淡豆豉15g，焦山栀6g，川芎15g，炒枳实12g，炒白芍20g，7剂。

3月24日二诊：药后患者自觉周身不适、烦惫紧张、寐劣、手抖诸症均有缓解，胃纳常，大便日行，舌下纹暗，苔白，脉弦。原旨出入，上方去焦山栀，加生地黄18g，百合30g，21剂。

5月12三诊：患者自述诸症明显改善，惟遇事偶有紧张，舌脉同前。上方加郁金12g，丹参20g，再进14剂。

按： 分离转换性障碍旧称"歇斯底里"或"癔症"，是一类由精神心理因素，如重大生活事件、情绪激动、暗示或自我暗示，作用于易感个体而引起的精神障碍，一般不能查出相应的器质性损害。本案患者虽有慢性萎缩性胃炎、贫血，却不能解释其舌麻手抖等症，综合考虑为情志失调，疏泄失常，气机不畅，肝郁乘脾，脾失健运，痰浊内生，痰气互结，日久成瘀，痰瘀交阻，上扰心神，发为本病。方拟癫狂梦醒汤理气化痰行瘀，配四逆散加强疏肝理气之功，使郁气得展；痰瘀日久化热，故加栀子豉汤清心除烦，甘麦大枣汤养心肝之阴、和中缓急。患者年逾七七，阴血渐衰，又久病伤阴，心神失养，故二诊加百合地黄汤滋阴养心安神。三诊复加郁金、丹参行气解郁，清心活血。肝气得疏，痰瘀得化，阴血得养，心神得安，邪去正安，病自可解。

（叶　璐　整理）

7. 胃痛

胃痛是指心窝部以下、脐以上的胃脘部疼痛，常见于急慢性胃炎、胃溃疡、十二指肠溃疡、功能性消化不良、胃黏膜脱垂等疾病。中医学认为，胃痛的发生有多种原因，《医学正传·胃脘痛》指出"胃脘当心而痛……未有不由清痰食积郁于中、七情九气触于内之所致焉。是以清阳不升，浊阴不降，而肝木之邪得以乘机侵侮而为病矣。更原厥初致病之由，多因纵恣口腹，喜好辛酸，恣饮热酒煎，复寒凉生冷，朝伤暮损，日积月深，自郁成积，自积成痰，痰火煎熬，血亦妄行，痰血相杂，妨碍升降，故胃脘疼痛……"故胃痛多由饮食不节、七情失和、外感寒邪、久病体虚等因素，而致气机不畅，胃失和降，不通则痛。在治疗上，《医学原理·心痛》提出分因治疗的观点，如因心事郁结者，治宜开郁养心血；伤食致胃痛者，当涤荡兼以消导；因清痰稠饮杂血者，法当驱逐等。何师治疗胃痛以理气和胃止痛为治则，依据辨证佐以健脾益气、化湿行滞、疏肝理气等法。

案例： 叶某，女，30岁。2018年3月26日初诊。患者凤有乳腺增生，胃脘胀滞隐痛，泛酸，嗳气，大便2～3日1行，舌苔薄白，脉弦。诊断：胃痛，肝胃不和证。治法：疏肝和胃，理气止痛。处方：延胡索24g、炒川楝子10g、炒白芍20g、乌药9g、蒲公英30g、海螵蛸15g、香附12g、沉香曲9g、炙甘草10g、佛手12g、煅瓦楞子（先煎）15g、瓜蒌子12g、玫瑰花10g、郁金12g，14剂。

4月19日二诊：药后患者胃脘隐痛、胀滞减轻，泛酸、嗳气亦有好转，平素月经量少、色暗，本届月汛将行，双乳胀痛，舌下纹略暗，苔白腻，脉弦。上方加益母草30g、泽兰12g、鹿角片（先煎）12g、川芎12g，14剂。患者前后服药近1个月，胃脘隐痛、胀滞等症均消失，泛酸嗳气未作，甚是欢欣。

按： 乳为肝、胃二经所循之处，患者乳腺增生，责之于肝气郁结，痰核内生；肝木克土，胃气失和，失于通降，则胃脘胀痛；其气逆而上冲，故泛酸嗳气；腑气不降，则大便数日1行。《素问·宝命全形论》记载"土得木而达"，故和胃疏肝止痛为首要之治法，选用脘腹蠲痛汤。方中金铃子散、乌药、佛手疏肝理气止痛；芍药甘草汤养阴柔肝，缓急止痛；香附、玫瑰花、郁金增加疏肝理气之功；海螵蛸、煅瓦楞子制酸止痛；瓜蒌子润肠通便；蒲公英清热散结；沉香曲理气和胃。二诊时，患者月经量少色暗，考虑为肝郁日久、血行不畅所致，故加益母草、泽兰、川芎活血利水调经；鹿角片行血，且味咸，能软坚散结，消乳房之胀痛。诸药合用，共奏疏肝理气、和胃止痛之效，切中病机，故1个月而告愈。

（林志豪　整理）

8. 胃痞

胃痞是胃脘部胀满痞闷不舒，但外无胀急之形，触之柔软，按之不痛的一种病症，常见于慢性胃炎、功能性消化不良、胃下垂等疾病。中医学认为，本病多由饮食不节，食滞中焦，阻塞气机，或脾失健运，湿浊内生，气机升降失常而成；亦可因七情失和，肝失疏泄，横逆犯胃，肝胃不和而致；或久病虚劳，脾胃虚弱，失于健运，中焦气机壅塞不畅，胃痞始生。在分类上，明代张景岳将此病分为虚实两类，指出"凡有邪有滞者，实痞也；无物无滞者，虚痞也"，并提出了"实痞实满者，可消可散，虚痞虚满者，非大加温补不可"的治疗原则。李东垣则采取消补兼施的治疗方法，枳实消痞丸便是其中的代表。治疗胃痞，何师以理气和胃消痞为治则，并随证运用疏肝和胃、制酸止痛、降逆止呕诸法，遣方以半夏泻心汤为主，灵活加减。

案例：戴某，女，54岁。2017年3月20日初诊。患者日前胃镜示胃窦黏膜慢性重度萎缩性胃炎，重度肠化，幽门螺杆菌(+)。肠镜示结肠多发憩室。现患者食后胃脘胀满不舒，嗳气频作，泛酸，大便不畅，舌苔白腻，脉弦。中医诊断：胃痞、寒热互结、气滞湿阻证。治法：平调寒热，理气消痞。处方：姜半夏10g，黄连6g，黄芩12g，干姜9g，炙甘草10g，太子参30g，大枣15g，厚朴12g，蒲公英30g，炒白芍20g，沉香曲9g，海螵蛸15g，佛手9g，7剂。

3月27日二诊：药后患者胃脘胀满、嗳气、泛酸等症减轻。上方加郁金9g，继服7剂。

4月3日三诊：患者胃脘胀满痞闷消失，嗳气、泛酸等症均瘥，病情告愈。

按：患者胃痞多年乃因寒热互结于心下、气机痞塞不通所致。脾胃属中焦，为气机升降之枢纽，今中气虚，寒热互结，进食则气机阻滞更甚，故食后脘胀；气机郁久化热，则见泛酸；胃气上逆，故嗳气频作；中焦气滞，腑气不降，故排便不畅。治法贵在平调寒热、开结散痞、和胃降逆。《金匮要略·呕吐哕下利病脉证治》云："呕而肠鸣，心下痞者，半夏泻心汤主之。"故"心下痞"是使用半夏泻心汤的重要依据。何师所遣之方乃半夏泻心汤与芍药甘草汤化裁而来，取名为"舒胃饮"。方中姜半夏、干姜辛散温中，黄芩、黄连苦寒泄热，四药相合，辛开苦降以消痞，太子参、大枣、炙甘草补益胃气，芍药甘草汤缓急解痉，厚朴、佛手行气除满，蒲公英清热消炎，海螵蛸制酸止痛，沉香曲疏肝和胃，诸药共奏平调寒热、散结除痞、制酸和胃之效。何老师辨证切中病机，用药精而不杂，故药后患者诸症悉减而告愈。

（林志豪 整理）

9. 腹痛

腹痛由各种原因引起的腹腔内外脏器病变所致，常见于胃溃疡、肠梗阻、肠套叠、急性肠胃炎、胆囊炎、胆石症等消化系统疾病，或肾结石、肾盂肾炎等泌尿系统疾病，或宫外孕破裂、卵巢囊肿蒂扭转、急慢性盆腔炎等妇科疾病。腹痛的辨证，可以从多个方面入手，若从病位而言，痛在中脘属太阴，痛在少腹左右属厥阴，痛在脐周正中属少阴、冲任；若从寒热而言，寒痛常表现为腹痛拘急冷痛，遇冷痛剧，得热则痛减，热痛常表现为腹痛灼热，时轻时重，腹胀便秘，得凉痛减；若从虚实而言，痛势绵绵，喜揉喜按，多为虚痛，痛势急剧，痛时拒按，多为实痛。腹痛的治疗，以"通"为大法，实则泻之，虚则补之，热者寒之，寒者热之，滞者通之，瘀者散之。正如《医学真传》记载"夫通则不痛，理也。但通之之法，各有不同，调气以和血，调血以和气，通也；下逆者使之上行，中结者使之旁达，亦通也；虚者助之使之通，寒者温之使之通，无非通之之法也"。此部分所述属消化系统之腹痛，何老师认为，本病之作，不外乎"不通则痛"与"不荣则痛"，针对不同证型，实者泄之，或疏肝理气，或消食通腑，或活血化瘀等，虚者补之，或健脾益气，或温中散寒之类。

案例一：张某，女，65岁。2017年6月1日初诊。日前肠镜示乙状结肠黏膜慢性炎。现患者脐周冷痛，大便次频，时有便血，以上诸症已历10余年，舌质暗，苔薄，脉细弱。中医诊断：腹痛，脾虚证。治法：健脾化湿，理肠止痛。处方：太子参30g，茯苓20g，炒白术12g，炒白扁豆30g，陈皮10g，怀山药20g，炙甘草10g，莲子肉15g，薏苡仁20g，桔梗8g，阳春砂（后下）6g，黄连6g，广木香8g，苍术15g，无花果30g，地榆炭30g，14剂。

6月15日二诊：药后患者腹痛减轻，便血未作。上方改炒白术15g，加

浙江中医临床名家·何若苹

马齿苋 15g，再予 14 剂。

6 月 29 日三诊：患者腹痛已瘥，大便日 2～5 次，上方略作增减，续进 14 剂，以期巩固。

案例二：钱某，女，56 岁。2017 年 9 月 30 日初诊。日前肠镜示左半结肠炎。现患者左下腹隐痛不适，恼怒后脘腹胀痛，胃纳尚可，偶有泛酸，大便日行，舌苔薄，脉弦。中医诊断：腹痛，肝气郁结证。治法：疏肝理气蠲痛。处方：延胡索 30g，白芍 20g，炒川楝子 10g，乌药 10g，蒲公英 30g，制香附 12g，沉香曲 9g，海螵蛸 12g，炙甘草 10g，小青皮 10g，丹参 20g，炒马齿苋 20g，7 剂。

10 月 7 日二诊：药后患者左下腹痛较前减轻，余症同前。上方加黄连 5g，木香 8g，14 剂。

10 月 28 日三诊：患者脘腹痛已解，偶感腹胀，自觉乏力。上方加炒枳壳 12g，再进 14 剂。

按：上述两例病虽同，然治法处方各异。案例一患者脾胃虚弱，运化失司，湿自内生，湿甚则濡泻，故大便次频；脾虚则气血生化之源，腹部失于濡养，不荣则痛，则脐周冷痛；肠镜提示肠炎，湿热灼伤局部血络，故时有便血。衷中参西，四诊合参，中医辨为脾虚证，拟以参苓白术散治之，加香连丸、无花果清热化湿、行气止痛，地榆炭凉血止血。案例二患者平素忧思郁怒，常与周围邻居拌嘴，恼怒后脘腹胀痛尤甚，脉弦，皆为肝气郁结之征象，故选自拟何氏脘腹蠲痛汤治之。方中延胡索、炒川楝子、制香附、小青皮疏肝理气、活血止痛，乌药、沉香曲理气和脾胃，芍药甘草汤缓急止痛，海螵蛸制酸止痛，蒲公英清热和胃止痛，肠镜提示肠炎，故加炒马齿苋一味，清热利湿止痛。以上两则案例，充分体现了中医辨证论治的重要性，辨证精准，方能取效。

（黄　硕　整理）

10. 呕吐

呕吐常常只是一种症状，深藏于底的病因往往需要我们深入挖掘，对因施治，方可取效，如西医学的神经性呕吐、急性胃炎、心源性呕吐、胃黏膜脱垂症、幽门痉挛、幽门梗阻、十二指肠壅积症等均可出现此症状。然临床上病因千变万化，有时西医做全面检查，仍未能查明病因。中医通过辨证论治，亦能使病痊愈。关于其病因，《景岳全书·呕吐》曾言："呕吐一证，最当详辨虚实。实者有邪，去其邪则愈；虚者无邪，则全由胃气之虚也。所谓邪者，或暴伤寒凉，或暴伤饮食，或因胃火上冲，或因肝气内逆，或以痰饮水气聚于胸中，或以表邪传里，聚于少阳、阳明之间，皆有呕证，此皆呕之实邪也。所谓虚者，或其本无内伤，又无外感，而常为呕吐者，此即无邪，必胃虚也。或遇微寒，或遇微劳，或遇饮食少有不调，或肝气微逆，即为呕吐者，总胃虚也。凡呕家虚实，皆以胃气为言。"此处全面总结呕吐之病因，并指出呕吐的病位在胃，将本病分为虚实两者，再分而论治。何老师常以降逆止呕为治疗大法，并根据辨证论治，分别佐以健脾益气、疏肝和胃、消导通腑等法。

案例：沈某，男，12岁。2017年1月19日初诊。患者呕吐频频，心思缜密，烦恚急躁，多次住院检查均未见明显异常，惟发现食管炎、慢性浅表性胃炎、情绪障碍而已。西医考虑为再发性呕吐，予口服舍曲林、米氮平、阿普唑仑等多种西药，但自觉疗效甚微，无奈只能辍学在家。其母爱子心切，忧心忡忡，故寻求中医治疗。现患者食后即吐，饮水后尤甚，烦恚急躁，大便干结、数日1行，舌苔白，脉弦。中医诊断：呕吐，胃虚痰阻气逆证。治法：疏肝健脾和胃，降逆化痰止呕。处方：太子参24g，炒白术10g，茯苓15g，炙甘草9g，陈皮9g，姜半夏6g，生姜6g，大枣15g，旋覆花（包煎）10g，代赭石15g，莱菔子10g，姜竹茹12g，淮小麦30g，沉香曲6g，7剂。

2月9日二诊：药后患者呕吐减少，情绪渐稳，惟大便仍数日而下。上方加瓜蒌子18g，生稻芽30g，续予14剂。

3月7日三诊：其母代诊，诉精神转佳，呕吐减少，胃纳尚可，大便干结，续予原方加减，再进14剂，以期巩固。前后服药月余，病情告愈，患者亦回归校园，解除其母之心头大事，甚是高兴。

按：本例患者，四诊合参，中医辨证为胃虚痰阻气逆证。胃主受纳水谷，其气以和降为顺，胃气虚弱，痰浊内阻，其气上逆，故呕吐频频，食后即作，饮水则甚，苔白亦是痰浊之佐证。气逆宜降，痰浊宜化，胃虚宜补，予旋覆代赭汤合六君子汤加减。旋覆花、代赭石、姜竹茹降逆止呕；姜半夏、生姜化痰浊，助降逆；六君子汤益气建中，助胃纳恢复；患者烦恚急躁，脉弦，肝苦急，急食甘以缓之，故加甘麦大枣汤；合入莱菔子一味，宽中下气除满，而助通便。后随症灵活加减，诸症悉平。

（黄　硕　整理）

11. 便秘

便秘主要是指排便频率减少，一周内大便次数少于 3 次，并且排便费力、粪便硬结、量少。中医常将西医的功能性便秘、肠易激综合征、肠炎恢复期肠蠕动减弱引起的便秘、直肠及肛门疾患引起的便秘、药物性便秘及肌力减退所致的排便困难等都包含在内。目前西医治疗，多是对症处理，远期疗效欠佳，病情易反复，中医药注重治病求本，发挥其整体观念优势。《金匮要略·五脏风寒积聚病脉证并治》云："趺阳脉浮而涩，浮则胃气强，涩则小便数，浮涩相搏，大便则坚，其脾为约，麻仁丸主之。"阐明胃热过盛，脾阴不足所致便秘的病机与证治。《圣济总录·大便秘涩》指出"大便秘涩，盖非一证，皆荣卫不调，阴阳之气相持也，若风气壅滞，肠胃干涩，是谓风秘；胃蕴客热，口糜体黄，是谓热秘；下焦虚冷，窘迫后重，是谓冷秘。或因病后重亡津液，或因老弱血气不足，是谓虚秘，或肾虚小水过多，大肠枯竭，渴而多秘者，亡津液也，或胃实燥结，时作寒热者，中有宿食也"，此处从病因病机的角度，将便秘分为风、热、冷、虚、宿食等证候类型。针对便秘，何老师通过辨证论治，常选养阴润肠、健脾益气、滋育肝肾法，佐以润肠通腑之品，标本兼治，使患者整体情况得到改善。

案例： 骆某，女，53 岁。2018 年 6 月 16 日初诊。日前体检示高脂血症、颈椎病。自述大便数日而行，赖"香丹清"而下，口干明显，面色暗淡，舌下脉络紫暗，舌苔薄白，脉细。中医诊断：肠道津亏证。治法：滋阴增液，润肠通便。处方：生地黄 20g，玄参 15g，麦冬 15g，肉苁蓉 30g，火麻仁 30g，瓜蒌仁 30g，白芍 15g，当归 15g，赤芍 12g，太子参 30g，枳壳 15g，制首乌 15g，制黄精 30g，决明子 30g，佛手 15g，14 剂。

7 月 2 日二诊：药后患者大便 2 日 1 行，且未再服用"香丹清"。上方减赤芍，加川芎 12g，改玄参 18g，麦冬 18g，制首乌 20g，继续服用 14 剂，巩固疗效。

按： 患者为中年女性，年过中旬，津液不足，阴虚肠燥，若长期服用含有芦荟叶、大黄等通腑之品，疗效虽快，但病情易于反复，燥结更甚。《素问·灵兰秘典论》言："大肠者，传导之官，变化出焉。"所以便秘的主要原因是大肠传化糟粕生理功能失常，但是其与肺、脾、胃、肝、肾等脏腑的功能失调也有关联。该患者肾阴不足，津液输布不利，不能上承，则口干；肾阴亏虚，液涸肠燥，肠失濡润，传导不利，无水行舟，故大便秘结。何老师用增液汤增水行舟，肉苁蓉、制首乌、制黄精补肾益精，生津止渴，且肉苁蓉兼有润燥滑肠之功；火麻仁、瓜蒌仁、决明子有术芍火麻仁汤之意，泄热润肠通腑。

患者面色暗淡，舌下纹暗，考虑乃肾虚血瘀所致，故在补肾益精基础上，加四物汤养血活血。为使诸药补而不滞，故加太子参、枳壳、佛手益气健脾，理气和胃。全方补肾填精，生津润肠，养血活血，顾护脾胃，复大肠传导之功，达到润肠通便之目的。

（徐艳琳 整理）

12. 慢性乙型肝炎

慢性乙型肝炎是指乙型肝炎病毒检测为阳性，病程超过半年或发病日期不明确而临床有慢性肝炎的表现者，临床常表现为乏力、食欲不振、腹胀、便溏、恶心等症。据世界卫生组织报告，全球约20亿人曾感染乙型肝炎病毒，其中3.5亿人为慢性乙型肝炎病毒感染者，每年约100万人死于乙型肝炎病毒感染所致的肝衰竭、肝硬化和肝癌等。我国是慢性乙型肝炎病毒大国，虽慢性乙型肝炎疫苗基本普及，近几年流行病学数据显示本病发病率呈下降趋势，但作为老龄化人口众多的国家，慢性乙型肝炎患者依然是一个庞大的群体。本病当归属于中医学"胁痛""黄疸""积聚""鼓胀"等范畴。《素问·六元正纪大论》提出"湿热相搏"之病因，《金匮要略·黄疸病脉证并治》认为"然黄家所得，从湿得之"。何老师认为，该病乃感受湿热之邪阻碍气机，致气机不畅，三焦失宣，水湿停滞，尤以脾胃、肝胆为著，湿阻、气滞为其根源，故治疗应从湿而治，同时注重调畅气机、疏肝利胆、理气活血、养阴柔肝等法辨证施之。然慢性乙型肝炎病程较长，病久入络，湿瘀互结者，当祛湿与化瘀合而为治。临床上，何老师在纠正肝功能异常，抑制乙型肝炎病毒复制，以及缓解患者病情的进展等方面，有着较好的疗效。

案例：吕某，男，52岁。2018年5月22日初诊。患者有慢性乙型肝炎肝硬化病史多年，反复发作。此次病情急性加重，伴有低蛋白血症，同时甲胎蛋白、肝酶、胆红素等指标居高不下，住院诊断为慢加急性肝衰竭。西医对症治疗效果甚微，黄疸进行性加重，患者遂要求出院以寻求中医治疗。近B超提示慢性肝病、脾大、少量腹水。现患者腹稍膨隆，腹胀明显、面黄、肤黄、巩膜黄染、乏力，胃纳尚可，大便日行4次、偏溏，舌下纹暗，苔薄，脉弦。中医诊断：阳黄，肝胆湿热证。治法：疏肝利胆退黄。处方：茵陈30g，青蒿15g，金钱草30g，垂盆草30g，郁金12g，海金沙（包煎）30g，鸡内金15g，炒川楝子10g，丹参30g，虎杖15g，炙鳖甲（先煎）18g，蒲公英30g，莪术15g，沉香曲9g，车前子（包煎）15g，生甘草10g，莱菔子

15g，滑石（包煎）15g，14剂。

6月5日二诊：药后患者甲胎蛋白、肝酶、胆红素均较前下降，略有腹胀，黄疸较前转淡。原方加石见穿15g，再予14剂。

6月19日三诊：患者腹水已消，腹胀已无，黄疸不明显，肝酶、胆红素较前下降，原方巩固再进。

按：患者有肝硬化病史，反复发作，经年不愈。此次症见身目发黄、腹胀，当属中医学"阳黄"的范畴。《景岳全书·黄疸》曰："阳黄者，证因湿多成热，热则生黄。"《温病条辨》又言："湿热不解，久酿成疸。"是故湿热乃阳黄之成因也。湿热聚而为患，肝失疏泄，胆汁外溢，遂发为阳黄。何老师认为，该病为本虚标实之证，标实尤著。"急则治其标"，法先清肝利胆，清解阳明之郁热，宣化太阴之蕴湿。方选茵陈蒿汤合五金排石散加减。全方以茵陈为君，《神农本草经》谓其"主风湿寒热邪气，热结黄疸"，配伍青蒿，加强清宣郁热之力。金钱草、海金沙、郁金、炒川楝子、鸡内金合为五金，疏肝利胆。何老师治疗该病尤重疏肝，将疏肝之法贯穿黄疸治疗始终。《叶氏医案存真》曰："湿浊内蒸，瘀热发黄。"病久湿热与瘀血互结，出现瘀热发黄，故配丹参、虎杖、炙鳖甲、莪术活血化瘀软坚，缓消瘀热。仲景曰："治湿不利小便，非其治也。"故以滑石、生甘草、车前子利尿通淋，利小便而实大便，小便既通，则大便次减。同时，佐以沉香曲、莱菔子行气消胀除满。全方疏肝利胆、清热利湿、活血化瘀，使湿热祛、瘀血除、肝气调，则胆汁循常道而不外溢。

（傅丹旦　整理）

13. 慢性胰腺炎

慢性胰腺炎是一种由各种病因引起的，胰腺组织和功能呈不可逆改变的慢性炎症性疾病。其基本病理特征包括胰腺实质钙化、胰管扩张及胰管结石等改变。临床主要表现为反复发作的上腹部疼痛和胰腺内、外分泌功能不全。其致病因素较多，酗酒是主要因素，其他病因包括胆道疾病、高脂血症、高钙血症、自身免疫性疾病、胰腺先天性异常及胰腺外伤或手术、急性胰腺炎导致胰管狭窄等。实验室检验可有血清淀粉酶、尿淀粉酶明显升高，白细胞计数升高，高血糖、肝功能异常、低血钙、血气分析及弥散性血管内凝血指标异常等。

案例：吴某，女，54岁。2018年1月30日初诊。有陈旧性肺结核、胆囊息肉、慢性胃炎病史。因胁肋胀痛入院检查，检查显示血清淀粉酶明显升高，诊为慢性胰腺炎，并采用经内镜逆行性胰胆管造影术置入支架。CT提示胰头区多发钙化灶，胰管轻度扩张。现患者血清淀粉酶仍偏高，两胁胀痛，胃脘有灼热感，胀痛不舒，苔腻脉弦。中医诊断：腹痛，肝胆瘀滞证。治法：疏肝利胆。处方：柴胡10g，炒白芍20g，炒枳实10g，炙甘草10g，香附12g，陈皮10g，川芎12g，延胡索30g，炒川楝子10g，海螵蛸12g，蒲公英30g，佛手10g，沉香曲9g，金钱草30g，郁金12g，炒鸡内金15g，炒莱菔子12g，7剂。

2018年4月24日复诊：以上方为主化裁，患者共服3个月，症情改善，置入支架已取出，血清淀粉酶、生化指标、血常规指标均恢复正常，胁痛明显减轻。近日鼻炎发作，有黄稠涕，咽耳作痛，苔薄，脉略数。原旨出入。处方：柴胡10g，炒白芍20g，香附12g，陈皮10g，川芎12g，延胡索20g，炒川楝子10g，海螵蛸15g，蒲公英15g，炒莱菔子12g，冬凌草30g，生甘草10g，桔梗8g，黄芩12g，14剂。

2019年1月15日复诊：患者服药已近9个月，病情进一步改善。上腹部磁共振胰胆管成像检查显示，肝内外胆管及胰管未见明显异常。血清淀粉酶、生化、血常规均在正常范围，惟咽干不适，苔薄，脉略数。原旨出入。处方：柴胡10g，炒白芍20g，香附12g，陈皮10g，川芎12g，炒川楝子10g，蒲公英30g，沉香曲9g，郁金15g，炒鸡内金15g，生甘草10g，黄芩12g，炒枳壳12g，炒莱菔子15g，桔梗8g，冬凌草30g，连翘15g，金钱草30g，炒莱菔子10g，14剂。

按：慢性胰腺炎是临床上难治性疾病之一，中医学归属于"腹痛"、"胁痛"、"胃脘痛"范围，一般从湿热积滞留于肝胆脾胃入手论治，病久则要考虑祛瘀。该例患者症见脘胁胀痛，并伴有胃脘灼热，显然是肝胆郁滞伴有胃中积热。故方用柴胡疏肝散合金铃子散化裁治疗。方中以柴胡、炒白芍、炒枳实、炙甘草、香附、陈皮、川芎组成的柴胡疏肝散，疏肝理气，活血止痛，由延胡索、炒川楝子组成的金铃子散协同柴胡疏肝散进一步加强了疏肝止痛的作用。蒲公英清泄胃热，海螵蛸、沉香曲制酸和胃，金钱草、郁金、炒鸡内金、炒莱菔子、佛手清利肝胆湿热，清除积滞，使湿热去，积滞清，气机畅则脘胁作痛得瘥。该例难治性疾病之所以能取得好的疗效，主要在于辨证精妙，一直针对肝胆湿热积滞治疗有关。此外，方中金钱草、蒲公英、延胡索均用至30g，充分发挥了利胆、清热疏肝止痛的作用，其思路值得学习推广。

（范雁沙 整理）

14. 淋证

淋证是指小便频数短涩，淋沥刺痛，欲出未尽，兼小腹拘急引痛，腰部酸痛，溲有砂石的病症，正如《医学入门·淋》所言："淋，小便涩痛，欲去不去，不去又来，滴滴不断。"常见于西医的泌尿系统感染、泌尿系统结石等疾病。历代医家根据临床表现，将淋证分为热淋、石淋、血淋、气淋、膏淋、劳淋六种。淋证的病因大致可归结于外感湿热、饮食不节、情志失调、禀赋不足或劳伤久病五个方面，关于其病机，巢元方在《诸病源候论·淋病诸候》中提出"诸淋者，由肾虚而膀胱热故也……肾虚则小便数，膀胱热则水下涩。数而且涩，则淋沥不宣，故谓之淋"。何老师遵从巢元方之论，常以补虚益肾、清利湿热的方法，标本兼治，收效颇丰。

案例：王某，女，55岁，2017年12月28日初诊。患者近日尿频急、尿痛，平时饮食从素，时有头昏，血压偏低，记忆力减退，胃纳尚可，大便日行，苔薄，脉弦细。中医诊断：淋证，脾肾亏虚、湿邪留恋证。治法：健脾益肾，清利湿热。处方：生地黄12g，怀山药12g，山茱萸10g，牡丹皮10g，茯苓20g，泽泻12g，黄芪24g，白术12g，陈皮10g，党参20g，丹参24g，蜜甘草10g，川芎15g，石菖蒲12g，金钱草30g，茼麻子12g，黄精30g，何首乌15g，7剂。

2018年1月11日二诊：药后患者尿频急、尿痛已瘥，感胸闷气急，大便日行2～3次，舌苔薄，脉细弦。治宗原旨，佐以通阳散结。上方减石菖蒲、金钱草、茼麻子，加瓜蒌皮15g，薤白6g，红景天15g，14剂。

按：患者年过七七，天癸竭，地道不通，肾精亏虚。《素问·灵兰秘典论》言："膀胱者，州都之官，气化则能出矣。"摄生不慎，感受湿热之邪，聚于膀胱，使其气化失司，故见尿频、尿急、尿痛；患者平素饮食从素，气血生化乏源，脾失升清，清窍失养，故可见头晕、记忆减退。四诊合参，患者脾肾亏虚为本，湿热为标，故选六味地黄丸加黄精、何首乌补肾益精，黄芪、白术、党参、陈皮、蜜甘草健脾益气，使脾气升清，清窍得荣；石菖蒲、金钱草、茼麻子清热利湿，复膀胱气化之功。二诊时，患者诸症改善，惟胸闷气急，故加瓜蒌皮、薤白两药，取瓜蒌薤白白酒汤之意，理气通阳散结，红景天益气活血通脉。诸药相合，脾肾得健，湿热得化，气机得畅，诸症自解。

（徐艳琳　整理）

15. 头痛

头痛是指除面部以外，头部其他部位发生疼痛的疾病。现代医学将其分为原发性头痛和继发性头痛。原发性头痛中最为常见是偏头痛、紧张性头痛等；而继发性头痛多由于头部相应器官的病变，如炎症、感染等，或全身性疾病引起。西医可以解除部分患者头痛的困扰，但不可避免遗留部分病情顽固患者，寻求中医药治疗。早在殷商的甲骨文中就有关于"疾首"的记载。《黄帝内经》又将本病称之为"脑风""首风"等。明代《古今医统大全》对头痛病进行总结：头痛自内而致者，气血痰饮、五脏气郁之病，东垣论气虚、血虚、痰厥头痛之类是也；自外而致者，风寒暑湿之病，仲景伤寒、东垣六经之类是也。此处全面地指出头痛的病因病机，并将头痛分为内伤与外感两大类。外感所致属实，当以祛邪活络为主；内伤所致多虚，治疗以补虚活络为要。何老师临床上治疗头痛，重视先辨外感或内伤头痛，并根据辨证论治运用解表、祛风、化湿、蠲痛、补气、活血、滋肾等治法。

关于头痛之用药心得，何老师认为《此事难知·诸经头痛》一篇颇有见地，若细细考究，则于临证大有裨益，书中道："阳明头痛，自汗发热，白芷；少阳头痛，脉弦，往来寒热，柴胡；太阳头痛，恶风，恶寒，川芎；太阳头痛，痰实，体重，腹痛，半夏；少阴头痛，于三阴三阳经不流行，而足寒逆，为寒厥头痛，细辛；厥阴头痛，项痛，脉微浮缓，欲入太阳，其疾痊矣，然而亦当用川芎；气虚头痛，黄芪；血虚头痛，当归；诸气血俱虚头痛，黄芪、当归；伤寒头痛，无汗麻黄汤，有汗桂枝汤；太阳经所发阳明头痛，白虎汤；少阳头痛，柴胡汤；太阳头痛，脉浮桂枝汤，脉沉理中汤；少阴头痛，脉沉、微热，麻黄附子细辛汤。"此段以经络为纲，汤药为目，纲举目张，实胜过繁琐分型列方者。

何老师临床治疗头痛，推崇芎芷贞石汤（川芎、白芷、女贞子、石楠叶），本方药简效专，具有活络、解表、滋阴、祛风之功，临证时往往斟酌其中一两味药使用。

案例：许某，女，85岁。2018年5月31日初诊。患者夙有高血压，并有冠状动脉旁路移植术史。今年3月因"头痛"查头颅CT提示脑部多发腔隙性脑梗死。现患者仍感头痛，甚则需服"布洛芬"，嗜好静卧，胃纳正常，大便时干，舌下纹暗，苔白，脉细弦。中医诊断：头痛，气滞血瘀证。治法：理气活血，祛瘀蠲痛。处方：生地15g、炒白芍20g、当归10g、川芎12g、桃仁9g、红花6g、葛根30g、丹参30g、白芷12g、石楠叶15g、女贞子18g、黄芪20g、党参20g、姜半夏9g、炒白术9g、天麻9g、沉香曲8g、夏枯草12g，7剂。患者自觉疗效尚可，自行回河南按方服药。

6月30日二诊：药后2剂，患者头痛即解，现尿频、尿急、尿后余沥、大便仍偏干，舌下纹暗，苔白，脉细弦。上方去天麻、炒白术、夏枯草，加金钱草30g，冬葵子15g，金银花20g，21剂。前后服药2个月，患者自觉身体复健，病情告愈，顽疾已瘥。

按：本例患者，四诊合参，中医辨证为气滞血瘀型头痛。头为"清阳之府""诸阳之会"，凡五脏精华之血，六腑清阳之气，皆上注于头。若清阳不升，脑失所养，则可致头痛的发生；且气血不足，推动无力，清阳不升，则瘀血易阻脑络。细细推诊，该患者年事已高，本已化源不足，正气亏虚，气为血帅，日久气血运行不畅，清气阻滞，血亦难行，气血瘀滞则时感头痛，舌下纹暗亦是瘀血之征。"血实宜决之，气虚宜掣引之"，黄芪、党参补亏虚之正气，桃红四物汤、丹参养血活血祛瘀，天麻平肝潜阳息风，夏枯草清肝泄热，姜半夏降逆和胃，炒白术、沉香曲运脾理气以安中焦，杜绝风痰上扰之患，为既病防变思想之体现，葛根、白芷、石楠叶解表祛风。后随症灵活加减，诸症悉平。

（韩诗筠　整理）

16. 虚劳

虚劳为中医病名，凡禀赋不足，后天失养，病久体虚，积劳内伤，久虚不复等所致的以脏腑气血阴阳亏损为主要表现的病症，均属于本病的范围。西医的多种慢性病，如肺结核、恶性肿瘤、心功能不全等均可参照虚劳进行辨证论治。《理虚元鉴·虚症有六因》曾指出"有先天之因，有后天之因，有痘疹及病后之因，有外感之因，有境遇之因，有医药之因"，表明虚劳的病因可分为先天及后天，多因素共同作用下，导致脏腑气血阴阳的亏虚，日久不复而成为痼疾。何老师认为，治病必求于本，治疗虚劳首先要查找病因，积极治疗原发病；其次，六腑以通为补，运用补益诸药必定与活血、理气、消导之品相伍，并详细分析是否存在因虚致实；最后，综合分析标本缓急，视情况予以兼顾。

案例：王某，男，48岁。2017年2月21日初诊。患者因"胸闷乏力"曾于当地医院就诊，诊断为高血压、房性期前收缩，遂予降压治疗。现患者血压控制尚可，但仍感胸闷乏力，思虑后加重，烦躁寐劣，纳差，大便不成形，舌质暗，苔薄，脉弦。中医诊断：虚劳，肝郁脾虚证。治法：疏肝健脾，解郁安神。处方：当归12g，炒白芍20g，柴胡12g，茯苓20g，白术12g，干姜 9g，炙甘草 10g，牡丹皮 10g，酸枣仁 30g，丹参 30g，五味子 10g，川芎 15g，生龙骨（先煎）20g，生牡蛎（先煎）20g，郁金 12g，红景天 15g，14 剂。

3 月 28 日复诊：药后患者胸闷乏力改善，胃纳转佳，夜寐较前好转，惟有多梦。上方去生龙骨、生牡蛎，加珍珠母（先煎）30g，合欢皮 15g，再予 14 剂。服药 1 个月，患者情绪渐稳，体力明显改善，寐亦转安，胸闷发作频率减少，嘱患者畅情志、慎起居。

按：本例患者平素多思虑，易焦虑，思则气结，横逆犯土，脾主运化，脾气既虚，百病由生，出现胸闷乏力、纳差等症。《血证论》指出"木之性主于疏泄，食气入胃，全赖肝木之气以疏泄之，而水谷乃化"，因而，治疗本案因气郁致虚、久而成劳之证，当以疏肝为要，佐以健脾，二者缺一不可。肝为刚脏，体阴用阳，单用辛散理气之品往往难以奏效，故选用逍遥散加减，方中柴胡、川芎疏肝理气，当归、炒白芍、酸枣仁养血柔肝，同时遵叶天士之法，佐以干姜、牡丹皮辛润通络，白术、茯苓、炙甘草健脾守中，生龙骨、生牡蛎重镇安神。药后患者诸症好转，惟夜寐多梦，考虑肝阳偏亢，故加平肝定惊之珍珠母，安神解郁之合欢皮。服药月余，患者诸症基本痊愈。虚劳之病，多数医家主张"养气养精，滋培根本"，何老师认为，五脏亏虚为本，补益固然为基本治则，但临床上因虚致实之证甚繁，故用消导之品补益六腑同样不可或缺，需仔细辨别。

（李振兴　整理）

第三节　妇科诊治荟萃

1. 月经后期

月经后期是妇科的一种常见病、多发病，是指月经周期延后 7 天以上甚至 3～5 个月一行，即现代医学的月经不规则，见于多囊卵巢综合征、卵巢功能早衰、月经稀发等，中医学又称之为"月经错后""月经延后""经水后期"等。本病常与月经量少并见，若得不到重视和及时治疗，往往发展为闭经。如育龄妇女出现该病，易致受孕概率下降甚至不孕，严重影响女性身心健康及家庭幸福。关于此病的诊治，何老师常查明病因，对证施治，若见气血亏虚者，则益气养血；若见肝肾不足者，则补益肝肾；若气滞血瘀者，则疏肝理气活血等不同治法，疗效可观。

案例：朱某，女，46岁。2018年4月30日初诊。2016年11月通过剖宫产术生产二孩，产后哺乳11个月，停哺乳后月经曾行3次，现月事已3个月未行，时感疲乏，纳便尚可，平素易感冒，舌苔薄，脉细。中医诊断：月经后期，气血亏虚证。治法：益气养血调经。处方：党参30g，炒白术15g，茯苓20g，炙甘草10g，熟地黄12g，当归12g，炒白芍20g，川芎12g，防风9g，黄芪30g，香附12g，川牛膝10g，淮小麦30g，大枣30g，生稻芽30g，玫瑰花10g，泽兰15g，益母草20g，14剂。

5月24日二诊：药后患者5月8日经行，量可，近B超发现胆囊多发小结石。上方减防风、黄芪、益母草、泽兰、玫瑰花、川牛膝，加金钱草30g，海金沙（包煎）30g，郁金12g，14剂。

6月14日三诊：患者6月8日月经如期而至，量较前增多，偶有胃脘胀滞。上方加佛手12g，7剂。后以上方为基础随月经周期调治，服药4个月余，月经规律行。

按：本例患者，已近七七之年，本已精亏血少；又行剖宫产术生产二孩，坚持母乳喂养较久，耗伤气血，肾气不足，血海空虚，胞宫不能按时满溢，则月事不足以行。方选八珍汤合甘麦大枣汤合玉屏风散加减，在表益气固表以防外邪，在里益气养血、疏肝理气、活血调经，达补而不腻之功，加益母草、泽兰、香附、玫瑰花之辈，助甘麦大枣汤疏理气机，川牛膝一药引血下行，使诸药下达冲任胞宫。全方使卫气固、腠理密，不易感冒；使肾气健，精血旺，月经按时来潮。二诊，患者月经已行，胆囊多发小结石，加金钱草、海金沙、郁金入肝胆经，疏肝利胆排石。三诊，患者月经规则、量可，偶有胃脘胀滞不舒，故增一味佛手芳香理气，健脾和胃。何老师治疗气血亏虚型月经后期，往往边补益气血，边疏理气机，待月经如期来潮后，再根据患者自身的气血阴阳变化，补肾精，益气血，兼顾疏肝行气，故能使月经按时来潮。

（骆丽娜　整理）

2. 经期延长

经期延长是指月经周期正常，行经时间超过7日以上，甚或淋漓半月方净者，又称为"经事延长""月水不断"等。本病可由子宫肌瘤、子宫内膜增生等器质性病变引起，也可与黄体萎缩不全、子宫内膜修复延长等因素有关。本病为妇科临床常见病、多发病，虽不能危及生命，但行经时间较长，不仅影响生育功能，而且易导致贫血的发生。西医治疗本病目前以激素药物为主，虽然近期疗效尚可，但长期服用副作用较多。中医学认为，经期延长主要由于脏腑气血功能失调，或冲任虚损，不能统摄经血，或瘀血阻滞，血不归经等导致。何老师认为，本病病因有虚有实，但总结起来，无外乎气虚、血热、血瘀，并常以固冲止血调经为原则，分而治之。

案例： 陈某，女，34 岁。2016 年 10 月 24 日初诊。患者自述从 8 月开始，因"胎死不下"行清宫术后月经淋漓不尽，需近 20 天方净，曾行 B 超检查未见异常。患者末次月经为 2016 年 10 月 20 日，经量常，至今尚未干净，乳腺增生伴有结节，略感乏力，舌质红，苔薄，脉细弦。中医诊断：经期延长，气阴亏虚证。治法：益气养阴。处方：生地黄 12g，怀山药 12g，山萸肉 10，牡丹皮 10g，茯苓 20g，泽泻 12g，龟甲（先煎）24g，黄芩 12g，黄芪 30g，续断 12g，女贞子 18g，旱莲草 18g，紫石英（先煎）20g，补骨脂 20g，沉香曲 10g，7 剂。

11 月 1 日二诊：患者本次月事 7 天即净，乏力好转，活动后稍感腰酸。上方加杜仲 15g，再进 14 剂，以期巩固。前后调治 3 个月，患者月事均按期来潮，经行 5 ~ 7 天而净。

按： 四诊合参，本病经中医辨为气阴两虚证。"冲为血海，任主胞胎"，患者清宫术后，损伤冲任，不能制约经血，阴血溢出日久，气随血脱，故见乏力、舌红等气阴亏虚诸症。故予六味地黄丸、二至丸、续断、紫石英、补骨脂补益肝肾，使冲任得充；黄芪补气，消其乏力；一味沉香曲，舒肝和胃，固护脾胃。二诊时，患者诸症好转，惟感腰酸，故加杜仲补肾强腰膝。

（刘清源　整理）

3. 经行头痛

经行头痛是指每逢月经期或经行前后出现头痛，经净后头痛消失的一种病症，可伴有恶心呕吐、头晕目眩、心悸少寐等症状，相当于西医经前期紧张综合征。现代医学研究表明，其发生与血管舒缩障碍有关，涉及心理、生物、环境因素，以及卵巢激素和神经递质改变等，与激素分泌水平失调、一过性醛固酮增多及精神因素等相关。5- 羟色胺、单胺类等神经递质异常，以及前列腺素 F2α、精氨酸升压素、一氧化氮等含量异常也可引起头痛的发生。因妇科疾病的病机不离气血、肝肾，现代医家多从血瘀、血虚、肝郁、肾虚等论治本病。《陈素庵妇科补解·卷一》提及"足太阴脾生血、统血，经行血去则脾虚，脾虚则脏腑皆失所养，头为诸阳之会，阳气下陷而不升，故头重"。

何老师认为，五脏之精、六腑之气皆上注于头，经行时气血下注冲任，脉络空虚，易受六淫邪气、脏腑内伤的影响，临证多从"内伤头痛"范畴辨治本病，但根据"女子以肝为先天""妇人以血为本"的特点，治疗多以养血、疏肝为主，兼顾气机与脾胃，临床诊治屡获良效。

案例：郑某，女，24 岁。2018 年 6 月 2 日初诊。自 2 年前起，患者每月经行头痛，甚则恶心呕泛，末次月经为 5 月 7 日，经量尚可，面色及目眶偏暗，疲乏无力，烦躁易怒，舌体胖大，质淡红，苔白，脉沉弦。中医诊断：经行头痛，浊阴上逆证。治法：温中补虚，降逆止呕。处方：吴茱萸 5g，党参 30g，红枣 15g，生姜 9g，当归 10g，白芍 20g，炙甘草 10g，淮小麦 30g，香附 12g，郁金 12g，姜竹茹 12g，姜半夏 9g，延胡索 20g，炒川楝子 9g，川芎 10g，石楠叶 15g，14 剂。

6 月 16 日二诊：患者月经于 6 月 8 日来潮，头痛未作，晨起喉间有痰，舌苔薄，脉弦。上方加白芷 12g，女贞子 18g，续服 14 剂。2018 年 9 月 1 日，患者因工作压力较大，感心慌焦虑、夜寐不安来诊，告知经行头痛已愈。

按：《伤寒论·辨厥阴病脉证并治》有云："干呕，吐涎沫，头痛者，吴茱萸汤主之。"谓肝寒内盛，浊阴上逆之头痛、干呕、吐涎沫，当以吴茱萸汤温里散寒。《形色外诊简摩》提及"白黑色见，是寒凉清肃之气，内连肝脏，克制生阳之气化，不得宣发也"。本例患者面色目眶暗黑，当属寒邪内盛，寒邪上逆，乘犯脾胃，胃阳失布，胃气上逆，浊阴涌泛，则生干呕；浊阴填塞，头目气滞，则头痛作；寒邪内滞，阴阳失衡，寒热错杂，则神疲乏力与烦躁易怒并见。何老师认为"有是证，用是方"，当以吴茱萸汤加减应用。方中吴茱萸辛温开郁，升清阳而散寒，降浊阴而止呕；生姜助吴茱萸温里散寒，降逆止呕；党参、红枣益气健脾，调和诸药；加甘麦大枣汤养心阴以安神，金铃子散和当归、白芍、郁金、香附理气养血，姜竹茹、姜半夏助燥土之力，川芎"上行头目"。诸药合用，温中降逆，疏肝养血，患者仅服 14 剂，经行头痛瘥解。

（刘清源 整理）

4. 经行腹痛

经行腹痛，又称为痛经，是指妇女正值经期或行经前后出现周期性小腹疼痛，或痛引腰骶，甚至剧痛昏厥的一种病症。根据盆腔是否存在器质性疾病，现代医学将其分为原发性痛经和继发性痛经。目前认为，原发性痛经主要与前列腺素 F2α、血管加压素、内源性缩宫素、β-内啡肽等物质的释放增加及精神、神经等因素有关；而继发性痛经则常由子宫内膜异位症、子宫腺肌病、慢性盆腔炎、宫颈口粘连等因素造成。在古籍中，痛经最早见于《金匮要略》，其中提及"带下，经水不利，少腹满痛，经一月再见者"，以温经养血、破瘀行血之土瓜根散治疗，指出痛经与瘀血相关。《景岳全书·妇人规》有云："经行腹痛，证有虚实，实者或因寒凝，或因血滞，或因气滞，或因热滞。虚者有因血虚，有因气虚。"此处较全面地指出痛经的病因。何老师认为，经前少腹疼痛者，多责之于血瘀、气滞，经后少腹疼痛者，多责之于气血、肝肾之虚，处方用药当详参脉症，随证治之。

案例：陈某，女，24岁。2017年3月30日初诊。患者曾因两次"宫外孕"保守治疗，3月21日B超提示子宫偏小，三径之和8.9cm，双层子宫内膜厚0.15cm。患者平素思虑过多，带下色白，量多，末次月经为3月15日，经行前2天少腹胀痛，经量少，3天即净，舌淡红，苔白，脉弦。中医诊断：经行腹痛，肝郁脾虚血瘀证。治法：疏肝健脾，活血调经止痛。处方：当归12g，白芍20g，柴胡12g，茯苓20g，白术12g，干姜9g，炙甘草10g，丹皮10g，生地12g，川芎9g，益母草30g，泽兰12g，香附12g，木槿花30g，凤尾草30g，玫瑰花10g，梅花10g，大枣15g，14剂。

4月13日二诊：药后患者少腹隐痛减轻，余尚可，月事将行，上方去大枣，加蒲黄（包煎）12g，续予14剂。

4月27日三诊：月经尚未来潮，测尿妊娠(-)，少腹隐痛未作，带下减少，胃纳可，二便常。上方去蒲黄、凤尾草，加生山楂30g，菟丝子20g，14剂。

5月25日四诊：患者月经于5月8日来潮，经行腹胀痛较前缓解，效不更方，上方续服14剂。

6月8日五诊：患者月经于6月3日来潮，经行腹痛未作，4天干净，经量较前增加，舌淡红，苔薄白，脉弦，上方去梅花，加续断15g，槲寄生15g，14剂。

按：傅山有云："经欲行而肝不应，则抑拂其气而疼生。"本例患者2次宫外孕，加之多思忧虑，肝失调达，气血运行受阻，冲任失调，则经行不畅，少腹胀痛；忧思伤脾，肝郁乘脾，脾失健运，水湿不化，气血生化之源，则白带量多。治宜气血兼顾，肝脾同治，以逍遥散加减。方中柴胡解其郁结，加香附、玫瑰花、梅花行气疏肝，气行而血行；当归、白芍、生地、川芎养血和营；白术、茯苓健脾祛湿，助气血生化，则"刚劲之质，得为柔和之体，遂其条达畅茂之性"；丹皮、益母草、泽兰活血利水；干姜、炙甘草温经和中，则肝气调达，任脉通畅。二诊时，患者月汛将至，加蒲黄化瘀行血，使气血顺行，冲任调达，瘀去痛止。三诊时，患者月事未至，考虑到"子宫偏小，基础内膜较薄"，结合月经量少的情况，当兼有先天不足，故随后酌加菟丝子、续断、槲寄生温补肾精，滋水涵木。诸药合用，共奏疏肝健脾、活血止痛之良效。

（刘清源　整理）

5. 减食性闭经

正常月经和生殖功能的维持需要外界的脂肪储存量和足够的营养环境，因此体重对正常月经的维持有着重要作用。然而，在当今社会"以瘦为美"的审美标准的影响下，年轻女性因过于注重身材而选择节食或药物减肥，造成体重迅速下降、体脂含量下降，从而引发所谓的减食性闭经，这在临床上十分常见。通常体重减轻10%～15%，或体脂丢失30%时，即可出现闭经。研究表明，脂肪组织作为雌激素的重要性腺外来源，其下降可影响性腺的生长，从而影响月经；低体重通过影响下丘脑功能，降低促性腺激素释放激素脉冲频率，使促性腺激素分泌失调，亦可引起闭经。针对此病，何老师采用健脾益气养血、补益肝肾等法治疗，同时嘱患者均衡饮食，避免过度节食。

案例： 王某，女，21岁。2016年12月26日初诊。患者因"减肥节食1年余"致今年月事仅于2016年6月14日来潮一次，量少色淡。现患者面色不华，畏寒怕冷，疲乏无力，夜寐欠安，舌质淡，苔薄白，脉细。中医诊断：闭经，气血亏虚证。治法：益气养血调经。处方：当归15g，熟地黄15g，白芍20g，川芎12g，党参30g，白术20g，茯苓20g，炙甘草10g，柴胡12g，龟甲（先煎）20g，怀山药15g，制香附12g，菟丝子30g，益母草30g，泽兰12g，玫瑰花10g，14剂。

2017年1月9日二诊：药后患者睡眠改善，偶感脘胀。上方加焦六曲12g，续服14剂。

1月24日三诊：药后患者月经于2017年1月15日来潮，量中等，色红，无腹痛。上方减焦六曲，加生山楂20g，21剂。

2月20日四诊：患者末次月经为2月11日，量色均常，四肢转温，遂予前方加减，续服2周，并嘱规律饮食。后随访，患者月经基本按期来潮。

按： 《女科经纶》有云："妇人经水与乳，俱由脾胃所生。"指出脾胃与经水关系密切;《医学正传》有"肾水既乏,则经水日以干涸"之说;傅山谓:"肝为肾之子,肝郁则肾亦郁。"此处指出月经的来潮与肝有关。何老师认为,节食日久,脾胃虚弱,气血虚少,经水不至为本病的主要病机。该患者节食日久,脾胃虚弱,气血不足,血不上荣,则面色无华;血不养神,则夜寐不安;四肢失濡,则畏寒。此时"急宜补脾养血",以八珍汤健理脾胃、大补气血,合定经汤舒肝补肾、养血调经,暗合景岳"调经之要,贵在补脾胃以资血之源,养肾气以安血之室"之意,酌加制香附、玫瑰花、益母草等理气活血之品,使诸药补而不滞。脾健肾固,气血充足,则月事按期来潮。

(刘清源 整理)

6. 崩漏

崩漏是指与正常月经的周期频率、规律性、经期长度、出血量中任何一项不符的,且源自子宫腔的异常子宫出血。现代医学之病因,主要包括器质性疾病所致的异常子宫出血和功能失调性子宫出血。不同年龄阶段,子宫出血的病因有所侧重,治疗当明确病因,从因论治。该病属于中医学"崩漏"范畴,《素问·阴阳别论》曰:"阴虚阳搏谓之崩。"阴阳失调,气血不和,冲任奇经虚损,乃为崩漏之主因也。治疗遵《素问病机气宜保命集》之旨:妇人童幼天癸未行之间,皆属少阴;天癸既行,皆从厥阴论之;天癸已绝,乃属太阴经也。何老师亦从肝、脾、肾三脏入手,青春期偏补肾,育龄期重调肝,更年期不忘健脾。从证型而言,暴崩而下,宜凉血化瘀止血;久崩虚证,以益奇经法止血;心脾血虚,从归脾而治。崩漏一病,不能一概而论,治当如《傅青主女科》所言:"求因为主,止血为辅。"并随年龄、阶段及证型之不同而有所变通。

案例:杜某,女,47岁。2016年11月22日初诊。患者时值七七之年,月事始乱,或淋漓不净,或过月末行。末次月经为11月1日,至今淋漓未净、色暗、量不多,少腹不痛,腰酸,足底酸痛,舌苔白,脉细。中医诊断:崩漏,冲任虚损证。治法:调冲任,益奇经。处方:酒当归10g,鹿角霜(先煎)5g,沙苑子15g,小茴香4g,党参30g,肉苁蓉12g,龟甲(先煎)20g,紫石英(先煎)18g,枸杞子20g,地榆炭20g,补骨脂20g,川断12g,桑寄生12g,阿胶珠8g,7剂。

12月1日二诊:药后患者月经淋漓已止,腰酸好转,舌脉同前,治宜疏肝调经。方药:当归12g,白芍20g,柴胡12g,茯苓20g,白术12g,干姜

9g，炙甘草 10g，牡丹皮 10g，玫瑰花 10g，绿梅花 10g，香附 12g，延胡索 20g，炒川楝子 10g，丹参 30g，青皮 10g，14 剂。调治月余，患者月经 12 月 23 日经行，量较前增多，4 天即净，崩漏已止，月经渐趋规律。

按：患者年近五旬，经乱始作，经水非时而下，或淋漓不净。《诸病源候论·妇人杂病》中言："崩中者，脏腑伤损，冲脉任脉血气俱虚故也。漏下者，由劳伤血气，冲任之脉虚损故也。"七七之年，天癸将竭，肾精不足，冲任失调，奇经不固，下血不止，崩漏作矣。何老师认为，冲任虚损之崩漏，治当以"益奇经法"，即"益冲任调奇经"。此"益"，不同于"补"，指非纯用补益药补八脉之虚，奇经贵在流通，强调补中有通，通中有补，通补是也。方选通补奇经丸加减，方中鹿角霜入肾脉，紫石英补冲脉，龟甲走任脉，酒当归、枸杞子补八脉之虚，沙苑子、肉苁蓉、补骨脂温肾阳、益精血，党参补气升阳，地榆炭、阿胶珠清热养血止血，川断补肾化瘀止血。二诊时，患者下血已止，腰酸好转，改疏肝调经为法，方选逍遥散加减，加玫瑰花、绿梅花、丹参、青皮加强疏达之效，促进卵巢功能的恢复，以规律排卵；炒川楝子、延胡索合为金铃子散，一泄气分之热，一行血分之滞，共奏疏肝行气止痛之效。妇人全身气机调畅，则排卵有时，经水自行。

（傅丹旦 整理）

7. 围绝经期综合征

围绝经期综合征，又称"更年期综合征"，是指妇女在绝经前后，由于卵巢功能衰退，雌激素水平下降，而出现的躯体及心理精神症状，包括月经紊乱、烘热汗出、烦躁易怒、腰酸背痛、失眠健忘等一系列症候群。我国部分地区的调查研究发现，本病在更年期妇女中的发生率为 65.6%。现代医学对于该病的治疗主要运用激素替代疗法，疗效肯定，但许多不良反应尚不可避免。该病中医学常称为"绝经前后诸证"，《素问·阴阳应象大论》云："年四十，而阴气自半。"《灵枢·天年》谓："五十岁，肝气始衰，肝叶始薄。"肾中阴气不足，至七七之年，天癸竭，阴损及阳，五脏失和，气血逆乱，而诸症作矣。何老师认为，肾虚、肾阴阳失衡为本病病机之关键，并常伴有肝郁、脾虚、心火上炎，故治疗当滋肾疏肝健脾。滋肾，以平调肾中阴阳，填补冲任之虚损；疏肝，以条达肝经气机，和气血而平阴阳；健脾，健运脾气，补后天以充养先天；宁心，燮理阴阳、宁心安神，使心肾相济。本病以本虚为主，用药应补其不足，泻其有余，以期"阴平阳秘"。何老师临床治疗该病，解决了诸多更年期妇女之困扰。

案例：舒某，女，54岁。2018年7月10日初诊。患者日前做结肠息肉摘除术，素有乳腺增生症，时值更年期，近半年来月事已乱，2～3个月1行，末次月经为6月23日，经量较少。现烦躁易怒，偶有乳胀，左下腹欠舒，烘热阵作，胸闷心烦，夜寐欠安，胃纳一般，大便日行，舌质稍红，苔白，脉弦。中医诊断：绝经前后诸证，肝郁气滞证。治法：疏肝理气，活血调经。处方：当归12g，炒白芍20g，柴胡12g，茯苓20g，炒白术12g，炙甘草10g，干姜9g，丹皮10g，延胡索20g，炒川楝子10g，丹参30g，小青皮10g，陈皮10g，郁金12g，香附12g，红枣15g，淮小麦30g，7剂。

7月17日复诊：药后患者诸症明显改善，少腹不适及潮热减轻，证准方合，续予原方加减，改炒白芍24g，延胡索30g，加强理气缓急止痛之功，再予7剂，以期巩固效尤。患者共进14剂，人已舒如，7月24日汛行，经量较增。更年期时值经乱，顺势而为之，不期月月行，但求阴阳平。

按：患者时值经断之年，行结肠息肉摘除术后，诸症不适。本有气血亏虚，肾精不足，月经紊乱，加之术后气机失调。《丹溪心法·六郁》中云："人身诸病多生于郁。"《血证论》曰："肝属木，木气冲和条达，不致遏郁，则血脉得畅。"是故肝喜调达而恶抑郁，阴阳失调，气机不畅，肝经郁而不宣，滞而不疏，则诸郁证生焉，病由即起。何老师指出，木郁达之，热者清之，治当以疏肝解郁为先，方选逍遥散合甘麦大枣汤加减。逍遥散，《妇人大全良方·调经》中谓之："治血虚劳倦，五心烦热，肢体疼痛……及血热相搏，月水不调，脐腹胀痛，寒热如疟。"方中柴胡疏肝，当归、炒白芍养血柔肝，茯苓、炒白术、干姜、炙甘草补土抑木，为疏肝健脾养血之妙方；甘麦大枣汤出自《金匮要略·妇人杂病脉证并治》，为治妇人脏躁之基础名方，炙甘草、淮小麦、红枣三药合用，养心阴，解郁安神；配伍延胡索、炒川楝子，行一切胸腹气滞而止疼痛；小青皮、陈皮、香附加强理气之功，消肝经循行之诸郁；丹参、郁金活血化瘀，清心宁神。二诊时，患者诸症缓解，诸郁得开，气机畅通，而经水自下，正如《素问·至真要大论》言："疏其气血，令其调达，而致和平。"

（林志豪 整理）

8. 带下

带下为妇科常见病，以带下量多，色、质、气味发生改变为主，属现代医学阴道炎、宫颈炎、盆腔炎疾病范畴。关于其病因，《诸病源候论·妇人杂病诸候》记载"带五色俱下候；带下病者，有劳伤血气，损伤冲脉，致令其血与秽液兼带而下也"，指出主要由于任带二脉损伤，带脉失约而致带下。傅山提出"夫带下俱是湿证"，然湿邪有外感与内生之别，若女子经期淋雨涉水，久居潮湿环境，或产后体虚不足御邪，胞宫感受湿邪，此皆为外感湿邪；若脾虚无力运化水湿，肾阳虚无以温化水液，肝经湿热下注，均可致湿邪为患，此为内生湿邪。并且傅山根据颜色不同，分述白、黄、赤、青、黑五色带下的论治，白带乃湿盛而火衰，青带为肝经之湿热，黄带为任脉之湿热，赤带则为火热之故，而火热之极是黑带。何老师从肝、脾、肾论治，治湿之法贯穿始终，常谓："治带不治湿，非其治也。"且兼顾他脏，据证型施以清热、健脾、疏肝、固肾等法。

案例：葛某，女，37岁。2017年11月4日初诊。患者日前检查提示人乳头瘤病毒高危型18阳性。宫颈组织病理报告提示（宫颈2、8点）黏膜慢性炎，部分呈湿疣样改变，颈管黏膜慢性炎。现带下频多、色黄白相间、有异味，舌苔薄黄，脉弦。中医诊断：带下，湿热下注证。治法：清热利湿止带。处方：龙胆草9g，焦山栀10g，柴胡12g，黄芩10g，生地黄15g，泽泻12g，车前子（包煎）12g，当归12g，甘草10g，凤尾草30g，木槿花30，忍冬藤30g，红藤30g，炒马齿苋20g，焦六曲12g，红枣15g，14剂。

12月2日二诊：药后患者带下减少，胃脘偶有隐痛，上方去龙胆草，加延胡索30g，炒川楝子10g，佛手12g，14剂。

12月30日三诊：患者近日进食欠慎，大便次频、偏溏，纳少，舌苔白，脉弦细，治宜健脾渗湿。处方：太子参30g，茯苓20g，白术12g，白扁豆30g，陈皮10g，怀山药15g，炙甘草10g，莲子肉15g，砂仁（后下）6g，薏苡仁30g，桔梗8g，沉香曲9g，黄连5g，木香8g，生谷芽30g，7剂。药后患者大便逐渐转常，前后服药6个月，2018年4年8月查人乳头瘤病毒已转阴，患者如释重负。

按：本例患者带下色黄，有异味，此乃肝胆湿热下注所致，予龙胆泻肝汤加减。方中龙胆草、黄芩、焦山栀苦寒泄肝胆实火，利肝胆湿热；泽泻、车前子导湿热从水道而去；肝体阴，为实火所伤，阴血亦随之消灼，且方中苦燥、渗利伤阴之品较多，故用当归、生地黄养血滋阴，使邪去而阴血不伤；柴胡疏畅肝胆之气；木槿花及凤尾草为何老师治疗带下常用药对，可加强清热解毒、祛湿泄浊之效。三诊时患者进食欠慎，大便稀溏，原方苦寒之力强，不能再续，故予参苓白术散合香连丸加减，顾护脾胃，使疾病向愈而正气不伤。

（张依静　整理）

9. 不孕症

不孕症是影响男女双方身心健康的世界性问题。我国对不孕症的定义是婚后未避孕，有正常夫妻生活，同居 2 年而未曾受孕者。不孕症又可分为相对性不孕症和绝对性不孕症。相对性不孕症是指因某些病理性因素影响而导致暂时性不孕，经过治疗后可能受孕者；绝对性不孕症原指有先天形态、解剖、生理缺陷而不可能受孕者。近年，生殖医学迅猛发展，很多过去认为不可能妊娠的患者，通过人工辅助生育技术或者中西医结合的治疗使之怀孕。这意味着，所谓"绝对性不孕症"的定义和范围正在逐渐缩小。中医学认为不孕症多与肝肾不足、肝郁气滞及痰湿瘀滞有关。肝肾不足既可以是肝肾阳虚，也可以是肝肾阴虚，故中医辨证治疗多从养气血、益肝肾、补奇经、调肝肾入手。

案例：华某，女，32 岁。2018 年 12 月 8 日初诊：患者 5 年前曾因月经不调，婚后 2 年余未能怀孕，前往何医师处求治，经中药调治后，顺产一男婴，现已 5 岁。近来因为国家生育政策的调整，欲再次怀孕，努力未果，遂又求治于何若苹医师。询其月经情况，谓经水已 3 个月未行，查尿妊娠试验（－），平素经量偏少，兼有血块，经期 3 日即完结，伴畏寒怕冷，大便干，舌下纹暗，苔薄，脉弦细。中医诊断：不孕症、冲任虚寒、瘀血阻滞证。治法：温经散寒，养血祛瘀。处方：炙桂枝 10g，吴茱萸 6g，川芎 12g，当归 15g，炒白芍 15g，炒丹皮 10g，姜半夏 10g，干姜 9g，炙甘草 10g，阿胶珠 10g，麦冬 10g，熟地黄 12g，淮小麦 30g，红枣 30g，沉香曲 6g，7 剂。

12 月 15 日复诊：患者服上药后，自诉畏寒怕冷情况改善。遂在原方基础上加郁金 10g，7 剂。

2019 年 1 月 12 日复诊：患者诉畏寒怕冷进一步改善，大便由干转润，纳可，今实验室检查示尿妊娠试验（＋）。舌淡红苔薄，脉细。治宜补气血养肾安胎。处方：党参 20g，炒白术 12g，炙甘草 10g，生地黄 12g，炒白芍 20g，当归 6g，黄芪 30g，党参 12g，砂仁（后下）4g，炒续断 15g，苎麻根 15g，苏梗 15g，焦六曲 10g，糯米 20g，7 剂。

按：不孕症的发生与寒、虚、瘀、痰关系密切。该患者平时畏寒怕冷、经水稀少且有血块、舌下纹暗、脉弦均示其为冲任虚寒、瘀阻血亏的证候，而《金匮要略》中"温经汤"正是针对冲任虚寒、血凝气滞的经方，是故何老师取其方并化裁治之，方中吴茱萸、炙桂枝温经散寒，通利血脉，共为君药；当归、川芎活血祛瘀、养血调经，丹皮既助诸药活血祛瘀，又能清血分虚热，共为臣药；阿胶珠、熟地黄、麦冬滋阴养血，炒白芍养血敛阴，柔肝止痛，干姜助桂枝温经，淮小麦助炒白芍缓急，姜半夏理气化痰，均为佐药；炙甘草为使调和诸药。诸药合用，共行温经散寒、养血祛瘀之功。由于方证相对，故服药不久后就见怀孕，患者亦欣喜不已。之后，以泰山盘石散化裁安胎善后。

（范雁沙　整理）

10. 妊娠胎漏

　　妊娠期间，阴道少量出血，时下时止，或淋漓不断，但无腰酸腹痛者，称为"胎漏"。若出现腰酸腹痛，胎动下坠，或阴道少量流血者，则称为"胎动不安"。以上两种疾病，相当于西医学的"先兆流产"，若不及时医治，可进一步发展为堕胎、小产等病。胎漏的基本病机为冲任不固，不能摄血养胎。导致冲任不固的基本病因包括肾虚、气虚、血热等。关于胎漏，傅青主论述"妊妇有胎不动腹不疼，而小便中时常有血流出者，人以为血虚胎漏也，谁知气虚不能摄血乎……治法宜补其气之不足，而泄其火之有余，则血不必止而自无不止矣。方用助气补漏汤"。关于本病的治疗，何老师强调应重视固护胎气，以止血安胎为治疗大法，常选张景岳的泰山盘石散加减治疗，若见腰酸等肾虚明显者，合入寿胎丸，增强益肾安胎之功；若见红多者，则去当归、川芎，加陈棕炭等摄血之物。

　　案例： 徐某，女，30岁。2017年1月3日初诊。妊娠50天，阴道漏血已历1周，西医治疗罔效，无腰酸腹痛，无恶心呕吐，大便2～3日1行，舌苔白，脉滑。中医诊断：胎漏，脾肾亏虚证。治法：益气养血，补肾安胎。处方：党参15g，黄芪20g，白术15g，炙甘草10g，炒白芍20g，黄芩12g，阳春砂（后下）3g，续断12g，大枣15g，苎麻根15g，糯米20g，7剂。

　　1月10日二诊：药后患者阴道褐色分泌物已解，大便略偏干，舌脉同前。上方加紫苏梗15g，续进7剂，以期巩固。

　　按： 本例患者除阴道漏血外，余无明显不适，似乎难以准确辨证，然何老师根据其近40载的从医经验，认为脾肾气血亏虚、冲任不固是导致胎漏的基本病机，故选用泰山盘石散加味益气养血、补肾安胎。方中党参、黄芪、白术、炙甘草益气健脾以固胎元，炒白芍、大枣补血调血以养胎元，续断益肝肾而固胎元，阳春砂调气安胎，糯米补脾养胃，黄芩泻阴火而安胎，苎麻根增强安胎之功。诸药相合，气血调和，脾肾得补，冲任得固，故见效颇捷。

（黄　硕　整理）

11. 胎盘残留

胎盘残留是指部分胎盘小叶、副胎盘或部分胎膜残留于宫腔，是一种较常见的流产或分娩后的并发症，留存在子宫内部的胎盘组织在大多情况下是较为细微的碎片，较难发现，是引起产后出血、宫腔感染、子宫内膜炎、腹痛的主要原因，若不及时处理，可导致继发性闭经、宫腔粘连等。而人工流产、引产手术次数的增加，会使胎盘残留、胎盘粘连、胎盘植入的概率增加。本病可归属中医学"恶露不绝""胞衣不下"等范畴。《胎产心法》有云："凡产后脏腑劳伤，气血虚损，或胞络挟宿冷，或当风取凉，风冷乘虚而搏于血，壅滞不宣，积蓄在内，故不下也。"提出气血虚损、风寒搏结的病机；《傅青主女科》提出"胞衣不下……有气虚不能送出者，腹必胀痛，单用生化汤"，指出气虚证的治法。何老师认为，根据《金匮要略·妇人产后病脉并证治》指出的新产后"亡血""寒多""亡津液"的特点，治疗上当以温补为主；结合本病"胞衣不下"是为"瘀"的特点，适当佐以理气活血之品，促进瘀滞排出。

案例：涂某，女，40岁。2014年12月9日初诊。患者3个月前孕16周，因阴道出血量多，至当地医院检查，提示中央型低置胎盘状态，遂行剖宫取胎术，术后多次复查B超，均提示宫腔内不均质回声，无明显血流信号，考虑胎盘残留，嘱定期观察。但3个月来宫腔内不均质回声仍未排出，当地医院建议行宫腔镜，患者欲尝试保守治疗，经朋友介绍，来何老师处就诊。症见：面色欠华，神疲乏力，腰酸，舌质淡，苔薄，脉细弱，目前B超提示宫腔内不均质回声。中医诊断：胞衣不下，气虚血瘀证。治法：益气养血，理气祛瘀。处方：太子参30g，白术15g，茯苓15g，炙甘草10g，陈皮10g，姜半夏9g，当归10g，炒白芍20g，川芎9g，生地12g，黄芪20g，焦六曲12g，炒鸡内金12g，佛手10g，炒山楂15g，黄精30g，14剂。

12月23日二诊：药后患者腰酸减轻，末次月经为12月17日，上方去焦六曲、佛手、黄精，加川芎9g，杜仲12g，续断12g，玫瑰花10g，7剂。

12月30日三诊：今B超提示宫腔内不均质回声，大小约1.1cm×

1.4cm×1.1cm，未见明显血流。舌淡红，苔薄，脉细弦。上方去玫瑰花，加丹参 30g，青皮 10g，莪术 10g，续服 7 剂。

2015 年 1 月 19 日四诊：3 日前 B 超提示子宫正常大，宫腔内不均回声未及。患者本届月经未行，腰酸减轻，遂予益理之法，调补精血。处方：黄芪 30g，黄芩 12g，续断 12g，生地黄 12g，怀山药 15g，山茱萸 12g，牡丹皮 10g，茯苓 20g，炙龟甲（先煎）20g，女贞子 18g，墨旱莲 18g，制黄精 30g，制首乌 12g，焦六曲 12g，佛手 15g，炒白芍 20g，当归 12g，川芎 10g，14 剂。

按：《寿世保元》有云："小产重于大产，盖大产如粟熟自脱，小产如生采，破其皮壳，断其根蒂，岂不重于大产。"本例患者为中央型低置胎盘状态，下血量多，耗伤气血；加之手术，损伤胞宫、冲任，更伤气血；堕胎不全，部分胎盘残留，阻滞于胞宫而致瘀。气血虚弱则残留组织不能外排，瘀血内阻，新血不生，形成恶性循环。患者面色苍白，神疲乏力，当先以补益气血为主，选八珍汤加黄芪健理脾胃，调补气血；加焦六曲、鸡内金、山楂调理中焦，佛手理气，黄精益肾精。二诊时，患者腰酸减轻，则加重理气活血之力。三诊时，患者正气渐复，仍有宫腔内不均质回声，故加丹参、莪术、青皮理气活血逐瘀，令气通而不滞，血活而不瘀。全方补益不滞血，祛瘀不伤正，促胞宫之瘀血排出。待患者残留物排出后，血海空虚，遂以龟甲地黄丸合二至丸、四物汤加减，益肾精，养气血，以求良效。

（刘清源　整理）

12. 产后病

产后病是指新产后及产褥期发生的与分娩或产褥有关的疾病。产后病症状多样，有产后痉病、产后发热、产后小便不通、产后恶露不尽、产后身痛、产后抑郁等。"产后百节空虚"，若生活起居不慎或调摄失当，导致气血不调，营卫失和，脏腑功能失常，冲任损伤，则变生产后诸证。《金匮要略·妇人产后病脉证治》中记载"新产血虚，多汗出，喜中风，故令病痉；亡血复汗，寒多，故令郁冒；亡津液，胃燥，故大便难"。妇人新产失血伤津，正气受损，易感外邪；离经之血留而不去，则瘀血内阻。因此，妇人产后诸病具有"多虚多瘀"的特点。何老师将"扶正"之法贯穿于产后病治疗之中，结合益气养血、祛瘀通经、疏肝健脾、益气固表、滋阴增液等治法，观其脉证，随证治之。

案例：刘某，女，38 岁。2018 年 5 月 29 日初诊。患者平产后 8 个月，未哺乳，月经已转，末次月经为 5 月 18 日，经量极少，疲乏无力，尿频，纳便常，舌苔薄，脉细。中医诊断：产后虚劳，气血亏虚证。治法：益气养血。处方：党参 30g，茯苓 20g，炒白术 12g，炙甘草 10g，生地黄 15g，炒白芍 18g，当归 10g，川芎 9g，黄芪 30g，桂枝 6g，益智仁 30g，炒杜仲 15g，续断 15g，桑寄生 15g，红枣 15g，沉香曲 6g，14 剂。

7 月 17 日二诊：药后患者疲乏无力明显好转，时有阴痒，检查示支原体、衣原体、霉菌感染，续予益气养血、清热利湿法为治，予上方减桑寄生，加木槿花 30g，凤尾草 30g，黄柏 12g，炒苍术 15g，14 剂。

按： 妇人以血为本，然患者高龄产子，耗气伤血，气为血之帅，血为气之母，气血不足，冲任空虚，则乳汁不化，经血不行；气虚脏腑功能减弱，则疲乏无力；精血同源，血虚精亏，肾之封藏失职，则尿频。故予十全大补汤加红枣益气养血，炒杜仲、续断补益肝肾，益智仁、桑寄生温补肾阳、固精缩尿，沉香曲理气和胃。二诊时，患者正气亏虚，外感湿邪，湿浊留恋，下注胞宫，故予二妙散、木槿花、凤尾草清热燥湿止痒。脾肾同治，气血双补，药证相对，疗效卓著。

（叶 璐 整理）

13. 慢性盆腔痛

慢性盆腔痛，是指由于盆腔脏器功能性或器质性病变引起的以骨盆及其周围组织疼痛为主要症状，时间超过 6 个月的一组疾病或综合征。其发生可因生殖系统、盆腔脏器、骨骼肌肉、神经等多个系统异常引起，在妇科疾病中，盆腔粘连、子宫内膜异位症、子宫脱垂、盆腔瘀血、盆腔炎性疾病等均可导致本病发生。据统计，仍有 55% ～ 61% 的慢性盆腔痛病因尚未被发现。本病起病隐匿，缠绵难愈，给患者带来躯体上的不适和精神上的困扰。依据其下腹痛、腰酸的临床表现，可归于中医学"妇人腹痛"范畴。《证治要诀·妇人》有云："经事来而腹痛者，经事不来而腹亦痛者，皆血之不调故也。"指出妇人腹痛多责之于血瘀。《景岳全书·妇人规》提及"瘀血留滞作癥，唯妇人有之……凡内伤生冷，或外受风寒，或恚怒伤肝，气逆而血留，或忧思伤脾，气虚血滞……总由血动之时，余血未净，而一有所逆，则留滞日积而渐以成癥矣"，总结了血瘀证之成因。何老师认为，慢性盆腔痛因其病程缠绵，病情由浅入深，由气及血，宜遵叶天士"久病入络"之说，从瘀论治，以活血化瘀为主，并根据辨证，分以温经化瘀、理气活血之法。临床常取得不错的疗效，减轻患者下腹不适等躯体症状。

案例：吴某，女，49岁。2017年4月11日。患者自述受少腹疼痛困扰多年，曾诊断为盆腔炎、盆腔瘀血综合征、子宫肌瘤、左侧卵巢囊肿，多次住院行保守治疗，但收效甚微。现少腹疼痛、下坠感、腰酸、带下色黄，末次月经为3月28日、色暗、量常，胃纳尚可，大便日2行，舌质暗，苔薄白，脉弦。中医诊断：妇人腹痛，寒凝血瘀证。治法：温经散寒，理气祛瘀。处方：生蒲黄（包煎）10g，五灵脂（包煎）10g，当归12g，干姜9g，小茴香5g，延胡索24g，没药5g，炒白芍20g，川芎12g，肉桂6g，木槿花24g，大血藤30g，炒川楝子10g，沉香曲9g，7剂。

4月18日二诊：药后患者腹痛腰酸减轻，带下减少，舌质偏暗，苔薄白，脉弦。上方生蒲黄、五灵脂加至12g，延胡索加至30g，续予14剂。

5月2日三诊：患者腹痛、腰酸明显好转，仅坐位时感隐痛，末次月经为4月25日，色转红，5日干净，续予原方加减，再进14剂。

按：《医林改错》提及"凡肚腹疼痛，总不移动，是血瘀"。瘀血内停，滞于胞宫冲任，阻滞气机，日久成癥，则小腹疼痛、胞中结块；血不利则为水，湿郁化火，则腰酸、带下色黄；舌暗、脉弦均为血瘀气阻之象。"血气者喜温而恶寒，寒则泣不能流，温则消而去之"，故选少腹逐瘀汤加减，以温经散寒、活血化瘀。方中当归、炒白芍、川芎养血活血，生蒲黄、五灵脂、没药行瘀通络，小茴香辛可散痞，以助血行，温可祛寒，合干姜、肉桂以温中暖血；"欲调其血，先调其气"，加延胡索、炒川楝子行气活血，大血藤、木槿花清下焦湿热。诸药相合，气血温通，瘀去痛减。

（刘清源　整理）

14. 卵巢囊肿

卵巢囊肿是女性生殖系统的常见肿瘤，有一侧性或双侧性、囊性或实性之分，其中以囊性、良性多见。卵巢囊肿病因仍不明确，目前认为与遗传因素、环境因素、生活方式、内分泌等有关。该病早期无明显症状，随着囊肿的增大，可表现为小腹不适、月经紊乱、白带异常，甚至出现尿频、便频等压迫症状，如不进行积极治疗，严重者会发生卵巢囊肿蒂扭转、破裂等急症。本病属中医学"癥瘕""肠覃"等范畴。《灵枢·水胀》曰："肠覃者，寒气客于肠外，与卫气相搏，气不得荣，因有所系；癖而内著，恶气乃起，息肉乃生。其始生也，大如鸡卵，稍以益大，至其成，如怀子之状，久者离岁，按之则坚，推之则移……"本病多因正气不足，或外邪内侵，或内有七情、房事、饮食所伤，导致脏腑功能失调，气机阻滞，从而形成瘀血、痰饮、湿浊，停聚于小腹。治疗上，何师以活血化瘀消癥为法则，并佐以软坚散结、疏肝和胃、活血调经等治法，临床常获佳效。

案例： 陈某，女，25岁。2016年11月5日初诊。患者查妇科B超示左侧卵巢囊肿，大小为64mm×48mm×52mm。现自觉少腹胀滞不舒，月经中期尤甚，经前乳胀，神疲乏力，纳便尚常，舌苔薄白，脉弦。中医诊断：癥瘕，气滞血瘀证。治法：疏肝理气，活血消癥。处方：炙桂枝12g，茯苓20g，牡丹皮12g，赤芍12g，桃仁12g，藤梨根40g，浙贝母12g，炙鳖甲（先煎）24g，莪术12g，海藻20g，玄参10g，生牡蛎（先煎）20g，八月札12g，夏枯草12g，皂角刺12g，沉香曲9g，14剂。

11月19日二诊：药后患者少腹胀滞减轻，余无所苦，末次月经为11月11日。上方改桃仁9g，加小青皮10g，丹参30g，14剂。后以上方加减，续予调治4周，2016年12月15日子宫附件B超示双侧卵巢大小正常。

按： 卵巢囊肿乃气滞血瘀、日久积滞而成。此为有形之邪，阻滞气机，故少腹胀滞不舒；经期经血下注胞宫，则壅滞更甚，故腹胀加剧；经前乳胀为肝气不舒之象。癥块在内，气机紊乱，不达四末，可见少气乏力，似气虚之证，然切勿妄投补益之剂，以免气机壅滞，更添新恙，故首当理气活血消癥，气行则胀消，气畅则神复。《素问·至真要大论》曰："坚者削之，客者除之……结者散之，留者攻之。"《灵枢·九针十二原》亦曰："菀陈则除之。"即运用攻、削、散、逐等法治疗积聚。何老师治疗卵巢囊肿喜用缓消之法，予桂枝茯苓丸活血消癥散结，方中炙桂枝温通经脉，以行瘀滞；桃仁、牡丹皮活血消癥；赤芍养血和血，使破瘀而不伤正；茯苓消痰利水；加养阴散结之炙鳖甲、玄参、生牡蛎，清热祛湿散结之藤梨根、浙贝母、夏枯草，化痰散结之海藻，理气活血消癥之莪术、八月札、皂角刺；加沉香曲理气和胃、顾护胃气。全方消癥之将云集，散结之功尤强。药后瘀血渐散，气机渐调，故少腹胀滞渐解，继续加丹参、佛手理气开郁、活血消癥。诸药相合，药证相应，切中病机，故囊肿消失，病情告愈。

（林志豪 整理）

浙江中医临床名家·何若苹

15. 霉菌性阴道炎

霉菌性阴道炎，即外阴阴道假丝酵母菌病，是由假丝酵母菌引起的外阴、阴道炎症。本病发病率较高，约10%～15%的无症状女性阴道有念珠菌的定植，70%～75%的女性可患本病，约5%～10%可能演变为复发性外阴阴道假丝酵母菌病。临床上，本病有外阴瘙痒、灼痛、尿痛、阴道分泌物增多等表现，可归属于中医学"阴痒""带下"范畴。《景岳全书》指出"妇人阴痒者，必有阴虫……多由湿热所化"，《医学六要》有云："阴中痒亦是肝家湿热，泻肝汤妙；瘦人燥痒，属阴虚，坎离为主，外用蛇床子煎汤洗之。"结合诸家之言，何老师指出，初发阴痒者，多从湿热考虑，而对于阴痒反复发作、病程较久者，当从虚论治，有肾阴不足，肌肤不润，阴痒时作者；有营血亏虚，血虚生风，阴痒较久者；有肾阳不足，不能制水，正邪相干，阴痒者；亦有虚实夹杂者，临证必仔细辨治。

案例： 潘某，女，48岁。2017年12月12日初诊。患者多次查霉菌阳性，阴痒反复，灼热疼痛，甚则牵及肛周。3日前外阴瘙痒再作，灼痛、口苦、腰酸，大便偏干，2～3日1行，末次月经为12月3日，昨日方净，舌红苔薄，脉弦。中医诊断：阴痒，阴虚湿热证。治法：滋阴清热。处方：生地黄12g，怀山药12g，山茱萸12g，泽泻12g，茯苓20g，牡丹皮10g，知母12g，黄柏12g，炙龟甲（先煎）18g，木槿花30g，凤尾草30g，杜仲15g，续断15g，败酱草20g，苍术15g，川牛膝12g，7剂。另予野菊花30g，枯矾4.5g，苦参30g，蛇床子40g，金银花30g，花椒6g，7贴，煎汤外洗。

12月19日二诊：药后患者阴痒减轻，感手足冷，上方去杜仲、续断，加紫石英20g，补骨脂15g，姜竹茹15g，14剂。

12月30日三诊：药后患者阴痒、口苦、腰酸诸症均有好转，大便日行，上方去败酱草、姜竹茹，续服7剂。2018年1月13日因外感咳嗽来诊，诉阴痒诸症已瘥。

按： 本例患者外阴瘙痒，灼热疼痛，伴口苦，当有湿热下注；然患者病情反复，当责之于虚，结合其腰酸、经期延长之症，辨为阴虚湿热证。以知柏地黄丸合三妙丸加减，方中六味地黄丸加炙龟甲补泻兼施，滋肾阴；加杜仲、续断温肾阳、补冲任，并蕴阴阳互根之理；三妙丸加知母、凤尾草、败酱草清下焦湿热，两方相合，阴虚可补，湿热可清。《景岳全书·妇人规》提到"妇人阴痒不可忍"，以热汤（椒茱汤）泡洗，故予苦燥兼施、寒温并用之外洗汤以清湿热止痒。二诊时，患者感手足冷，考虑时值冬季，宜加强固肾阳之力，故以紫石英、补骨脂代杜仲、续断，加姜竹茹清热化痰，防诸药滋腻。三诊时，患者下焦湿热诸症减轻，故去败酱草、姜竹茹防苦燥伤阴。

（刘清源　整理）

第四节　杂病诊治荟萃

1. 乳癖

乳癖是一种乳腺组织的良性增生性疾病，相当于西医的乳腺增生病，主要临床表现为一侧或双侧乳房出现单个或多个肿块，多伴有周期性乳房疼痛，且与情绪、月经周期有明显关系。《疡科心得集·辨乳癖乳痰乳岩论》云："有乳中结核，形如丸卵，不疼痛，不发寒热，皮色不变，其核随喜怒消长，此名乳癖。"本病好发于 30 ～ 50 岁妇女，约占全部乳腺疾病的 75%，是临床上最常见的乳房疾病。何老师认为，本病主要由肝气郁结，痰浊凝结于乳房所致，治疗上采用疏肝理气、软坚散结法，常选用逍遥散加夏枯草、生牡蛎、玄参、浙贝母等化痰散结之品。

案例：莫某，女，45 岁。2017 年 5 月 27 日初诊。患者既往行两次双乳腺结节手术，目前乳腺 B 超提示双乳腺小叶增生伴右乳多发结节，双乳多发囊肿。现双乳胀痛，经行为甚，舌下纹暗，苔薄，脉弦。中医诊断：乳癖、肝气郁结、兼夹血瘀证。治法：疏肝理气散结，佐以活血散瘀。处方：当归 10g，白芍 20g，柴胡 12g，茯苓 20g，炒白术 12g，干姜 9g，生甘草 10g，牡丹皮 10g，绿梅花 6g，生牡蛎（先煎）20g，丹参 30g，蒲公英 30g，蜂房 6g，漏芦 10g，山慈菇 10g，14 剂。

6 月 10 日二诊：患者末次月经为 2017 年 6 月 5 日，药后经行乳胀较前缓解，原旨续进，上方减漏芦，加橘叶 30g，14 剂。

7 月 8 日三诊：患者末次月经为 2017 年 6 月 30 日，双乳胀痛基本瘥解，上方加天冬 9g，再进 14 剂。

按：忧思郁怒，情志不畅，肝气郁滞，脾失健运，痰浊内生，聚于乳络，则见乳房肿块，双乳胀痛；气机日久，血行不畅，酿生瘀血，可见舌下纹暗。四诊合参，中医辨为肝气郁结、兼夹瘀血证，故采用疏肝理气散结，佐以活血化瘀法，选用逍遥散疏肝健脾，脾气得健，消生痰之源，肝气得疏，气机调畅，通则不痛，加绿梅花，增理气解郁之功；生牡蛎、漏芦味咸，软坚散结；

山慈菇、蜂房化痰散结止痛；一味丹参，功同四物，可活血化瘀。

（黄 硕 整理）

2. 痤疮

痤疮又称为粉刺，是发生于毛囊皮脂腺的一种慢性炎症性疾病，其发病以青春期男女为多，好发于颜面部及胸背部，以丘疹、脓疱、结节、囊肿等多形性皮损为特点，易反复发作，后期可留有色素沉着及瘢痕，为临床常见的皮肤病。痤疮不仅有损外观，反复难愈的痤疮，会进一步影响患者的工作和生活。现代医学认为，本病的发生与体内激素水平异常、皮脂分泌旺盛、毛囊口角化过度、微生物感染、遗传、心理等因素密切相关。本病属中医学"酒渣""粉刺"等范畴。《诸病源候论·面疱候》曰："面疱者，谓面上有风热气生疮，头如米大，亦如谷大，白色者是也。"指出该病与风热相关。何老师认为，本病病因多与风、热、湿、瘀等因素相关，风热袭肺，肺气被郁，肌肤腠理功能失常；或情志抑郁，肝之疏泄功能失常，心肝火旺，上攻头面；或嗜食肥甘，脾胃失调，痰湿内生，久而化热，湿热内蕴，邪蒸肌肤；或气血冲任失调，气滞血瘀，外发肌肤等。虽然本病病在肌肤，然与脏腑功能失调关系密切，临证当明辨脏腑，辨证治之。

案例：杨某，女，35岁。2018年5月21日初诊。患者3个月余前顺产1女，正处哺乳期，自述产后1个月至今，满脸痤疮，痘疹此起彼伏，面部潮红，胃纳尚可，多食脘易胀，大便干结，舌下纹暗，舌苔白，脉略数。诊断：粉刺，湿热蕴结证。治法：清热化湿。处方：广藿香6g，厚朴12g，姜半夏9g，茯苓20g，苦杏仁6g，白豆蔻（后下）4g，薏苡仁20g，生甘草9g，淡竹叶15g，徐长卿24g，滑石（包煎）10g，黄芩12g，连翘15g，大枣15g，蒲公英30g，赤小豆30g，当归10g，7剂。

6月4日二诊：药后患者面疹较前好转，未有新发皮疹，脘胀未作，舌脉同前，上方加赤芍12g，14剂，以巩固疗效。

按：患者产后因哺乳而进食较多肥甘之品，损伤脾胃，运化失常，湿浊内生，湿郁化热，致湿热壅于中焦，上蒸头面，外蕴肌肤，则面部痘疹不绝。予清热化湿之甘露消毒丹加减，方中广藿香、厚朴、白豆蔻芳香化湿；姜半夏燥湿运脾，运化水湿；苦杏仁开宣肺气，使肺气宣降；茯苓、薏苡仁、淡竹叶、滑石淡渗利湿，使湿从小便而去；合连翘、赤小豆，取麻黄连翘赤小豆汤之意，以黄芩、蒲公英易麻黄，取其清热解毒，避麻黄之辛温助热；加徐长卿祛风化湿；久病必瘀，以当归养血活血，行血中瘀滞；生甘草、大枣和胃安中。全方清上、畅中、渗下，清热利湿，祛风活血，方证相对，收效显著。

（叶　璐　整理）

3.复发性口腔溃疡

复发性口腔溃疡是以复发性、周期性、自限性为特点的口腔黏膜灼痛性溃疡，具有黄、红、凹、痛的特征。其病因尚不明确，可能与自身免疫异常、维生素及微量元素缺乏、微循环障碍、消化系统疾病及精神情志等因素有关。溃疡发作时疼痛较剧，遇到食物等刺激时疼痛尤甚。本病属于中医学"口疮""口糜"范畴，"心气通于舌""脾气通于口"，胃与大肠经挟口，肝经环唇，肾脉连咽系舌本，表明口疮的发生与五脏关系密切。何老师认为，《圣济总录》载"口疮者……有胃气弱，谷气少，虚阳上发为口疮者"，景岳云："口舌生疮，固多由上焦之热，治宜清火，然有酒色劳倦过度，脉虚而中气不足者，又非寒凉可治。"结合当代人们嗜食生冷肥甘、熬夜等饮食作息习惯，口疮反复发作，多由脾胃气虚、阴火上乘及肝肾阴虚、虚火上炎所致，临证分别以补中益气汤、六味地黄丸为主方加减治疗，屡获良效。

案例：贺某，男，46岁。2017年6月17日初诊。患者自述口腔溃疡反复发作，已历数年，胃纳少，大便偏溏，舌苔薄白，脉细弱。中医诊断：口疮，阴火内伏证。治法：健脾益气，除湿升阳。处方：黄芪30g，白术12g，陈皮10g，党参30g，柴胡12g，升麻6g，生甘草10g，当归12g，蒲公英30g，皂角刺12g，人中白15g，7剂。

8月10日二诊：患者诉服药不规律，工作压力繁忙，未及时就诊，期间口腔溃疡反复，烦恚急躁，疲乏无力，舌苔薄白，脉弦。上方加淮小麦40g，大枣20g，玄参12g，续服7剂。

8月28日三诊：药后患者情绪转佳，口腔溃疡减轻。上方加连翘10g，14剂。后随访，患者口腔溃疡好转，2个月内无复发。

按：《医宗金鉴》曰："口疮，有虚火实火之分。"本例患者口腔溃疡反复发作，已历多年，久病多虚，当从虚火入手。何老师指出，脾失健运，中焦阻滞，清阳不升则为虚，浊阴不降则上实，则乏力与烦躁并见；水湿内停，阻碍气机，郁而化火，阴火内伏，则口疮与便溏并存。正如丹溪所云："口疮，服凉药不愈者，因中焦土虚，且不能食，相火冲上无制。"治疗当益气健脾，

115

顾中升阳，以补中益气汤加减。方中党参、黄芪、白术、生甘草、陈皮益气健脾，调中化湿；升麻、柴胡升清阳，以助黄芪升阳举陷之力，蕴"火郁发之"之理；当归养血合营，增全方益气血之功；随症配伍蒲公英、皂角刺清虚火，则全方共奏甘温除热之功。且研究表明，补中益气汤具有调节免疫、调节T细胞亚群、提高机体免疫系统功能的作用。二诊时，患者烦恚急躁，考虑阴火日久，耗伤心阴，加甘麦大枣汤养心安神。三诊时，患者口疮好转，稍加连翘以清上热。诸药合用，脾胃健运，阴火降，口疮愈。

（刘清源　整理）

4. 丘疹性荨麻疹

丘疹性荨麻疹又称荨麻疹样苔藓、婴儿苔藓，是婴幼儿及儿童常见的过敏性皮肤病，但成人也可患此病。本病的发生具有明显的季节性，以春秋季多发。本病临床典型皮损多为发于躯干、四肢伸侧的群集或散在的略带纺锤形的风团样丘疹，绿豆至花生米大小，可有伪足，顶端常有小水疱，新旧皮损常同时存在，剧烈瘙痒，可影响睡眠，搔抓可引起继发感染，一般病程1～2周，皮疹消退后可留下暂时性色素沉着。该病病程短，不至于危及患者生命，但易复发，影响生活质量。目前，西医治疗该病多选用皮质类固醇制剂局部应用，对于较严重的选用抗组胺药进行治疗。本病属于中医学的"水疥""土风疮"范畴。何老师认为，该病多系禀赋不耐，外感风邪，湿热内蕴，内外之邪交结所成；或虫邪外叮，毒邪内侵，蕴于肌肤而发病，治疗上多以外散风邪、内清湿热为主，多获良效。

案例： 黄某，女，57岁。2016年5月26日初诊。患者近日周身红疹瘙痒，尤以腰部为甚，于外院诊为"丘疹性荨麻疹"，予布地奈德乳膏外涂后，上述症状尚未减轻。现身热汗出，口渴，四肢丘疱疹，少量水泡，部分结痂，舌苔白，根部厚，脉略数。中医诊断：土风疮，湿热内蕴证。治法：清化疏风。处方：白豆蔻（后下）5g，广藿香10g，茵陈30g，滑石（包煎）15g，黄芩12g，连翘12g，石菖蒲15g，厚朴15g，姜半夏10g，茯苓20g，生甘草10g，淡竹叶15g，杏仁6g，薏苡仁24g，徐长卿（后下）30g，蝉蜕8g，猫爪草30g，防风8g，荆芥10g，7剂。

6月2日二诊：药后患者皮疹有所减少，遇热易作，舌红，苔白，脉略数。上方减荆芥，加紫草18g，续予7剂。

6月10日三诊：药后患者诸症瘥，偶有手足关节酸痛，上方减蝉蜕、紫草，加桑枝 30g，再进 7 剂，以期巩固。

按： 本例患者，四诊合参，中医辨为湿热内蕴证。患者素体湿热，加之外感风热之邪，外内合邪，蕴于肌肤，则见丘疹、水泡；湿热内蕴，里热蒸腾，营阴外泄，则身热汗出；热毒上壅，灼伤津液，则口渴。内热宜清，外风宜疏，予甘露消毒丹合消风散加减。方中重用滑石、茵陈清热利湿，黄芩、连翘清热解毒，石菖蒲、白豆蔻、姜半夏燥湿化浊、辟秽和中，荆芥、防风、蝉蜕辛散透达、疏风散邪。诸药相合，外风得疏，湿热得解，故能使病痊愈。

（骆丽娜　整理）

第
五
章

学术成就

一分耕耘，一分收获。我跟随父亲何任教授问学中医 30 余年，尽心学习、用心体悟，学以致用、继往开来，注重在实践中不断丰富完善祖国中医药学理论体系，努力为推进中医药事业发展贡献智慧和力量。

——何若苹

第一节 《金匮》学术思想述略

《金匮要略》（以下简称《金匮》）是我国东汉著名医学家张仲景所著《伤寒杂病论》的杂病部分，也是我国现存最早的一部论述杂病诊治的专书，是中医临床经典著作。它奠定了中医杂病辨证论治的理论体系，备受历代医家推崇，对后世中医理论的发展有着深远的影响。何若苹教授沿着我国《金匮》研究第一人、国医大师何任教授的路径，继承创新，深化了对《金匮》学术思想的认识，提出了不少真知灼见。

一、何若苹对《金匮》临床体系的认识

（一）以辨证论治为中心

何若苹认为，以辨证论治为中心是《金匮》诊治疾病基本特色，具体体现在同病异治、异病同治等临床诊疗思想中。所谓同病异治，即同一疾病，或因发病阶段不一，或因体质有异，或由于病机上的差异及病位不同，而在

临床上采用不同的治疗方法。例如，同为肺痿皆由"重亡津液"所致，然重亡津液也有津虚生热和津涩生寒之不同，故有虚热肺痿之麦门冬汤证和虚寒肺痿之甘草干姜汤证。又如胸痹，皆以"阳微阴弦"为核心病机，阴邪偏盛、阳气不虚者用枳实薤白桂枝汤，阳气已虚者用人参汤；同患痰饮，脾阳不运者用苓桂术甘汤，胃气上逆者用小半夏加茯苓汤。所谓异病同治，即多种不同疾病，虽病名各异，但病机、病位相同，同属一种证候，因而在临床上采用相同的治疗方法。例如，五苓散，可同治痰饮和消渴，因其皆属水邪为患所致；葶苈大枣泻肺汤，可同治肺痈和支饮，因其病位相同，且病机皆为痰涎壅肺；更有肾气丸，全书用其治病共有五处：一治脚气上入而少腹不仁者；二治虚劳腰痛少腹拘急而小便不利者；三治短气微饮当从小便去者；四治男子消渴而小便反多者；五治妇人转胞不得溺者。这五种情况皆属于肾阳虚、气化不利所致，故均可用肾气丸治疗。

《金匮》以辨证论治为中心，还体现在其善于把握疾病的本质，注重正治与反治在临床上的灵活运用。正治，即采用与疾病性质相反的药物，逆其证候性质而治，适于征象与本质一致的病证。例如，"肺中冷……甘草干姜汤以温之"，为"寒者热之"；"按之心下痛满者，此为实也，当下之，宜大柴胡汤"，为"实者泻之"；"虚劳里急，诸不足，黄芪建中汤主之"，则为"虚者补之"。反治，即采用与疾病假象性质一致的方药，顺从疾病假象而治。例如，"下利三部脉皆平，按之心下坚者，急下之，宜大承气汤"，此为暴实下利而里不虚，乃正盛邪实之象，故以"通因通用"治之；"心胸中大寒痛，呕不能食，腹中寒，上冲皮起，出见有头足，上下痛而不可触近，大建中汤主之"，虽貌似实证，实为虚寒所致，故可"塞因塞用"，以温补治之；"呕而脉弱，小便复利，身有微热，见厥者，难治，四逆汤主之"，此为阴盛格阳所致，故可"热因热用"以治之。

从临床的诊疗逻辑看，无论是同病异治还是异病同治，也不管是正治还是反治，它们都紧紧抓住了中医的"证"这一关键特征，体现了疾病某一阶段的病理特点，反映了疾病的本质，因而施治灵活而针对性强。由此可见，《金匮》以辨证施治为中心的诊疗体系，乃是中医临床的灵魂所在。

（二）以辨病与辨证相结合

何若苹指出，《金匮》首创并遵循着以病分篇、按病论述、据病立法、病分各类、逐类设证、因证制方、按方用药这样一种较为成熟的理法方药俱备的体例系统模式。在这个模式中，病作为全书的主要框架，构建成全书的主干结构，各个独立的病种构成了各篇间相互独立的单元。围绕着病，各单元理法方药等具体内容方得以层层展开。因此，辨病在《金匮》的研究中具有重要地位，每一专病，有其特定的核心病机及病传规律。

每一疾病都是相对独立的个体，其诊断与治疗都具有特异性。如在疾病的诊断方面，《金匮》认为，外湿总由汗出当风，或久伤取冷，湿邪侵袭皮肉筋脉、肌表关节，阳气郁遏所致，如喝病乃由夏月暑热之邪熏蒸肌腠、耗气伤津所致。《金匮》中直接论述辨病治疗的条文也不胜枚举。针对疾病的专方治疗，如"诸呕吐，谷不得下者，小半夏汤主之"，提示小半夏汤可作为治疗各种呕吐的基础方，《金匮要略·呕吐哕下利病脉证治》中治疗呕吐的黄芩加半夏生姜汤、小柴胡汤，《金匮要略·妇人妊娠病脉证并治》治疗妊娠呕吐的干姜人参半夏丸都包含了小半夏汤。再如，茵陈蒿汤治疗黄疸病，桂枝茯苓丸治疗妇人癥病，甘麦大枣汤治疗脏躁之病，十枣汤治疗悬饮病等。也有采用专药治疗的，如《金匮要略·百合狐惑阴阳毒病证治》治疗百合病不同变证类型，虽有百合知母汤、滑石代赭汤、百合鸡子汤、百合地黄汤等不同方剂，但针对百合病，这些方剂都应用了百合这一味药物进行对病治疗。再如，苦参治疗狐惑病蚀于前阴者，常山或蜀漆治疗疟疾，黄连粉治疗浸淫疮等。这些都是辨病论治在《金匮》中的反映。辨病论治有时方便实用，易于推广，也体现了《金匮》以病为本、重视辨病的思想。

当然，若仅是辨病，则对疾病各个阶段的治疗针对性不强；反之，若仅仅是辨证，又对疾病整体发展规律认识不深。因此以辨证为中心，注意病证结合，方是《金匮》临证理法的主线。譬如湿病，先由其基本症状"一身尽疼"等辨明疾病，接着进一步辨别湿病表实证的麻黄加术汤证，风湿表虚证的防己黄芪汤证，风湿化热证的麻黄杏仁薏苡甘草汤证，阳虚风湿在表证的桂枝附子汤证，风湿并重表里阳虚证的甘草附子汤证等，使辨病与辨证论治有机地结合起来。

（三）以随症施治为辅助

在辨病与辨证施治相结合基础上，以随症施治为辅助也是《金匮》临床体系的一个重要方面。随症施治的核心，是根据证候病机的传变趋势，及时做出应对方案，即仲景所谓"观其脉证，知犯何逆，随证治之"，此"证"，因为仲景时代还没有"证候"这一名词术语，所以并非"证候"之"证"，而是与脉象并列的"症状"之"症"。

譬如《金匮》中防己黄芪汤、厚朴七物汤、白术散、竹叶汤等方后注中出现的药物加减变化法。防己黄芪汤证，喘加麻黄，是风湿风水的基础上出现了风寒表闭；呕加半夏，是在里虚的基础上出现了支饮攻冲；咳加干姜、细辛，是在里虚的基础上出现寒饮内停；胃中不和加芍药，是在里虚的基础上出现血痹不养；气上冲加桂枝，是在中风的基础上出现表闭气逆等等。厚朴七物汤证，呕加半夏五合，增强化饮降逆之功；下利去大黄，减缓攻下热实之力；寒多加生姜至半斤，增加温散寒邪的作用。白术散用于妊娠养胎时，若苦痛，加芍药；心下毒痛，加川芎；心烦吐痛，不能饮食，加细辛一两，半夏二十枚。竹叶汤证，颈项强，用大附子一枚；呕加半夏半升等。

随症施治，因症化裁，反映了张仲景的用药规律，在临床上具有重要价值。并且在辨证论治发挥主要作用的同时，能解决一些次要矛盾，减轻患者的痛苦，增强治疗效果。

（四）以方证辨证为补充

何若苹认为，方证辨证是《金匮》实现辨证论治的补充，也是其诊治特色，主要通过辨别一些症状或体征的组合来实现。证候通常由几个核心症状、体征组成，是内在病变的外部特征。例如，"血痹虚劳病脉证并治"曰："血痹阴阳俱微，寸口关上微，尺中小紧，外证身体不仁，如风痹状，黄芪桂枝五物汤主之。"其中阴阳俱微、寸口关上微、尺中小紧、身体不仁等症状与体征组合，表明其病性属虚寒，病机为气虚血滞，营卫不和，故予黄芪桂枝五物汤振奋阳气、温通血脉、调畅营卫。再如，"血痹虚劳病脉证并治"曰："虚劳里急，悸，衄，腹中痛，梦失精，四肢酸疼，手足烦热，咽干口燥，小建中汤主之。"所述症状提示脾胃阴阳两虚，虚劳里急，故以小建中汤甘温建中、缓急止痛。

方证辨证也是何若苹运用《金匮》思想对疾病进一步鉴别诊断的重要手段。如肺痿与肺痈具有相同的咳嗽主症，但通过辨"口中反有浊唾涎沫"与"脉反滑数""咳唾脓血"等不同的症状组合即可区分二者。再如，"痉湿暍病脉证"的湿病，主论外湿，常见症状有发热、身重、骨节疼烦，或兼见身色熏黄。该病证尚有头中寒湿、寒湿表实、风湿表实、风湿表气虚、风寒湿表阳虚风偏盛、风寒湿表阳虚湿偏盛、风寒湿表里阳虚之不同。通过对其他一组症状或体征的辨别，能够将其区分开来。如寒湿表实者，尚见无汗、恶寒之征象，治以麻黄加术汤；风湿表实者，可见发热日晡加剧之象，治以麻黄杏仁薏苡甘草汤；风湿表气虚者，尚可见脉浮、汗出、恶风之象，治以防己黄芪汤……因此，在主症相同或相似的情况下，辨方证还能够进一步精确疾病诊断、提高治疗效果。

二、何若苹对《金匮》辨证理论的总结

（一）以脏腑辨证为基础

何氏研究《金匮》，是以脏腑辨证为基础，来探究疾病的发生、发展变化及诊断、预防和治疗的。何若苹指出，《金匮》之开篇"脏腑经络先后病脉证"在对病因的认识上，认为"千般疢难，不越三条"是以脏腑分内外，对病因进行分类；病机上，认为其关键在于正气的充盛、脏腑功能的协调，"若五脏元真通畅，人即安和""病则无由入其腠理"；诊断方面，通过四诊举例，结合八纲，把疾病的各种临床表现具体地落实到脏腑的病变上，如"鼻头色微黑者，有水气""鼻头色青，腹中痛""息张口短气者，肺痿唾沫"等；治疗上，以肝虚为例，"补用酸，助用焦苦，益用甘味之药调之"，认为要从脏腑间生克制化的关系出发，针对多个脏腑进行调治；预防上，从"见肝之病，知肝传脾，当先实脾"，根据脏腑间相互资生、相互制约的关系，认识到诸病在脏腑间的传变规律，防止疾病传变，反映了"治未病"的思想。在《金匮》各论中，对脏腑辨证的认识体现在具体病症上。例如，"中风历节病脉证并治"按照脏腑理论，结合病邪轻重和病变部位，以在络、在经、入腑、入脏对中风病进行辨证；"五脏风寒积聚病脉证并治"对五脏证候进行归类，如肺中风、肝中风、心中风、脾中风，肺中寒、肝中寒、心中寒等，也体现了脏腑辨证的具体运用，其中对肝著、肾著、脾约、心伤的论述尤为典型，并且从脏腑角度认识积病、聚病；"水气病脉证并治"根据水肿形成的内脏根源及其证候，而有心水、肝水、脾水、肺水、肾水之分，且风水、皮水、正水、石水、黄汗与五脏水之间关系密切。在疾病的命名上，同为痈，以在脏、在腑的不同而命名为肺痈、肠痈。附录"禽兽鱼虫禁忌并治"提出了五脏治疗中的五味禁忌，如"肝病禁辛……肾病禁甘"等。这些都体现了《金匮》以脏腑辨证为中心的思想，启示我们对于杂病应注重脏腑的病机变化，并据此指导临床辨证。

（二）擅抓主症，四诊合参

何若苹强调，疾病的鉴别诊断是一个复杂的临床思维过程，需要整理分析多方面的四诊信息。抓主症是仲景杂病辨治理法的首要环节，通过对主症的辨别，可以初步明确辨病辨证方向，快速找到病机的核心。有些疾病有特定的主症，比如历节病的"诸肢节疼痛"，胸痹病的"胸背痛"，奔豚气病的"气上冲胸"，黄疸病的"皮肤色黄"，梅核气病的"咽中如有炙脔"；还有直接以主症来命名的疾病，如腹满、咳嗽上气、呕吐、下利等。通过抓主症，可以迅速把握主要矛盾，理清辨证思路。而"抓主症"的要点，在于从对主要症状上的识别，上升到对主要病机的鉴别。有些疾病不以某一症状为主症，而是表现为多个症状或者一组症状，这就需要我们对这些症状进行主次分析，识别真假。比如，"呕吐哕下利病脉证治"中"干呕而利者，黄芩加半夏生姜汤主之"，干呕与下利并见，因有邪热，还当伴有腹痛、下利臭秽、发热等症，此证以下利为主，干呕居次，则治疗上以黄芩汤清热止利为主，辅以半夏、生姜和胃降逆。再如，要分析各症的主次真假关系，"若呕而脉弱，小便复利，身有微热，见厥者，难治，四逆汤主之"，尽管临床表现以呕吐、身热为主症，但患者四肢厥冷，小便自利，脉微弱，脉症合参，辨明是阳虚阴盛、阴盛格阳证，故在病机上以四肢厥逆为辨治要领，而呕吐只是阴寒上逆的继发证，故治以四逆汤回阳救逆，阳复则呕吐自止。

在辨证过程中，抓主症虽然有利于迅速把握治疗的主攻方向，但若过分强调某一症状，难免犯"头痛医头，脚痛医脚"的错误。因此，不能孤立地抓住某一个症状做出诊断，而是要把症状上的主要表现，通过对病机的辨识，上升到病机层面对主要矛盾的把握。要做到这一点，就需要在抓主症的基础上，综合其他重要的症状和体征，四诊合参，从整体上把握疾病，避免误诊误治。例如，"百合狐惑阴阳毒病证治"中"百合病发汗后""百合病下之后""百合病吐之后"三条原文都属百合病误治后的救治法。为什么会发生误治？主要原因就是孤立了某一个症状，导致辨证不清。百合病临床表现为一组心肺阴虚内热引起心神不安及饮食行为失调的症状，此时若抓住单一症状进行诊治，如将"如寒无寒，如热无热"误认为表证而用汗法，将"意欲食复不能食"误认为里实而用攻下，将"饮食……或有不用闻食臭时"误认为痰盛壅滞而用吐法，均会产生相应变证。所以，临床时一定要仔细辨证，四诊合参，辨明真假，透过现象看本质，做出正确的诊断。

（三）平脉辨证，据脉论理

何若苹指出，仲景在"伤寒卒病论集"中谓："……并平脉辨证，为《伤寒杂病论》，合十六卷。"而《金匮》书中论述脉象的条文有 145 条，占全书条文的三分之一以上；《金匮》篇名大多冠以"某病脉证并治"，这就提示临床诊治疾病要脉症合参、症不离脉。诊脉部位除采用寸口诊法外，还有趺阳诊法和少阴诊法，故后世有"杂病重脉，时病重苔"之说。脉象可以反映脏腑经络的病理变化及疾病的吉凶顺逆。因此，研究《金匮》要重视平脉辨证，据脉论理。

根据脉象，能够广泛地诊断疾病、推测病因、确定病位、阐述病机、指导治疗、判断预后等。如"血痹虚劳病脉证并治"曰："夫男子平人，脉大为劳，极虚亦为劳。"通过特征性脉象，可以提示患者的核心病机——精血亏虚，并以此做出虚劳病的诊断。又如"胸痹心痛短气病脉证治"中"阳微阴弦，即胸痹而痛"，用"微"与"弦"说明胸痹之胸阳不足、阴邪乘袭的病因病机。"脏腑经络先后病脉证"中"患者脉浮在前，其病在表；脉浮在后，其病在里"，以脉象确定病位之浅深。"黄疸病脉证并治"中"酒黄疸者……其脉浮者先吐之，沉弦者先下之"，以脉象来指导治疗。"痉湿暍病脉证"中"暴腹胀大者，为欲解，脉如故，反伏弦者，痉"，以脉推论发展趋势。"水气病脉证并治"中"脉得诸沉，当责有水，身体肿重，水病脉出者死"，以脉证合参，判断预后。这些都可以看出据脉论理是《金匮》的一大特色，具有重要的临床指导意义。据脉辨病及正确推断疾病的发展趋势，对于把握疾病全过程、选择合适的治法及保持良好的医患关系都具有重要作用。

三、何若苹谈《金匮》临证立法的原则

（一）以法统方，执简驭繁

何若苹指出，诸病皆需以法对治，《金匮》对疾病的治疗，主要按脏腑辨证的原理，根据不同病症所表现的具体症状，以及疾病不同的发展阶段，运用汗、吐、下、和、温、清、消、补等各法加以治疗，注重以法统方。

关于"下"法。《金匮》泻下条文有 30 余条，有关方剂 30 多首。大体有寒下的大承气汤；温下的大黄附子汤；润下的麻仁丸；逐水的十枣汤、己

椒苈黄丸；攻瘀的抵当汤等；兼用他法的，有寒下散结的大黄牡丹汤；通腑去饮的厚朴大黄汤；水血俱除的大黄甘遂汤；清泻湿热的茵陈蒿汤；除满解表的厚朴七物汤……

关于"汗"法。《金匮》汗法所统方中，有治疗咳喘的大青龙汤、越婢加半夏汤、射干麻黄汤、厚朴麻黄汤；治疗水肿的大青龙汤、小青龙汤、越婢汤、越婢加术汤、甘草麻黄汤、麻黄附子汤、杏子汤；治疗疼痛的麻黄加术汤、麻黄杏仁薏苡甘草汤、桂枝附子汤、桂枝芍药知母汤；治疗黄疸的麻黄连翘赤小豆汤；治疗刚痉的葛根汤；治疗小便不利、消渴的五苓散……

关于"清"法。《金匮》有清热止渴，益气生津，治疗暍病和消渴的白虎加人参汤；有清热生津，解肌发表，治疗温疟的白虎加桂枝汤；有清热滋阴，治疗虚热肺痿的麦门冬汤，以及小便不利，水热互结伤阴的猪苓汤；有清热除烦，治疗虚烦的栀子豉汤；有清热除湿，治疗黄疸病的茵陈蒿汤、栀子大黄汤；有苦寒清泻，治疗热盛吐衄的泻心汤；有清热凉血，燥湿止利，治疗热利的白头翁汤，治疗热利伤阴的白头翁加甘草阿胶汤；有清热化痰，逐瘀排脓，治疗肺痈的葶苈大枣泻肺汤、《备急千金要方》苇茎汤等。

何若苹认为，对《金匮》方以法统之，有利于加强对《金匮》全书 200 余首方剂的整体把握，加深对《金匮》方的理解，便于临床应用。

（二）法随证出，主次有别

何若苹指出，《金匮》乃杂病辨治之祖，每个疾病有特定的主证及其主要病机，相对应的有特定的治疗大法，即有是主证则有是主法，主法随主证而立。而杂病千变万化，证情病机有主有次。主法确定之后，其兼变证围绕主要病机展开，其对治方法是为次法，即随兼变证而立次法。主法、次法协同作用，以法治之，方随法出，病情得解。

以对"痰饮"的治疗为例。"痰饮咳嗽病脉证并治"提出"病痰饮者，当以温药和之"的痰饮病治疗大法。痰饮病的形成，是因为肺、脾、肾三脏阳气虚弱、气化不利、水液停聚而成。饮为阴邪，遇寒则聚，遇阳则行，得温则化。所以，治疗痰饮需借助"温药"以振奋阳气、开发腠理、通调水道。"和之"是指温药不可太过，亦非燥之、补之。专补碍邪，过燥伤正，故应以"和"为原则，调和人体阳气，实为治本之法，亦即痰饮病的"主法"。此外，由于痰饮病变化多端，还需根据标本虚实、表里寒热，临床治疗时具体分析。在主法的基础上，分立次法以施治。若是正虚，则有治脾与治肾之别；若是邪实，则有行、消、开、导等治法。行者，行其气也；消者，消其痰也；开者，开其阳也；导者，导饮邪从大小便出也。痰饮病要根据病情，分别采用温化、发汗、利小便、逐水等方法治疗。书中该篇用苓桂术甘汤、肾气丸健脾温肾，为治本之法。饮邪上犯，用小半夏汤、小半夏加茯苓汤、葶苈大枣泻肺汤以治其标；兼表里证，用大、小青龙汤以发汗；饮在下焦，用五苓散、泽泻汤以利小便；饮邪深痼难化，用十枣汤、甘遂半夏汤以逐水，并用厚朴大黄汤、己椒苈黄丸以去其实；痰饮久留，每多虚实错杂，用木防己汤、木防己去石膏加茯苓芒硝汤以攻补兼施。

再以"溢饮"的治疗为例。"痰饮咳嗽病脉证并治"也论述了溢饮治疗的主法与次法，其主法是"病溢饮者，当发其汗"，而次法又有"大青龙汤主之""小青龙汤亦主之"的不同。溢饮多因感受风寒外邪，或口渴暴饮，肺气闭郁，饮溢四肢肌表，当汗出而不汗出所致，主症可见发热恶寒、身体疼重，治当因势利导，采用发汗法，使外溢肌表的水湿从汗而解。大青龙汤证和小青龙汤证，表寒实相同，故同用发汗法，以麻黄、桂枝辛温开表，体现了疾病的主法和治疗的原则性；但二者又有兼内热烦躁和水饮内停之异，故大青龙汤发汗的同时，要配石膏等兼清泄郁热，小青龙汤发汗的同时，要配细辛、干姜、半夏等温化寒饮，反映了次法的重要性及辨证的灵活性。次法依主法而立，针对临床的具体问题进行更精确的治疗。

第二节　方药应用思想述略

方药运用得法，就能药到病除；反之则遗患无穷。多年以来，何若苹用心师承，潜心研究中医传统经典与各家学说，结合自己长期的临床实践，总结提炼了一套行之有效的方药应用思想。

一、知常达变，因变制方

常与变是相对而言的，就标本而言，本是常，标是变；就病证而言，病是常，证是变；就正治与反治而言，正治是常，反治是变；就辨证论治与对症施治而言，辨证论治是常，对症施治是变。处方用药就是要善于抓住病症的标本缓急，知常达变，因变制方。

何若苹经常跟学生讲到两段话，一段是《孙子兵法·虚实》中的"水因地而制流，兵因敌而制胜。兵无常势，水无常形，能因敌变化而取胜者，谓之神"；另一段是明末清初医家喻嘉言所谓的"医者，意也。如对敌之将，操舟之工，贵于临机应变"。她说："这两段话告诉业医者，正如将军用兵作战没有固定不变的战术方法，就像水流没有固定的形状一样，能依据敌情的变化而取胜的，即用兵如神。病无常势，法无常法，临诊时应知常达变，处理好一般性与特殊性、原则性与灵活性的关系。"

以对慢性病与卒病的防治为例：何若苹指出，"治慢性病要有方有守"，此为知常之理。治病求本，常言"冰冻三尺，非一日之寒"，慢性病非一朝一夕所成，如癌症痰浊凝聚，毒瘀阻络，五脏受累，久郁深结，可谓根深蒂固，欲速从之，往往偾事。若辨证得当，当谨守病机，应效不更方、验不变法，基本守方不变。治疗过程中若屡屡变方，无一中心，常难以奏效。治疗慢性病当如抽丝剥茧，若难以达到"一剂知，二剂愈"的理想效果，便不可急于求成，冀一役而收全功，如《医学心悟》提出"药即相宜病自除，朝夕更医也不必"。何若苹同时告诫"治卒病当有胆有识"，此乃达变之理。虽然治病求本，去除病因是治疗的常规，但当疾病的症状，即"标"使患者难以忍受或者威胁到其生命安全时，治疗中心就应转移到治"标"上来，如《金匮要略·脏腑经络先后病脉证》所述"夫病痼疾，加以卒病，当先治其卒病，后乃治其痼疾"。卒病常变化多，进展快，应乘其方起之际，邪气尚浅，急则治标，驱邪速愈，不致入里而生他变，若逗留畏缩，养成深固之势，则后患无穷。如对发热的治疗，何若苹遵吴瑭"治外感如将"之法，强调制方用药、兵贵神速，去邪务尽、善后务细。她曾治一肝癌术后因发热周余遍治无效的患者，用甘露消毒丹3剂退其热，渐撤前药，又以百合地黄汤养阴善后，待病情稳定再以扶正祛邪之参芪苓蛇汤缓治其本。

二、辨证立法，善用古方

何若苹临诊治病强调辨证施治，遣方用药注重立法施方，即先须识因，明确机要，因证立法，依法选方。医门如法律，国以法治而天下安宁，医以法治于疗疾除病而不乱。立法不明，处方用药则杂乱无章。所谓立法，即根据四诊之分析，八纲之辨证，把握疾病之主要症因，审度病变之根本所在，确立针对性强的治疗法则，然后依治法而处方用药。证、法不明，草率从事，乃医之大忌。证、法即明，方可从善选方。

何若苹所用之方，多为古人效验之方，包括经方、时方。古方之所以沿用至今，是因其疗效确切，经数千年的临床实践检验而经久不衰。其方药配伍，融贯当时医家之探索经验，基本是结构完善、方义精美的，应尽可能使用原方，不做过多增减，这样才不偏颇其意。例如，使用经方黄芪桂枝五物汤治痹证，断不能在方中加甘草，因为本方是桂枝汤去甘草、倍生姜、加黄芪而成，是治疗由阳气不足、营卫不和所致的痹证，证之临床，如本方加甘草，效果常不好；时方如妇科中的完带汤，此方为傅青主治疗脾虚带下所制名方，用此方则必须用全方，白术、山药亦须用足，即各 30g，方得其本意。医者应熟稔各家名方，应用时方可探囊取物，信手拈来。

三、巧用药对，相得益彰

药对是中药配伍组合的最小形式，运用药对能起到药物功效相互促进的作用，何若苹在临床处方用药中善用药对且疗效明显，起到相得益彰的作用。何若苹治疗中的常用药对，主要有以下几类。

（一）升降相因，理气机

1. 木香 – 黄连

木香辛温芳香，善泄肺气、疏肝气、和脾气，为宣通上下、畅利三焦气滞的要药，且其健胃消食，善除滋腻；《玉楸药解》曰："木香辛燥之性，破滞攻坚，是其所长。"黄连苦寒清降，善泻心火、除湿热。二药相伍，一温散、一寒折，调升降、理寒热，共奏清热化湿、调气行滞之功。

2. 姜半夏 – 黄芩

姜半夏辛温而燥，有燥湿化痰、降逆止呕、消痞散结之功。黄芩味苦气寒，能"清相火而断下利，泻甲木而止上呕，除少阳之痞热"（《长沙药解》），气味俱降。何若苹指出，二药参合，一寒一热，以助运中焦之气机，取半夏泻心汤辛开苦降之意。

3. 陈皮 – 厚朴

陈皮气香性温，功善理气和胃、燥湿醒脾；其可"降浊阴而止呕哕，行滞气而泻郁满"（《长沙药解》）。厚朴"辛则能发，温则能行，脾胃之所喜也"（《雷公炮制药性解》），长于行气除满，且可化湿。二药合用，直通上下，相互为用，则行气和中、消胀除满之力强。

4. 川楝子 – 延胡索

此二味合用即金铃子散，川楝子疏肝气、泄肝火，延胡索行血中气滞、气中血滞。二味相配，一泄气分之热，一行血分之滞，气行血畅，疼痛自止。此两味常用于治疗癌痛。

（二）清消并用，解热毒

1. 连翘 – 黄芩

连翘味苦性微寒，其轻清上浮，善走上焦，泻心火而散气聚。黄芩苦寒，善清热燥湿、泻火解毒；然其体轻主浮，善清上焦肺火。二药相伍，清气凉血、燥湿解毒之力增。何若苹指出，连翘、黄芩性皆轻浮，作用于上焦，二药相合，蕴"火郁发之"之理。

2. 玄参 – 麦冬

玄参味苦微寒，可"养肾阴，清浮火，利咽喉，解烦渴"（《饮片新参》）。麦冬甘寒，润肺养阴，益胃生津，解烦止渴。二药相配，一肾一肺，金水相生，上下既济，阴津充足，虚火得清。何若苹谓其润燥止烦渴甚妙。

3. 半枝莲 – 半边莲

半枝莲辛、苦、寒，除了能清热解毒，尚有化瘀利尿的功效。半边莲辛、平，归心、小肠、肺经，有清热解毒、利尿消肿的功效，其利尿作用强于清热解毒作用。两者均能清热解毒治疗肝癌，特别是肝癌腹水患者。

4. 青蒿 – 地骨皮

青蒿味苦性寒，辛香透散，长于清透阴分伏热，芳香而散，善解暑热。地骨皮甘寒清润，为退虚热、疗骨蒸之佳品，清降之中兼有补性。一芳香透散，一轻清降解，二者合用于肝肾阴虚、虚热升浮之症，共增清解透散之效。

（三）利湿化痰，祛湿浊

1. 炒苍术 – 炒白术

苍术苦温辛烈，燥湿力胜，散多于补，偏于平胃燥湿。白术甘温性缓，健脾力强，补多于散，善于补脾益气。二药伍用，一散一补，一胃一脾；苍白二术，习惯用炒品，一则可去其燥，二则能增强健脾之功。何若苹常用此二药来治疗胃肠道肿瘤由于脾虚痰食不运，表现出脘腹胀满、恶心呕吐等症状的患者。

2. 猪苓 – 茯苓

猪苓利水燥土，泻饮消痰。茯苓健脾渗湿，既补又利。两药相须，利水之力强，而不伤正。现代药理研究表明，二药的主要成分猪苓多糖、茯苓多糖，均有抑制癌细胞的作用。在临床抗肿瘤方面，抗癌而不伤正，为抗癌之良药。

3. 姜竹茹 – 姜半夏

姜竹茹甘微寒，清热化痰、除烦止呕。姜半夏辛温，降逆止呕。两药相配，一寒一热，健脾燥湿、和胃止呕力彰。何若苹主要用于治疗放化疗后患者恶心呕吐之症。

（四）活血祛瘀，通血脉

1. 丹参 – 绞股蓝

丹参入走血分，既能活血化瘀，行血止痛，又可活血化瘀，去瘀生新。临床研究表明，丹参注射液对恶性肿瘤血瘀证患者有一定改善作用。绞股蓝虽属补益药范畴，然亦可祛痰解毒。二药合用，虚损得补，痰瘀得消。

2. 郁金 – 香附

郁金性偏寒，能入血分，活血止痛，行气解郁，为血中之气药。香附芳香走窜，能入气分，善疏肝行气，亦可顺气逐痰。二药相伍，共奏疏肝行气、活血祛瘀之功。

3. 莪术 – 丹参

以上两者同属活血药，丹参苦微寒，一味"功同四物"，其味苦能降泄，微寒以清热，入肝养血活血，并以活血为专，以通为补。莪术苦辛温，破血祛瘀、消积止痛。两者相合，既能活血不伤正又能消除癥积。

4. 炙鳖甲 – 石见穿

炙鳖甲咸平，能滋阴潜阳、散结消痞，可软坚散结，治疗癥瘕积聚。石见穿苦辛平，能活血止痛。两者相配合治疗肝癌，活血软坚。

（五）补阴益阳，扶正气

1. 人参 – 黄芪

人参和黄芪均具有补气生津生血之效，且相须为用，可增强疗效。人参被誉为补气第一要药，补气作用较强，善补五脏之气，守而不走；而黄芪补气善走肌表，走而不守。人参与黄芪，一走一守，内外兼顾，可用于气虚不足之证。

2. 制黄精 – 制首乌

制黄精性味甘平，入脾、肺、肾经，"补诸虚，止寒热，填精髓，下三尸虫"（《本草纲目》）。制首乌味苦涩，性微温，入肝、肾经，补肝肾、益精血、润肠通便。两药相合为用，发挥滋阴补肾、填精益髓、益气生血之功。何若苹主要用于治疗放化疗后患者白细胞计数减少、贫血等症。

3. 骨碎补 – 补骨脂

骨碎补，性苦温，补肾强骨、续伤止痛。补骨脂，补肾助阳、温脾止泻。二药配伍，补肾续骨疗效显著。何若苹常用此二味药物来治疗癌症骨转移的患者；患者影像提示转移之处常有骨质破损，并伴有疼痛，而此对药可以起到补肾续骨止痛的效果。

4. 杜仲 – 川断

以上两药同入肝肾二经，然杜仲甘温，长于补养，有补而不走之性；川断甘辛苦温，长于活血通络，有补而善走之性。二药相须为用，补而不滞，且疗效增强。

四、效验为先，知药善用

何若苹认为，医术神奇，药物是疗效的关键，治病效与不效，与用药关系至密。清人徐灵胎《医学源流论·用药如用兵论》有云："以草木之偏性，攻脏腑之偏胜，必能知彼知己，多方以制之，而后无丧身殒命之忧。"可见，为医者需精用药之道。何若苹提出了药物应用时应使用保真药、讲究地道药、慎用毒烈药、厘清相似药、善用平和药等若干主张。

1. 使用保真药

何若苹强调，用药安全为首要原则。药有三六九等，有些药物虽有其名，然其效甚微，甚则掺有伪药、劣药、假药，如红花、冬虫夏草、川贝等市场上常有以假乱真的现象。因此，对疗效的影响，医生开药方是一方面，但所服中药质量对其影响更为直接。

2. 讲究地道药

何若苹讲究地道药材的使用，如《本草衍义》云："凡用药必择土地所宜者，则药力具，用之有据。"各地水土气候地理环境不同，药材品种、质量、产量皆有所不同，而地道药材因其产地适宜、品种优良、炮制考究而更具疗效，如东北人参、四川黄连、河南地黄、甘肃当归、广东陈皮、新旧"浙八味"等，疗效就更为可靠。一方水土养一方人，不同产地种植的草药，疗效亦有差异。同为牛膝，川牛膝更具活血化瘀之功，而怀牛膝更善于补肝肾、强筋骨，一偏补一偏攻，当区别应用，所谓"橘生淮北为枳"，便是这个道理。

3. 慎用毒烈药

何若苹赞成徐大椿在《医学源流论》中提出的"兵之设也当以除暴，不得已而后兴。药之设也当以攻疾，亦不得以而后用"，药物为补偏救弊之用，有病则病受之，无病则体受之。如水能载舟，亦能覆舟，毒药更是如此。故当审慎用毒，用药治病而非致病，若用毒药顾此而失彼，则得不偿失。如黄药子虽为治疗甲状腺疾患的特效药，但其肝功能损害颇为常见，故常以半夏厚朴汤、消瘰丸等安全有效的药物代替，宁可缓图，也不求立竿见影之效，以防矫枉过正。然有是证用是药，必须使用毒药者仍应果断使用。使用峻猛药物常先重剂轻投，无明显不良反应时，再逐步加大用量，绝不可首量即足，还应间歇使用，疗程到者可更换他药，如游击战般随攻随撤，不致攻伐正气，防止毒性累积。

4. 厘清相似药

何若苹强调，药有同名异物，同种不同部位者，功效却大相径庭。临床医生应深谙药性、注重比较。常有患者自行采挖三叶青，何若苹指出，三叶青有金丝吊葫芦与金线吊葫芦之分，起抗癌解毒功效的是金线吊葫芦；而金丝吊葫芦为豆科植物，有小毒，与金线吊葫芦形状极难区分，若患者不慎采挖金丝吊葫芦而长期服用，非但不能起到抗癌的目的，反而有中毒的危险。又如藤梨根跟猫人参均为猕猴桃的根，均能抗癌。但猫人参为镊合猕猴桃的根，其抗癌疗效较普通猕猴桃的根为佳。因此抗癌常用猫人参，而非普通猕猴桃根，如参芪苓蛇汤方中即为猫人参。藤梨根有散结之效，因此常用于消化道、肝脏及妇科等有癌肿、仍有残存淋巴结转移可能的疾病。车前草与车前子均能通淋，但车前草更具凉血解毒之效，更适用于肾功能不全而肌酐、尿酸高者。又如金钱草，各地均有种植，品种较多，同物异名、异物同名的现象较多，常混淆使用，虽均能清热利湿、利水通淋，但有所侧重。金钱草为报春花科植物过路黄的干燥全草，又名过路黄、大叶金钱草，更善于治疗肝胆疾病；广金钱草为豆科山蚂蟥属植物广金钱草的干燥地上部分，更善于治疗泌尿系统结石；另外又有连钱草，为唇形科植物活血丹的干燥地上部分，其更有活血化瘀之功，更善于治疗男性泌尿系统感染。用药之精细讲究，临床应审慎鉴别。

5. 善用平和药

何若苹十分赞成费伯雄所提出的"天下无神奇之法，只有平淡之法，平淡之极，乃为神奇；否则炫异标新，用违其度，欲求近效，反速危亡，不和不缓故也"，她沿袭传统用药简、便、验、廉的观念，反对药物堆砌。盲目用重剂大方，乃费药耗资之举，重病危疾尚且可宥，病轻体弱则需斟酌。药多并非效大，药少并非效小。辨证正确，治法明了，药对症用，"四两也能拨千斤"。反之，面面俱到，泛泛而用，药杂量重，只能是"广原搏兔"，网罗多而弋获少。所谓平和，理气药应以芳香冲和为贵，忌燥烈走窜；清热药应以轻清达热为优，忌苦寒败胃；活血药应以柔肝养血为上乘，忌攻伐破血。或谓药力浅薄、难达病所、难却邪气，殊不知药性看似平淡，却内含至微至妙之理。谨守病机，揆度阴阳，以平为期，此即用药平和至要之理，再参严谨配伍之理，灵活调度剂量。如川芎，"上行头目，中开郁结，下行经水"，调经 9 ～ 12g，止痛可用至 15g，头目诸疾 15 ～ 18g，解郁可用至 18g。又如甘麦大枣汤，药仅三味，既是食品，亦为药品，极是平和之方，却屡建奇功。本用之于妇女脏躁，但临床主治远不仅此。方中淮小麦补心气、养心神、益脾和胃，而《本草经疏》论其"肝心为子母之脏，子能令母实，故主养肝气"；大枣补益脾气、滋养心脾；甘草补中益气，而甘药又缓肝急，故甘麦大枣汤不仅能养心安神，又能健脾益气、养肝缓急，用方特点概括为心脾两虚、肝气郁滞。加之何任大师曾将甘麦大枣汤交予某教授做过药理实验研究，证明此方对白细胞计数偏低者有调益作用，无副作用，故临床上其常喜用于治疗各种本虚标实或肿瘤一类患者，特别在放化疗后加甘麦大枣汤，常获平淡而出奇之功。其平常剂量为淮小麦 30g，红枣 15g，炙甘草 10g，若精神症状显著者，常将淮小麦增至 40g，红枣 30g 以增强养心安神之效。"中医不传之秘在于用量"，临床需细细体会。

第三节 中医肿瘤诊治特色

肿瘤是现代临床常见疾病之一，恶性肿瘤更是严重威胁着人们的健康和生命。肿瘤的发生系人体气血阴阳失调、正常的生理平衡被破坏所致，其原因主要包括正气不足、气血瘀滞、热毒郁积、情志不畅、晨昏颠倒、饮食不当、过劳过逸等。由于本病治疗艰难、费用昂贵，而且复发率高、危害严重，人们常常谈癌色变。在长期的临床实践中，何若苹沿着何任教授的足迹，在临床诊疗中不断实践、不断总结，深化发展其父"不断扶正、适时祛邪、随证治之"十二字治癌法则，提出中医治疗癌症应根据癌肿的不同部位、阶段、主症进行随证论治；提出了扶正，不仅要益气健脾、温阳补肾，还可养阴生津；祛邪，不仅要清热解毒、活血化瘀，还可化痰散结、理气解郁；患者务必加强情志修炼，保持情志畅达、气机和顺、心态良好等治癌理念，有力地提高了疗效，减轻了化、放疗等的毒副作用，改善了患者的生存质量，延长了存活期。以下从病机、治则两个方面对何若苹肿瘤诊治的特色经验做一介绍。

一、肿瘤的主要病机

（一）痰凝、热毒、气滞、血瘀乃致病之标

1. 痰凝

痰是体内津液凝聚所形成的病理产物，也是导致多种病症的病理因素。或外感六淫，内伤七情，饮食劳倦，致使脏腑功能失调，气机不畅，津液不布，则水湿停聚，凝结成痰；或五志化火，邪热内盛，灼津为痰。"痰者，由水饮停积在胸膈所成。人皆有痰，少者不能为害，多则成患""百病皆由痰作祟"，痰与癌肿关系密不可分，痰浊留滞，可瘀结成癌。

2. 热毒

热为阳邪，热毒之邪侵犯机体，烧灼津液，伤津耗气，致阴液亏虚，生风动血。无论外感热邪，还是里热炽盛，其作用于人体，均可炼肉为腐，灼津成痰，积聚成癌。

3. 气滞

沈金鳌提出"情志失调，郁伤肝脾之络，致败血瘀留"，清代吴澄云："气滞者，血亦滞也，血不自行，随气而行，气滞于中，血因停积，凝而不散，愈滞愈积。"正常情况下，气升降出入，运行周身，无处不到，气机以调达为顺。而外邪入侵、饮食失节、七情内伤等可影响气机的正常运行，造成气的功能失调，引起一系列病理变化，临床上常见胸闷、胁胀、善叹气、局部胀痛等症。

4. 瘀血

瘀血为体内血液停积而形成的病理产物。瘀血的形成，与寒、气相关。

《医林改错·积块》中有"血受寒则凝结成积",《血证论》曰:"气为血之帅,血随之而运行;血为气之守,气得之而静谧。气结则血凝,气虚则血脱,气迫则血走。"肿瘤患者病程较长,往往引起人体脏腑经络气血的瘀滞,与其他病理因素结合,终致癌肿的形成。另外现代医学在对"瘀"的研究中发现大多数肿瘤患者的红细胞沉降率、纤维蛋白原、血浆比黏度、全血比黏度、血小板黏附等反应血瘀证的指标均高于正常范围,为瘀血是恶性肿瘤的主要病机之一提供了重要依据。

(二)正气不足、情志内伤为发病之本

1. 正气不足,脾肾亏虚

何若苹在长期的临床实践中观察到,肿瘤患者多有正气亏虚的表现,尤其是肿瘤术后的患者,受刀刃之苦,放化疗之毒,正气损伤更为严重。可见肿瘤的病因离不开正气亏虚。正所谓"邪之所凑,其气必虚""正气存内,邪不可干",《灵枢·刺节真邪》中亦有曰:"虚邪之入于身也深,寒与热相搏,久留而内着……邪气居其间而不反,发于筋瘤……肠瘤……昔瘤,以手按之坚。"此处即明确指出"虚"在"瘤"形成过程中的作用。金人张元素在《活法机要》中载曰:"壮人无积,虚人则有之。脾胃怯弱,气血两衰,四时有感,皆能成积。"明代张景岳在《景岳全书》中明确指出"凡脾肾不足,及虚弱失调之人,多有积聚之病",由此看出,历代医家也都认为瘤、癥瘕、积聚的根本原因是正气亏虚。

患者正气虚损、脏腑气血阴阳不调之中,又以脾肾不足最为多见。中医学认为,脾主运化,胃主受纳腐熟水谷,将饮食物转化为水谷精微予以吸收,转运输送至肺及全身,故脾胃为后天之本,为气血生化之源。若脾胃亏虚,运化失司,气血无以生成,可导致机体元气匮乏;反之亦是,若元气不足,脾胃不振,则血气衰少,元气更伤,如此两者恶性循环,机体正气损耗更甚。肾为先天之本,肾藏精,化生为肾之阴阳,肾阴、肾阳为五脏六腑之根本,若肾精不足,肾之阴阳化生不足,必然影响其他各脏腑阴阳之充盛。况且肿瘤本身即是一种慢性、消耗性的疾病,久病必伤脾肾,耗气伤血,引起正气亏虚。故何若苹认为脾肾不足、正气亏虚是肿瘤发生发展的主要原因。

2. 情志内伤,肝脾受损

何若苹经长年临床发现,肿瘤尤其是乳腺癌等肿瘤的内在病因除正气亏

虚外，情志内伤亦是重要因素。古代医学著作中，此病因之说多处可见。《医学正传》指出"此症（乳岩）多生于忧郁积忿之中年妇女"；《外科正宗·乳痈论》曰："忧郁伤肝，思虑伤脾，积想在心，所愿不得志者，致经络痞涩，聚结成核。"《女科撮要》亦云："乳岩属肝脾二脏郁怒，气血耗损。"古医家多认为乳岩是因七情伤及肝脾，导致气血失调，痰气凝结，阻于乳络，日久形成乳岩。何若苹也是这样认为的。

肝乃将军之官，主疏泄，因忧思郁结，阻滞气机，肝气失于疏泄，以致肝气郁结，气滞痰凝，聚而成块。而且肝气失疏，木旺而乘土，横犯脾胃，还可引起脾土疏散不及，脾气受损，运化不及，气血生成障碍，以致气虚血亏。故情志忧思郁结，可损伤肝脾两脏，引起气血失调，元气不足，当外邪来犯，机体无力抵御，正虚而邪实，必成疾患。

二、扶正祛邪是肿瘤治疗的第一大法

（一）扶正

所谓"扶正"，即扶持、帮助恢复患者自身的正气。朱丹溪言："养正气，积自除。"所谓正气，便是我们自身拥有的抗病能力。正气是与生俱来的，但仍然需要后天不断的维持和供养，方能使其保持充盛。现代研究发现，恶性肿瘤的发生是由于人体内基因突变导致某个或某类细胞异常增生及聚集而成。正常情况下，异常增生细胞增殖时，机体会通过细胞信号传导和免疫监视等机制抑制其增殖，但是当机体细胞信号传导和免疫监视的能力减弱或受到抑制时，异常增生细胞则会增殖，从而形成癌症。可见，现代医学已证实机体免疫功能低下亦是恶性肿瘤发生的前提条件。近年来大量的动物实验和临床研究均证实，补益类中药具有增强和调节机体免疫功能、保护骨髓、提高机体造血功能、增加消化吸收功能、改善物质代谢、阻止基因突变、抑制肿瘤细胞增殖、诱导肿瘤细胞凋亡、抗肿瘤侵袭与转移、抑制肿瘤血管形成、影响端粒酶活性等作用。

何若苹认为，扶正并非盲目地使用补益药物，首先最重要的就是遵循中医学的基本原则之辨证论治，即辨清证候：气、血、阴、阳究竟孰虚，或者以孰虚为主。正如医圣张仲景所言之"观其脉证，知犯何逆，随证治之"。其次，人体是一个以五脏、六腑为中心，通过经络将全身各个脏腑组织器官协调在一起的整体。其中，脾和肾为治疗肿瘤的核心。从中医理论上讲，肾为先天之本，脾为后天之本。肾乃人体生命活动的原动力，肾气足则有益于疾病的向愈，肾气衰则易致治疗失败，故辨证施治应时刻注意保护肾气；脾胃乃后天之本，为气血生化之源，古语有云："得谷者昌，失谷者亡。"李杲在《脾胃论·脾胃盛衰论》中亦言："百病皆由脾胃衰而生也。"顾护或增强脾胃的消化吸收功能也是临床用药，尤其是治疗肿瘤患者时必须考虑的因素之一。最后，其余各脏皆会出现各种气、血、阴、阳虚弱的表现，应根据其症状、舌象、脉象随时调整药物。药物要跟随病情的变化而不同，如果采用固定的方剂或者药物去治疗各式各样的肿瘤，不但不会有效果，甚至会加重病情。何若苹治疗恶性肿瘤的扶正具体治法可归纳为：补肾填精、健脾益气、补气养血。

1. 补肾填精

《素问·六节藏象论》说："肾者，主蛰，封藏之本。"肾藏精，主宰着人体的生长、发育与生殖，又主纳气，为脏腑阴阳之根本，故称为"先天之本"。肾精化生肾气，又有阴阳之别。《难经·三十六难》记载"肾两者，非皆肾也；其左者为肾，右者为命门"，而"命门者，诸神精之所舍，原气之所系也"。明代赵献可在《医贯》中进一步阐发为"肾中非独水也，命门之火并焉"，认为"命门无形之火……为十二经之主，脾胃无此则不能蒸腐水谷，心无此则神明昏而万事不能应矣"，此处强调了命门（肾）阳气的重要性。肿瘤患者晚期常出现面色㿠白或黧黑、腰膝酸冷疼痛、神疲乏力、少气懒言、畏寒肢冷、小便清长、大便溏泄、舌淡、苔白、脉虚无力等肾阳虚衰的表现，酌情投以温阳补肾之品，往往可缓解或消除上述诸症。常用的方剂有右归丸、金匮肾气丸等，常用药物有杜仲、菟丝子、补骨脂、骨碎补、仙茅、淫羊藿、肉苁蓉等。若久病阳虚及阴，或素体阴虚，往往在腰膝酸软、神疲乏力等基础上出现失眠、健忘、口干咽燥、五心烦热、潮热盗汗、骨蒸发热、舌红、少苔、脉细数等肾阴亏虚之表现，此时，选用滋阴补肾之药，如生地黄、墨旱莲、女贞子、黄精等，方可取效，常用方有六味地黄丸、左归丸。

2. 健脾益气

李东垣《脾胃论》有云："里虚必谈土，治损取其中，培补中气以滋生化源。"脾居中州，主肌肉、四肢，开窍于口，其华在唇，外应于腹。《素问·经脉别论》曰："饮入于胃，游溢精气，上输于脾，脾气散精，上归于肺，通调水道，下输膀胱。"胃居中焦，为仓廪之官，主受纳腐熟水谷，为"水谷之海"。脾胃互为表里，共为后天之本，气血化生之源，如《景岳全书·饮食》所说："胃司受纳，脾司运化，一纳一运，化生精气。"肿瘤患者素体虚弱，或屡经放疗、化疗，或长期服用祛邪抗癌之药，久之则脾胃必虚，运化失司，临床常见面色少华、神疲乏力、消瘦、不欲食而纳呆、脘腹胀闷、恶心呕吐、口淡、便溏、苔白腻、脉濡细等症状。何若苹常选用四君子汤、补中益气汤、参苓白术散等经典方剂辨证加减，取得较好的疗效，常用药物有党参、白术、茯苓、太子参、黄芪、薏苡仁、山药、五味子、大枣、炙甘草等。

3. 补气养血

《素问·调经论》说："人之所有者，血与气耳。"《景岳全书·血证》又说："人有阴阳，即为血气……人生所赖，唯斯而已。"气与血，是人体的两大基本物质。放、化疗作为恶性肿瘤的常用治疗手段之一，在杀伤癌细胞的同时也产生了许多毒副作用，骨髓抑制即为常见的副作用之一。骨髓抑制是指骨髓中血细胞前体的活性下降，从而致外周血以白细胞为主的全血细胞下降，进而引起贫血、免疫抑制等严重不良反应。现代研究表明，许多补益药物对造血系统有明显的作用，如紫河车、黄精、白术、当归、黄芪、巴戟天、熟地黄、何首乌、枸杞子、补骨脂等可刺激骨髓，增加血红蛋白及红细胞的生成；人参、丹参、鸡血藤、阿胶、山萸肉、白芍、熟地黄、刺五加、女贞子、鳖甲等能升高白细胞的水平；山萸肉、花生衣、龙眼肉、肉苁蓉、三七、红枣、狗脊则能升高血小板含量。若恶性肿瘤放化疗的同时配合服用这类药，可明显增加患者的血容量，提高机体抵抗力，延长生存时间。

此外，何若苹临证用药时常强调，扶正之法的运用要因时制宜。"虚者补之"，见虚方可用补，肿瘤患者但凡出现恶寒、发热、咳嗽等肺卫外感、邪实壅盛之症时，须宣肺解表为先，不得擅用补法。若盲目施以补法，易生关门留寇之嫌，使表邪不得宣散，入里化热而成里实热证，反而加重病情，恐生变证。

（二）祛邪

所谓"祛邪"，即祛除导致疾病发生的致病因素或相关病理产物，以达到阻止肿瘤发展甚至消除肿瘤的目的。正如《儒门事亲》所言："癥瘕尽而营卫昌。"西医治疗恶性肿瘤，最常用的方法就是放、化疗，而中医对肿瘤的治疗则不仅仅局限于肿瘤局部，更多的是从整体上考虑，随着医疗实践的进步和现代研究的发展，中医药对肿瘤的治疗作用日益得到肯定。何若苹认为，手术切除、放疗、化疗可归属于中医祛邪法中较为峻猛的一类，在肿瘤发生的某些阶段的确可以取得明显的效果，值得推荐和肯定，但却容易过度治疗，临床上可以见到很多这样的病例和教训。比如，有的肿瘤患者手术、放疗、化疗后，未加以中药及其他方法进行维护，稍长点时间就复发或发生转移，加快了疾病的进程，甚至对生命造成严重威胁。究其原因，就是忽视了肿瘤的本质是全身病变在局部的表现，治疗上应该"急则治标、缓则治本"，在局部治疗的同时注重全身气血的调理和畅通，使"气血通畅，百病不生"。此外，鉴于化疗药物的毒副作用，在作用于癌体的同时，也会杀死正常细胞，对人体产生额外的损伤。因此，如果能在西医治疗的同时，配合中医整体辨证调理，往往能取得更好的效果。中医"八法"中祛邪的治则有清法、吐法、消法、下法，皆可用于肿瘤的治疗。何若苹临证多用清热解毒、活血化瘀、化痰软坚之法。

1. 清热解毒

解毒类药物治疗恶性肿瘤在临床上已经得到公认，但何若苹总结临证多年的经验提出，解毒类中药应依据药物的效果强弱再结合患者当时的状态而辨证使用。恶性肿瘤发展期常有明显的肿块增大、疼痛、局部灼热、低热或者高热、口渴、便秘、舌红苔黄、脉数等症，属邪热瘀毒之候，此时，投以清热解毒之法即能取得控制肿瘤发展的成效。现代药理研究发现，清热解毒类中药可以通过抑制肿瘤细胞增殖、诱导细胞凋亡、调节和增强机体的免疫能力、诱导细胞的分化与逆转、抗突变等作用达到抗肿瘤的目的。作用机制可能是通过抑制炎症因子的释放及抑制 NF-kB 信号通路产生抗肿瘤作用的。常用药物有白花蛇舌草、三叶青、野葡萄根、猫爪草、七叶一枝花、大血藤、大青叶、山豆根、山慈菇、千里光、马齿苋、升麻、北豆根、半边莲、半枝莲、白头翁、冬凌草、连翘等。

2. 活血化瘀

肿瘤的形成，多因机体经络阻塞、局部血流不畅、瘀毒搏结而成。肿瘤多有形，石瘕、癥积、痃癖等皆与瘀血有关。《医林改错》曰："肚腹结块，必有形之血。"临床常见肿瘤患者肿块坚硬，痛有定处，唇舌青紫、舌下脉络迂曲等。古语有云："瘀血不去，新血不生。"故活血化瘀亦为祛邪之常法。现代医学证实活血化瘀方药具有以下作用：①直接抑杀肿瘤细胞；②改善血液流变性和凝固性，抑制血小板活性，促进纤维蛋白溶解，抗血栓，增强血流量，消除微循环障碍，使癌细胞不易在血液中停留、聚集、种植，从而发挥抗转移和对放化疗的增效作用，并减少放疗引起的组织纤维化；③增强免疫，提高抗体和补体的水平以增效；④镇痛、抗炎、抗感染、调节神经及内分泌功能等。何若苹还强调，活血化瘀法当行之有度，因活血在一定程度上会促进血液流动，加大了癌栓形成的可能性，从而增加癌肿随血行转移的风险，故活血之品的适量运用及中病即止的判断力十分重要。常用药物有川芎、当归尾、丹参、桃仁、红花、莪术等。

3. 化痰软坚

既然肿瘤多为有形之肿块，治疗上还应兼以软坚散结以治其标，消除肿块。软坚散结法虽然较少单独用来治疗肿瘤，但在肿瘤的整个治疗过程中，却有不可忽视的作用。现代研究发现，软坚散结之品可以通过调节免疫，或者直接作用于肿瘤而起到抑瘤作用，因此，软坚散结法也是恶性肿瘤的常用治法之一。"诸般怪症，皆属于痰"，临床肿瘤患者常见胸脘痞满、咳吐痰涎、舌苔厚腻、脉濡滑，何若苹适当加用半夏、南星等祛痰之药往往有奇效。清代高秉钧在《疡科心得集》云："瘿瘤者，非阴阳正气所结肿，乃五脏瘀血浊气痰滞而成。"可见，古代医家对癌瘤病机的认识就包括了痰涎凝滞。药理学研究证实，半夏、南星等祛痰软坚之中药可通过直接的细胞毒作用、诱导细胞凋亡、抗突变、免疫增加、抑制增殖诱导分化、减毒增效、逆转多药耐药、影响端粒酶活性、抑制肿瘤血管生长等机制在肿瘤治疗中发挥作用。常用药物有夏枯草、瓜蒌、半夏、南星、海藻、贝母、化橘红、鳖甲、牡蛎等。

三、随证治之是肿瘤治疗的重要法则

（一）按恶性肿瘤的不同部位随证治疗

不同部位的恶性肿瘤，所属的脏腑经络不一，对药物的亲和度也有区别，只有选择合适的药物，才能使药物直达病所，发挥最佳的治疗效果。这与内科杂病中使用引经药是相似的。举例而言：腮腺癌可加入升麻、连翘解毒散结；甲状腺癌可加入黄药子、夏枯草软坚散结；喉癌可加入桔梗、生甘草宣肺利咽；肺癌可加鱼腥草、瓜蒌、浙贝母清肺化痰；乳腺癌可加入蒲公英、青橘叶疏肝散结；胆囊癌可加入金钱草、金铃子疏肝利胆；肝癌可加入柴胡、鳖甲疏肝软坚消癥；肾癌可加入黄柏、半枝莲、积雪草利湿祛瘀；膀胱癌可加入淡竹叶、猪苓、薏苡仁清热渗湿；直肠癌可加入马齿苋、赤小豆、广木香清利湿热。

（二）按恶性肿瘤的不同时期随证治疗

恶性肿瘤处在不同的时期，患者的整体情况会有明显差异，因此治疗也应该有所区别。一般而言，发病早期，患者正气未衰，治疗当以祛邪为主，可多用些清热解毒、活血祛瘀、软坚散结的药物，俾邪去正安。反之，若处在恶性肿瘤的晚期，此时正气已衰，治疗当以扶正为主，应根据证候的不同，分别采用补气、养血、益阴、温阳的方法治疗，使正复邪退。例如，肝癌患者早期多有上腹胀满症状，此时正气未虚、邪实为主，一般可加入柴胡、黄芩、青皮、山栀、郁金、夏枯草等药物清热解毒、祛瘀散结；若处于肝癌晚期，患者正气已虚，形体憔悴，则应在解毒祛瘀以祛邪的同时，多加用党参、黄芪、当归、麦冬等补气养血益阴药物，以扶助正气。

此外，目前临床上，现代医学广泛应用放疗和化疗治疗恶性肿瘤。这两种方法虽然有明显的疗效，但往往会带来一系列毒副作用。中医药治疗恶性肿瘤也应根据患者是否处在化疗或放疗期而有所区别。一般而言，处于化疗和放射期应着重扶助正气，因为化疗和放疗往往会损伤正气导致白细胞计数减少等。若属气血不足、肝肾亏虚的，可加入党参、黄芪、全当归、生地、枸杞子、鸡血藤等补益药物。接受放疗的患者多有乏力、口干、黏膜溃疡，多属热毒伤津，可加入麦冬、生地、玄参等养阴生津的药物。反之，若患者不处在化疗、放疗期，则可加强清热解毒、化痰散结、活血祛瘀等祛邪的作用。也有的癌症患者因化疗造成肝功能损伤，出现谷丙转氨酶等指标升高，可加茵陈蒿汤加减治疗。

（三）恶性肿瘤的主症兼病随证治疗

不同的恶性肿瘤及处在不同阶段的恶性肿瘤临床上都会表现出不同的主症，有的发热，有的疼痛，有的呕吐，也有的腹大如箕。治疗时除应辨证施治外，更应抓住主症，急则治其标，尽快解除或减轻患者的痛苦。这也是随证治疗的重要内容。例如，肺癌患者往往会出现高热，此时可用千金苇茎汤合白虎汤加黄芩、鱼腥草清肺化痰。贲门或幽门部的胃癌患者，往往会因梗阻而出现剧烈的呕吐，此时可用姜半夏、陈皮、茯苓、姜竹茹、刀豆子等药物治疗。肝癌患者最易出现肝区疼痛，可加入白英、鼠妇、延胡索、川楝子治疗；若

浙江中医临床名家·何若苹

腹水明显，可加入车前子、白茅根、泽泻、大腹皮等药物。有些乳腺癌患者，虽经手术治疗、化疗，但往往精神负担很重，若伴有沉默少语、精神委顿、郁郁寡欢的，则加用甘麦大枣汤益气缓中治疗；若乳腺癌患者伴子宫肌瘤、卵巢囊肿的，则应用桂枝茯苓丸加炙鳖甲、藤梨根消癥散结治疗。肾癌患者常有肾功能异常的情况，尤其是单侧肾癌术后，余肾处于代偿阶段，此时往往会出现血肌酐、血尿酸等指标升高。遵循"急则治其标，缓者治其本"的原则，积极解决肾功能异常的问题，进行化浊排毒，随证治之。出现血肌酐较高，则加入清热利湿药物，如生大黄、积雪草、海藻等，并根据大便频次的变化，对既能通便又能清热利湿的生大黄剂量进行加减；若尿酸高，则加入祛湿消痰药物，如威灵仙、陈皮、车前子等，同时，为减轻肾脏负担，应要求患者饮食清淡，以食用麦淀粉为佳，少食盐，保持二便通畅，其中大便通畅尤为重要。肾癌术后如出现腰部酸痛，可加入杜仲、桑寄生、川断等补肝肾、强筋骨；出现气阴耗伤，自感低热，甚则五心烦热，可加入地骨皮、青蒿等泻肾火、退虚热；出现骨转移癌痛，因虚引起者，可用骨碎补、补骨脂补肾助阳、强骨止痛，因实邪引起者，当辨气滞、血瘀、痰湿、寒凝孰轻孰重，分别以疏理气机、活血化瘀、燥湿化痰、温化寒邪之法进行治疗，如以气滞为主者，何若苹应用金铃子散加减治疗，收效显著。

四、综合施策是肿瘤治疗的必要手段

（一）饮食调养

药食同源，祖国医学一向强调饮食疗法，《素问·脏气法时论》曾曰："毒药攻邪，五谷为养，五果为助，五畜为益，五菜为充，气味合而服之，以补益精气。"《金匮要略·禽兽鱼虫禁忌并治》亦提到"凡饮食滋味，以养于生，食之有妨，反能为害……所食之味，有与病相宜，有与身为害，若得宜则益体，害则成疾"。女性生殖系统肿瘤的治疗，除了使用中药，还应配合饮食调理。选择与身体需要相对应的食物，可起到扶正抗癌、增强体质的作用。化疗期间体质虚弱，常有骨髓抑制情况出现，可适当进食泥鳅、甲鱼等高蛋白的食物以滋化源。放疗期间，热灼阴伤，则可多食用补阴清凉、甘寒生津的食物，如甘蔗，《证类本草》中有云："甘蔗，味甘，平。主下气和中，助脾气，利大肠……日华子云：冷，利大小肠，下气痢，补脾，消痰，止渴，除心烦热。"说明甘蔗不仅可以健脾生津，还能清热除烦，减轻放化疗所引起的口干、便秘等阴虚内热症状，另外鸭梨、荸荠等也可起到相似作用。放化疗结束后的康复期则应以清淡饮食、低脂优质蛋白为主，保持饮食结构平衡，不可过多进食高蛋白高脂肪的食物，否则滋腻碍胃，损伤脾胃则得不偿失。

药食中薏苡仁扶正祛邪，功能利水消肿、健脾利湿、清热排脓、抗肿瘤，可谓是一项多能，极为何若苹所推荐。《神农本草经》记载"薏苡仁，味甘，微寒。主筋急拘挛，不可屈伸，风湿痹，下气。久服，轻身益气"。现代研究表明，薏苡仁通过诱导细胞周期停滞和细胞凋亡，抑制环氧合酶 -2 的活性，下调肿瘤的血管内皮生长因子、碱性成纤维细胞生长因子的表达以抑制肿瘤血管生成等多种途径起到抗肿瘤的效果。服用时，取 30 ～ 60g 薏苡仁，将其洗净，煮熟，每日晨起空腹当早餐服用。长期坚持，患者可从中获益，无病之人也可常食，起到健脾强身之效。

（二）情志调节

中医认为，精、气、神乃人之三宝，是人体生命活动的根本。"精"即指构成人体、维持人体生命活动的物质基础；"气"即为生命活动的原动力；"神"即指精神、意志、知觉、运动等一切生命活动的最高统帅，包括魂、魄、意、志、思、虑、智等活动，是大脑的精神、意识思维活动，以及脏腑、经络、营卫、气血、津液等全部机体活动功能和外在表现。此三者相互滋生、相互助长，缺一不可。若适时调摄此三者，则有利于病之康复。《素问·上古天真论》曰："恬淡虚无，真气从之，精神内守，病安从来。"《灵枢·本脏》有道："志意和则精神专直，魂魄不散，悔怒不起，五脏不受邪矣。"反之，"精神不进，志意不治，故病不可愈。"而现代医学也认为，肿瘤也是一种身心疾病，单靠生物医学模式难以提高患者的生存率，要身心并治，形神兼养，故强调生物 - 心理 - 社会医学模式的联合运用方能起到综合治疗的效果。

肿瘤患者从身体到心灵都承受着巨大的压力，"心病治心"，把心理疏导作为肿瘤治疗的一个辅助部分尤为重要，若为新发患者，则给予其正面的积极的例子，增加其面对疾病的勇气和信心，减少恐惧心理，使其有足够的体力和心力面对接下来的治疗。若为复发患者，则应尽可能地找出其复发的原因，从根本上杜绝一些可控制因素，改善生活习惯，积极面对治疗。"从心治疗"是医学作为仁术的又一方式，必须充分运用，只要精神不垮，保持一个良好的心态，克敌制胜也是事在人为的事。古希腊名医希波克拉底指出

"人的精神是自己疾病的良医"，良好的心态决定病情的转向。

（三）适劳逸，避寒暑

劳则伤气，久卧亦伤气。《灵枢·贼风》曰："贼风邪气之中人也，令人病焉。"《素问·上古天真论》曰："虚邪贼风，避之有时。"这些对肿瘤患者的预后尤为重要。何若苹指出患者因肿瘤手术或放化疗后本身正气就已受损，此时过度的劳动和寒暖不适，可使患者的病情恶化严重。故肿瘤患者在积极合理治疗前提下，需注意气候变化，防止感冒，并可根据自身情况适度劳动。

第四节　中医内科诊治特色

中医内科既是一门临床专业课，也是临床诸学科的基础。何若苹在临床内科病的诊疗中，四诊合参、辨证论治，理法方药、化裁有度、三因制宜、卓有疗效，深得患者信赖和赞誉。以下主要介绍何若苹临床内科病诊治的主要特色。

一、四诊合参，详明因证

何若苹指出，社会上一些人对中医存在误解，好像中医看病就是号脉的，以为郎中把脉一搭就能知悉人体一切情况。其实望闻问切是医生全面采集患者病情信息的四种方式，各有其独特的作用，不应相互取代，只能相互结合、整体协同，必须综合运用、全面分析，只有这样，才能全面而系统地了解病情，做出正确的判断；反之，就容易出现误诊误治的情况。

《难经·六十一难》曰："望而知之谓之神，闻而知之谓之圣，问而知之谓之工，切脉而知之谓之巧。何谓也？然：望而知之者，望见其五色，以知其病。闻而知之者，闻其五音，以别其病。问而知之者，问其所欲五味，以知其病所起所在也。切脉而知之者，诊其寸口，视其虚实，以知其病，病在何脏腑也。"《古今医统》谓："望闻问切四字，诚为医之纲领。"讲的都是临床需要四诊合参的意思。简言之，望即观察人体形色，闻即听取声音气味，问即询问症状感受，切即触摸脉象胸腹。实际工作中，中医内科病乃至各科病的治疗，四诊之间，均不能顾此失彼、独尊一诊，而应互为协同、联动应诊。如此方能明晰病因、了然证治。

二、辨证论治，谨识标本

何若苹认为，临床辨治内科杂病，要通过望闻问切、四诊合参、综合分析、辨证论治、善于抓住关键、认清标本，准确把握疾病的主要病机，随证用药，则可以达到执简驭繁提高疗效的效果。

1. 辨证论治

辨证论治是认识和治疗疾病的基本原则，是中医的特点，更是中医的特色。"证"是机体在疾病发展过程中某一阶段的病理概括，包括病变的部位、原因、性质及邪正关系，能够反映出疾病发展过程中某一阶段的病理变化的本质，因而它比症状能更全面、更深刻、更准确地揭示出疾病的发展过程和本质。四诊收集完毕之后，医生临床看病的关键，就在于准确地判断"证"，这就是"辨证"。证的判断准确了，进而就可确定相应的治疗原则和治疗方法，这就是"论治"。临床上，这种环环相扣纵向推进的诊疗方法，就是辨证论治。辨证准确，对患者的病因病机认识正确了，这是第一步。实际上，即便已经准确辨证某一患者是某种疾病的某一证型，在诊治用药上，仍然并非一成不变。就比如同样是一个气阴两虚的证型，气虚和阴虚，到底孰轻孰重，也是因人、因地、因时而有所差别的，那它们到底应该是五五开，还是四六开、三七开，这些都要经过分析做出判断。因此，虽然是辨证得出的同一证型，在临床处方时，在其药味的加减、药物的用量上，也都会有一些差别的，这也正是所谓的"变而不变"。实际诊疗中，只有辨证准确、论治精当，圆机活法、灵活用药，方为善始善终、圆满收工。

2. 谨识标本

日常做事，我们要判断标本缓急，中医临床中也要辨明疾病的标本缓急。标与本，是中医治疗疾病时用以分析各种病症的矛盾，分清主次，解决主要矛盾的治疗理论。标即现象，是事物或者说疾病的次要方面和次要矛盾；本即本质，是事物或者说疾病的主要方面和主要矛盾。标是疾病的枝节和表象，本是疾病的本质，证候是标，病机是本。缓急指治疗应根据病情，确定先后次序，有计划、有步骤地进行。《素问·至真要大论》云："病有盛衰，治有缓急。"临床上医生务必明了何病急治、何证缓治、何方先施、何药后用，灵活运用"急则治其标；缓则治其本；标本俱急者，标本同治"的原则，否则就会出现《温热经纬》所谓的"前后不循缓急之法，虑其动手便错"。

三、慢病守中，效不更方

慢病守中和效不更方都是何若苹临床治疗的基本经验。

1. 慢病守中

何若苹强调"扶正以益胃气，祛邪以护胃气"，对于慢性病患者而言，尤其要重视对其脾胃的保护与调理，即所谓的慢病守中。因为慢性病患者一般都需长期服药，人们常说是药三分毒，无论是中药还是西药，尤其是西药中的一些消炎止痛药、免疫抵制剂和中药中的部分祛风湿药、活血化瘀药、化痰降浊药等，吃多了以后，或多或少都会对患者的脾胃造成一定的不良影响。临床可见很多患者晚期往往是由于脾胃受损，无法用药而使病情加剧，并产生很多并发症。所以，医生在处方用药中，务必重视对患者，尤其是慢性病患者的脾胃调理和保护，并把"零毒为佳，重视脾胃"作为基本选药准则。

2. 效不更方

何若苹临床主张"效不更方，验不变法，随证加减"。何若苹指出，经方治病强调方证相应，方以证立，证以方名，方随证转，有是证则用是方。根据四诊所收集到的患者病情信息，运用经方对其内环境进行调节，使之达到"阴平阳秘，精神乃治"的平衡状态，即病情稳定，若证候、病机未变者，此时即应"效不更方"。

四、活法合方，和络治心

何若苹指出，所谓活法合方，即灵活合用古方与时药，集益气养阴、活血化瘀、化痰降浊等诸法于一体，熔攻补于一炉，合寒热于一方。此非药物堆砌，而是在深明病机的基础上，秉承《素问·标本病传论》所载"间者并行，甚者独行"之法，共同用药，使诸法各行其道。

1. 虚则补之，多用古方

如叶天士所说："大凡络虚，通补最宜。"虚乏无力，气阴亏虚者常用生脉散合黄芪益气养阴。若心动过缓，血压偏低，脉搏难测，则取补中益气汤益气升阳；若气血阴阳皆虚，心动悸，脉结代，以炙甘草汤益气复脉、养阴温阳。

2. 实则泻之，常合对药

如喻嘉言所言："胸中阳气，如离照当空，旷然无外，设地气一上则窒塞有加，故知胸痹者，阴气上逆之候也。"胸阳不展，痰饮上犯出现胸闷心悸者，以瓜蒌薤白半夏汤通阳化浊。痰分有形无形，既可因症通阳化痰，又可据症选药。血脂属有形之痰，是心血管疾病重要致病因素，降脂是治疗心血管疾病较重要环节，何若苹常根据药理研究使用对药。轻者以决明子、生山楂降浊化痰，重者可用三七粉、姜黄降浊活血。痰瘀乃渐进之变，如朱震亨指出"痰夹瘀血，遂成窠囊"，痰瘀结聚，可取桃仁、红花活血化瘀；久病入络，取红景天、丹参活血通络。王清任常在运用活血化瘀法时配伍大量补气药，扶气通阳以活络血脉，他曾在《医林改错》中提及"元气既虚，必不能达于血管，血管无气，血液在血管中运行势必迟缓乃至瘀阻"，故化瘀与通补之法相得益彰。心络成积，脉失柔韧，若兼内风煽动，常有破络之险，宜用夏枯草、钩藤平息内风。

3. 因症制宜，对症合方

心痛者取丹参饮之芳香通络，心悸出汗多梦者，加煅龙骨、煅牡蛎安神定悸。苦参"专治心经之火"（《神农本草经百种录》），药理研究表明，苦参中的苦参碱及司巴丁具有抑制异位起搏点和直接快速折断心肌微型折返的作用，故常用于心悸。情绪焦虑不安者，取甘麦大枣汤安神养心。大便难解，若如厕用力，亦有心疾卒发、爆发之险，故取五仁丸润肠通便。或谓血压高者当忌参芪，其实不然，如内经所说"调其气，使其平也"，二者具有双向调节作用，辨证得当即可用之。

五、肾病本虚，六味建功

何若苹强调，肾为先天之本，生命之源，人体生命活动、生长壮老与肾气的盛衰密切相关。《素问·六节藏象论》曰："肾者，主蛰，封藏之本，精之处也。"肾内寄元阴元阳，阴阳相互滋生消长形成生命活动动力。随年龄的增长肾精存在自身衰减的过程，加之酒色过度，不妄作劳，又加速流失。一旦耗泻，又不易培补，故肾精难成易亏，正如钱乙在《小儿药证直诀》中所云："肾主虚，无实也。"虽不绝对，但肾病无论病证何如，多有肾虚一面。

何若苹遵震亨"阳常有余，阴常不足"之说，肾虚多偏阴虚，常以六味地黄丸随证化裁治疗各种肾病。治疗淋证，不拘泥于古人"淋无补法"之说，认为淋证其本在肾虚，而夹湿热，故在六味地黄丸基础上合用八正散利尿通淋。如泌尿道结石属湿热燔灼阴液，炼尿为石，其本亦在肾气开阖蒸化失序，故以六味合五金方清利消石。再如水肿者，为肾虚气化失司，津液不循常道溢于皮肤，在六味基础上加冬瓜皮、车前子、玉米须利尿消肿。又如蛋白尿者，为肾失封藏，精微流失，常合水陆二仙丹益精固涩；血尿者，为虚火灼络，常加白茅根、地榆炭、大蓟、小蓟等凉血止血；高血压者，属肝肾不足，内风上扰，常合天麻钩藤饮益肾平肝；尿酸高者，痰浊瘀血沉积肾络，可加陈皮、威灵仙、萆薢化痰降浊；慢性肾衰属肾元已惫，湿浊瘀毒蓄积，结合实验室检查，常表现为肌酐偏高，可用积雪草、海藻解毒降浊，以金钱草、金银花、淡竹叶、滑石等清热通淋，兼大便不畅者更当保持通畅，从肠道排泄代谢废物，故常用大黄清热除湿、活血祛瘀、通腑泄浊。

何若苹指出，肾病非一朝一夕可愈，三分靠治，七分靠养，稍事劳累或有感染病情又易反复，患者应慎起居、避寒温、节饮食，以待病愈。治疗上须遵先贤"任有外邪，忌大汗吐下，宜平和药调制"之戒，当用药平和，虽有邪实不可攻伐过甚，即使本虚也要慎用温补。否则，妄投温补，初服或感得效，日久则渐露热变劫阴之端倪，于病无益，实非长久之计。而六味地黄丸为平补肾阴之剂，滋而不寒，温而不燥，缓缓扶持，自能积渐建功。

六、郁辨轻重，从肝而治

何若苹认为，郁病之始，始于气郁。正如张景岳说："百病皆生于气，正以气之为用，无所不至，一有不调，则无所不病。"气为一身之主，升降出入，周流全身，以温煦内外，使脏腑经络，四肢百骸得以正常活动。气机郁滞，则阴阳失调，气血乖违，气滞、火起、血瘀、痰生、风动，诸病丛生。而气郁之因，主要在肝。肝主疏泄，能调畅情志，畅达气机，肝气条达，则心情舒畅，如《医碥》提出"百病皆生于郁也……郁而不舒，则皆肝木之病矣"。七情内伤，情志怫郁，或郁怒焦虑，肝失条达，疏泄失常，故而郁滞气机。治病欲求其本，则正一气字足以尽之，盖气有不调之处，即病本所在之处。清代费伯雄《医方论》认为"凡郁病必先气病，气得流通，郁于何有"，解郁者，当调畅气机；调气者，又当先疏调肝气。

何若苹按病之浅深、轻重、病邪兼夹的不同，创立三步阶梯从肝解郁法。
第一步，疏肝调气以开郁。初起病情轻浅，仅气机郁结，未化痰成瘀。

患者看似与常人无异，自诉心境有恙，烦恚焦虑，但可控制，神志清晰，对答如流，人际交往、工作、生活仍正常进行，或因脾虚而食不知味、纳少，妇女或有月经不调、乳癖病史。常用逍遥散疏肝解郁，又兼健脾养血之功，可兼调他症。

第二步，理气活血以达郁。病及此，气机郁滞较重，"气有余便是火"，而有化热并碍血运之象。患者症状较前加重，常过度关注自身，忧虑焦躁，已影响正常生活工作，或喜悲伤欲哭，或喋喋不休，思维混乱，表述不清，或已服精神类药物，但控制欠佳。此时常用四逆散，因方中有枳实，破气力强，与柴胡一升一降加强舒畅气机之功，与白芍相伍又兼理气活血之功，又宗成无己《注解伤寒论》所述"枳实、甘草之甘苦，以泄里热；芍药之酸，以收阴气；柴胡之苦，以发表热……四逆散以散传阴之热也"，四逆散有泄热之功。故与逍遥散相较，所用四逆散针对的症状更为严重，解郁之力更强，且当有四肢冰冷、手足厥逆之症，此即为气血郁闭于里之明证，可资鉴别。

第三步，豁痰化瘀以解郁。《类证治裁·郁证》曰："七情内起之郁，始而伤气，继必及血，终乃成劳。"病情日久，化痰成瘀，蒙蔽神机，或妄见妄闻，妄思离奇，或厌世倦世，或喜怒无常，嬉笑怒骂，或喃喃自语，神志不清等诸多匪思之状，或有挤眉眨眼、手抖、震颤、肢麻全身症状，多有两眦血丝，舌下纹暗或舌质紫暗有瘀斑、瘀点，脉涩等客观征象。病及至此，多属疑难，或已遍寻诊治而无计可施。此时痰瘀已入经隧，心神蒙蔽，即《素问·灵兰秘典论》所谓："主不明则十二官危，使道闭塞而不通，形乃大伤。"是故非单纯行气活血之力能及，惟豁痰化瘀方可祛邪却病，常用癫狂梦醒汤。

七、脾胃所病，通降为和

何若苹强调，治病当首重脾胃。因脾胃为人体气血生化之源，为后天之本。脾胃健运，水谷得化，精微得布，方可转运生机，荣养气血，灌溉四旁，病无由生；脾胃不衰，药食可运，药力得助，方使良药得受，助正祛邪。故脾胃充盛，则五脏安和；脾胃受损，则诸症迭起，诚如《脾胃论》云："脾胃之气既伤，而元气亦不能充，而诸病之所由生也。"因此，治病当善调脾胃。而调理之法，当以通降为和。胃与脾共居中州，饮食物的消化吸收亦在脾与胃的纳运互助、升降相因、燥湿相济的配合协调中完成。脾主升，胃主降，

浙江中医临床名家·何若苹

是气机升降的枢纽，但胃的通降是脾主升清的前提和基础。寒温不适、饮食劳倦、喜怒不节而伤脾胃，中焦气机斡旋失司，传导失常，致使寒热错杂于中，或痰湿困阻于中，或饮食积滞于中，气机窒塞，胃失和降，脾失升清，病由从生。禀脾胃升降之性，治疗常以通祛疾，以降为顺。所谓"通降"，当调其气血，疏其壅塞，消其郁积，补其虚滞，常有寒热虚实之别，温清补泻之分，非单纯理气通降，而是在整体上恢复脾胃的通降之性。诚如《医学心传》所谓："但通之法，各有不同，调气以和血，通也；上逆者，使之下行；中结者，使之旁达，亦通也；虚者，助之使通，寒者，温之使通，无非通之法也。"通降之法，常用有以下五种。

（1）枢机不利，当辛开苦降

胃气失降，气机壅塞，胃脘痞塞胀满，胃气上逆可有恶心、嗳气、呕逆，浊阴不降可有大便难解，若胃气不降影响脾气升清，又可生飧泻。常用辛开苦降法，方选舒胃饮。舒胃饮为半夏泻心汤化裁而来，在其基础上加蒲公英和胃消痞，厚朴下气除满，再加沉香曲下气宽中，调诸般气郁。此方寒热平调，升降相因，虚实兼顾，应用甚广。

（2）气血瘀滞，当理气活血

胃为多气多血之腑，《临证指南医案》曰："初病在气，久必入血。"气病及血，血络有瘀，常有胃痛，痛处固定，舌暗而紫。常用何任创制的脘腹蠲痛汤（炒白芍、炙甘草、香附、乌药、海螵蛸、延胡索、川楝子、沉香曲）。此方实为精妙，以金铃子散泻肝热调气滞兼活血止痛，香附行气止痛，乌药温散寒痛，海螵蛸制酸止痛，芍药甘草汤酸甘化阴，和阴血而通胃络，柔肝阴而缓急痛，能治气、血、寒、热诸般疼痛。疼痛较甚者，常加九香虫、刺猬皮。九香虫能通滞气、壮元阳，对肝胃气滞疼痛及痞满胀痛均有成效；刺猬皮能祛瘀止痛、活血止血，《本草纲目》记载其能治胃脘痛、肠风下血、痔瘘下血等症，二者合用能加强通络祛瘀之功。

（3）饮食积滞，当消导和胃

暴饮暴食，受纳过度，胃失通降，积滞于胃，可有饱胀、泛酸、矢气秽味、大便溏臭、苔白厚腻等症，常用保和丸消积导滞。可加莱菔子，《滇南本草》言其能"下气宽中，消膨胀，降痰，定吼喘，攻肠胃积滞，治痞块、单腹疼"，其下气消食除胀力较强，待积食得消，胀满得舒，应中病即止。

（4）胃阴不足，当养阴益胃

阳明燥土，得阴自安，胃阴不足，燥热偏盛，失于濡润，而失通降。宗叶天士胃阴学说，宜凉而通降。用"甘平或甘凉濡润以养胃阴"，待"津液来复使之通降"，常用于虚痞不食，或隐隐灼痛，泛酸嘈杂，烦渴便干，舌绛脉细等症，常用增液汤合沙参麦冬汤滋润胃阴，若兼胁肋疼痛者，为肝阴亏虚克伐胃土，常用一贯煎。

（5）中阳不运，当健脾和胃

胃病日久，由胃及脾，由实转虚。太阴湿土，得阳始运，今脾阳受损，则寒湿内生，虚而夹滞，可有纳少、口淡、泛酸、倦怠、便溏、肠鸣、苔白、脉弦等症。当健脾和胃，常用香砂养胃丸。

八、疑难怪病，挈领两端

何若苹指出，所谓疑难怪病，常为症状纷杂、证候疑似、辨证不易、诊断难明、疗效不佳之病，《黄帝内经》《伤寒论》等经典多断以"难治""不可治"。《灵枢·九针十二原》曰："疾虽久尤可毕也，言不可治者，未得其术也。"张景岳亦曾论述"医不贵能愈病，而贵能愈难病……病之难也，非常医所能疗"。治疗疑难怪病，当执简驭繁，探其所因，"本源洞悉，而后所生之病，千条万绪，可以知其所起"，重在分虚实、明脏腑、辨病因。何若苹结合自己多年临床经验，认为疑难怪病多湿多瘀，故在治疗上执此两端，多有良效。

（一）怪病多湿，治当清利湿热

"吾吴湿邪害人最广"，江浙地区气候潮湿，雾露氤氲，夜卧星月，沐浴当风，劳伤汗出，衣里冷湿，湿从外生；酒面积多，嗜食膏粱，过饮汤液，停滞腻物，浊液不行，涌溢于中，湿从内作。内外合邪，而怯者为病。如《仁斋直指方论》所述，"滞而为喘嗽，渍而为呕吐，渗而为泄泻，溢而为浮肿。湿淤热则发黄，湿遍体则重着，湿入关节则一身尽痛，湿聚痰涎则昏不知人。至于为身热，为鼻塞，为直视，为郑声，为虚汗，为脚气，为腹中胀，脐下坚，为小便难，大便自利，皆其证也。湿家不可汗，汗之则发，热而者，毙。又不可下，下之则额汗，胸满微喘而哕，小便淋闭，难以有瘳"。湿邪为患，为证颇多，湿无定体，上下内外，无处不到。湿性缠绵，无似风邪散之即去，寒邪温之可消，本已难除，非一夕之功，再与热合，如油入面，更黏滞不爽，胶结难解。故湿热为患，随处可至，随症可见，若不加分析而孤立治之，头痛医头，脚痛医脚，不知挈领湿热，治不得法，则热更炽，湿更重，或伤阴耗阳，或内陷而迭起他病。惟识得湿热之机，方可诸症得消。因其症变化多端，何若苹辨湿热，舌象为其主要依据，多为舌质红苔白或黄而必厚腻，符合秽浊之性。

治湿热之法，徒清热而热愈炽，徒利湿则湿愈留，旨在运气，给邪出路。运气之法，分三焦三法，为宣、畅、导也。上焦宜宣，开肺气、疏腠理。中焦宜运，可燥湿、化湿、健脾。下焦宜导，渗湿、利湿，旨在分利小便。合其意者，当属甘露消毒丹，组方颇为精妙，方用连翘、浙贝、射干、薄荷宣上焦，寓"启南敝北"之意，宣发腠理给湿邪出路；藿香、石菖蒲、白蔻仁畅中焦，芳香醒脾、行气化湿；茵陈、滑石、木通清热利湿，导湿邪从小便而去。全方宣上、畅中、渗下，气机流通，湿邪得化，热邪得散而湿热可消。正如柳宝诒所说："治湿热两感之病，必先通利气机，俾气水两畅，则湿从水化，热从气化，庶几湿热无所凝结。"然因关木通属马兜铃科，服用不当可引起急性肾衰，故常去之，或用淡竹叶代之。因脾居中焦，脾阳不足，水湿可留，"病痰饮者，当以温药和之"，健运脾阳，如离照当空，阴霾消散，湿祛热孤，常加半夏、厚朴、生姜辛温运脾、温散水湿。此方临床应用其广，如急慢性肝炎、发热、病毒感染、尿路感染、口疮、湿疹、糖尿病、高脂血症、精神病等。

（二）久病必瘀，治当活血化瘀

《素问·至真要大论》云："血气不和，百病变化而生。"《证治准绳》亦言："人知百病生于气，而不知血为百病之始也。"瘀血为患，或痛，或胀，或麻木，或瘙痒，或肿块，或出血，或其他闻所未闻、莫可名状之症，王清任在《医林改错》中即提出"诸病之因，皆由血瘀"，记载有50余种瘀血病症。遵先贤之训，每于临证迷惘之时，或遇顽疾无策之际，投以化瘀之法而获桴鼓之效。

辨瘀血，典型者可有癥瘕积聚，面色黧黑，肌肤甲错，舌质紫暗、有瘀斑，舌下脉络迂曲怒张，脉涩，然顽疾怪病并非皆是如此，何故得知为瘀血，何若苹认为有三个方面值得留意：①无论外感六淫、七情内伤，就疾病发展、演变规律而言，遵叶天士"久病入络"之说，傅青主则进一步指出"久病不用活血化瘀，何除陈年深固之沉疾，破日久闭塞之瘀滞"，病程日久，由浅入深，由气及血，当考虑有瘀血可能。②病沉疴怪疾，多半已遍寻名医，而未获良效。失治误治不可再犯，前车之鉴仍当明鉴，可仔细分析其得失，明辨是非。前医用何法何方，有无从瘀血辨治，若未使用或可取之。③虽舌脉无明显的瘀血征象，应该参考现代实验室指标，如胆固醇增高、血液黏稠度高、甲皱微循环障碍等，可从瘀血考虑。

1. 理气化瘀

《医林绳墨》云："血者依附气之所行也，气行则血行，气止则血止。"气为血之帅，气行不畅，血行瘀滞，方用血府逐瘀汤。此方运用较广，何若苹曾用治失眠、牛皮癣、舌麻、不孕不育等。

2. 益气化瘀

《医林改错·论抽风不是风》所言："元气既虚，必不能达于血管，血虚无气，必停留而瘀。"气虚无力推动血行，日久成瘀。方用补阳还五汤，常用于中风后遗症，有不对称症状，如半身不遂、走路偏移、伸舌歪斜、面瘫等患者。

3. 温阳化瘀

"血气者，喜温而恶寒，寒则泣不能流，温则消而去之"，寒气入经而稽迟，寒性收引，血脉凝滞，方可用桂枝茯苓丸、温经汤、少腹逐瘀汤，常有少腹冷痛、恶寒怕冷、经期愆后、经色紫暗有血块等症。

4. 凉血化瘀

《医林改错·积块》言："血受热则煎熬成块"，火热熏蒸，血液煎熬，浓缩黏稠，血行减缓，日久成瘀，方用犀角地黄汤（其中犀角用水牛角代），多用于顽固性面疹、红斑、过敏性疾病等。

5. 豁痰化瘀

"百病多由痰作祟"，痰浊停滞于体内，特别是无形之痰，其病变的发展，可伤阳化寒、可郁而发热、可化燥伤阴，可挟风、挟热，可上犯清窍、下注足膝、蒙蔽心神，使病证错综复杂、变幻多端。如朱丹溪指出"痰和瘀均为阴邪，同气相求，既可因痰生瘀，亦可因瘀生痰，形成痰瘀同病"。唐容川在《血证论》中也谈到"血积既久，亦能化为痰水"。痰瘀胶结，黏滞难去，蒙蔽心神，出现精神症状，方用癫狂梦醒汤，若为高脂血症、全身多处癥瘕积聚结节者，常用桃红四物汤与二陈汤等理气化痰之品合用。

第五节　中医妇科诊治特色

妇女疾病不外乎经带胎产与杂症诸端，系因妇女身体的特殊器官组织所致。何若苹对待妇科疾病，主张从妇女的生理、病理出发，探本求源、穷理追真，深究疾病缘由，衷中参西、辨证施治，创新探索、增进疗效，积累了丰富的实践经验。以下即介绍何若苹在临床妇科病诊治上的主要特色。

一、衷中参西，病证结合

何若苹指出，在科学技术日新月异的背景下，中医不可故步自封，沾沾于既得，当吸收西医之精华，取长补短，去伪存真，兼收并蓄，衷中参西。中西合参，绝非照搬照抄西医，而是立足在中医辨证论治的特点上，把现代科技和现代医学的最新成果为我所用。现代医学的发展能够使传统中医借助客观指标更直观地了解和诊断疾病，延伸了四诊的内涵，弥补了望、闻、问、切的主观性。如妇女月经推迟数日，只需做尿妊娠试验即可确定有无妊娠，又可通过 B 超，发现多囊卵巢，或有卵巢缩小，或内膜菲薄，或无殊，均可帮助诊断疾病，确立治法，提高疗效。现代中药药理学亦取得了丰富的成果，如决明子降脂、鬼箭羽降糖、五味子降酶，将这些研究成果回归临床，能更精准地把握治疗的方向，加强选方用药的准确性。

何若苹强调，病证结合，临床应分而述之。①辨病与辨证结合：治病先定病之名，包括中医病名及西医诊断，经此能了解疾病全程及其纵向发展，尤其对于肿瘤患者，必须明确诊断，寻求最佳治疗方案，避免延误病情。而辨证则是中医治病的精髓，通过辨证识得当前阶段基本病机，解决患者所急所苦。每一种病各有自身的病理变化特点，即使辨证为同一证型，病不相同则其临床特征也不尽相同。而同一种疾病因不同个体，或不同时间地点，或不同发展阶段而表现出不同证候特征，其治法方药也相应而变。若只辨证不辨病，治疗时就不能丝丝入扣，疗效自然受到影响；只辨病不辨证，一病一方到底，便失去了中医辨证的意义。因此要提高疗效，病证需合参。②舍病从证：临床可遇患者身患多种疾病，若从辨病入手，将有多种治法，多方向药物，治彼而失此，如此治病则毫无中心，而显杂乱无章。因此在多病难治之时，不可囿于疾病，当舍病从证，于变易中寻不变之律，执简驭繁，从整体角度出发，仔细辨析形体、色脉、症状、体征，以症循脏，以五脏辨证为纲，最终制定治法方药。③舍证从病：中医的辨证采用的是"有诸内，必形诸外"的司外揣内的方法。然现代医学的发展，使得多种疾病在早期即被诊断发现，患者可无症状，使中医陷入了无证可辨的尴尬境地，此时可舍证从病，借现代科技和医学成果之东风，了解疾病的核心病机，选择针对疾病病理特点或疾病特异指标的药物，古方新用，古药新用，宏观与微观结合，横向与纵向交叉，更能提高治疗的精准性。

何若苹指出，诚如清代徐大椿在《兰台轨范·序》中所说："欲治病者，必先识病之名，能识病名而后求其病之所由生，知其所由生又当辨其生之因各不同，而病状所由异，然后考其治之之法，一病必有主方，一方必有主药。"在衷中参西、病证结合的理论指导下，何若苹师古而不泥古，传承并创制了数张专病专方。如月事1个月两行，经行周期延长的治疗中，她考虑该病总由肝肾阴虚为本所致，创制滋阴清经汤，药以黄芪30g，生地12g，山药15g，山茱萸10g，丹皮12g，茯苓15g，泽泻12g，炙龟甲18g，黄芩12g，续断15g，桑寄生15g为主，滋养肝肾、调和阴阳，临床每有较好疗效。再如针对带下患者常见的外阴瘙痒症状，何若苹临床上仿《金匮要略》蛇床子散法，药用苦参30g，蛇床子40g，枯矾4.5g，川椒6g，银花30g，野菊花30g。方中蛇床子具有燥湿杀虫、抗滴虫作用，临床报道其有较强的抗变态反应和抗瘙痒功能，配合川椒起到杀虫灭虱、活血止痒的作用；苦参清热燥湿、杀虫利水，药理研究显示，其对乙型链球菌、大肠杆菌、金黄色葡萄球菌等阴道致病菌有较强的抑制作用，并能抗滴虫，还可镇静、镇痛、调节激素水平；枯矾、银花、野菊花燥湿收敛、清热解毒。诸药合用，共奏燥湿利水、清热解毒、杀虫止痒之功效，运用外洗之法，使药力直达患部，奏效迅速。

二、月经诸疾，五法治肝

何若苹临床治妇人诸症，于诊断常问月经，于治疗常重调经。宋代太医陈沂曾谓："女子经血宜行，一毫不可壅滞。既名月经，自应三旬一下。多则病，少则亦病。先期则病，后期则病，淋漓不止则病，瘀滞不通则病。故治妇人之病，总以调经为第一。"《陈素庵妇科补解》提出"凡治妇女之疾，先须调经"。验诸实践，凡月经不调者，则癥瘕痃癖，带下不孕，杂证蜂起。而治疗月经，首重调肝。

肝脉绕阴器，抵少腹，过乳房，布胁肋，与冲、任、督三脉相通，而与女子月经相关。气血是人体一切生命活动的物质基础，经孕产乳无不以血为本，以气为用。正如《圣济总录》所说："血为荣、气为卫……内之五脏六腑，外之百骸九窍，莫不假此而致养。夫妇人纯阴，以血为本，以气为用，在上为乳饮，在下为月事。"调经，常调血气。肝为血海，主藏血，能储藏血液和调节血量。经血本于阴血，有赖肝所藏之血充实，下注冲任，血海盈溢，使月事如潮，《景岳全书·经脉诸脏病因》即述"女子以血为主，血旺则经调而子嗣"。若肝血不足，肝血不藏，可致月经过少、崩漏等病。肝主疏泄，能调畅气机，使之疏通畅达，通而不滞。肝之疏泄有常，则血行畅通，经脉流利，如《血证论》曰："肝属木，木气冲和条达，不致遏郁，则血脉得畅。"若肝失疏泄，气郁则血滞，可致经行不畅、经后淋漓等病。"女子以肝为先天"，肝之疏泄与藏血功能正常，月经方可行之有源，泄而通畅，故何若苹从肝论治月经病。调肝常有以下五法。

1. 理气疏肝

妇女多思善虑，心有隐曲，常有怫郁，气机不畅，肝失疏泄，则肝经循行所过皆可出现症状。上有乳癖乳核，乳房胀痛，下有少腹不适，经行不畅，或月经量少，或经行后期，"气血冲和，万病不生，一有怫郁，诸病生焉"，故妇女经疾，首重调气，常用逍遥散，为何若苹调经第一主方。叶天士曾指出"《太平惠民和剂局方》逍遥散固女科圣药，大意重在肝脾二经，以引少阳生气，上中二焦之郁可使条畅"。何若苹常合梅花、玫瑰花质润解郁、宣通气血；经行不畅者，常用益母草、泽兰，益母草经前一般用20g以活血调经，经行之际用至30g以畅通血行；香附能"利三焦、解六郁"，为"气病之总司，女科之主帅"，常配伍使用；月经后期，常为气滞血阻，可加生山楂、王不留行子、川牛膝活血通经；乳癖乳核，加蜂房、鹿角片温阳散结，乳胀加青皮、陈皮，乳痛加丹参、郁金解郁止痛；少腹疼痛，加金铃子散理气止痛；月经量少者，常合四物汤补血养肝。

2. 逐瘀清肝

房事不洁，或半产药流，伤及正气，余血未净，湿热邪毒内犯，致肝经胞脉瘀滞，反复进退，迁延日久，缠绵难愈，时有带下，少腹疼痛，腰酸，经行痛甚，经后滴沥。当活血化瘀、清热利湿，轻者用桃红四物汤，重者用少腹逐瘀汤。因湿热久羁，常加忍冬藤、大血藤、败酱草清热解毒，活血止痛。疼痛不适者，有青皮一药，林羲桐谓："胁痛必用青皮(醋炒)煎服，末服并效。以青皮乃肝胆二经之药。多怒、胁有郁积以此解之。"故肝经循行所过之下腹疼痛，可投以青皮，与丹参合用则并调气血。又有血竭一药，《本草备要》言之"和血敛疮，专除血痛，散瘀生新，为和血圣药"，其止痛力较强，疼痛严重可用。

3. 温经暖肝

衣着不当，冒雨涉水，暑天贪凉，恣食生冷，使寒邪内袭，或曾有半产漏下，伤阴损阳，阴寒内生。寒客肝脉，冲任失调，胞宫失煦，经脉拘挛，不通则痛，而畏寒怕冷，少腹冷痛。寒搏血脉，血为寒凝，运行滞涩，血海不能如期满溢，则经行不畅或经期延后。如《诸病源候论》所述"妇人经水来腹痛者，由劳伤血气，以致体虚，受风冷之气客于胞络，损冲任之脉"，方用温经汤散寒止痛、温经暖宫。

4. 益肾舒肝

肝郁本乎气郁，此为实也，然气郁日久，克伐肝阴，致肾水不足，肾失封藏，胞宫难以溢泻，故有月经后期或闭经，或月经先后不定期，如《傅青主女科》云："夫经水出诸肾，而肝为肾之子，肝郁则肾亦郁。肾郁而气必不宣，前后之或断或续，正肾之或通或闭耳。"此时当为血海空虚，无血可下，常有虚象，或面色不华，腰酸乏力，或结合 B 超、内膜偏薄，故疏肝解郁常罔效，如张景岳述"若谓肝补法，见肝之病者，以伐肝为事，愈疏而愈虚，病有不可胜言矣"，故应滋水涵木。肾水得滋，肝阴得养，肝郁得舒，经水自调，方用定经汤。若渠枯泽竭，血海乏源，则当填补肾精，常用紫河车、葛根、菟丝子。

5. 滋阴养肝

肝肾阴虚，水不制火，热扰胞宫，周期缩短，甚则 1 个月两行，阴虚血少，经量不多，如傅青主所述"又有先期经来只一二点者，人以为血热之极也，谁知肾中火旺而阴水亏乎"。肾失封藏，肝失疏泄，故可有经后滴沥，经期延长。方用何若苹滋阴清经汤，方中以六味滋肾养肝，龟甲养阴止血，黄芪益气固摄，黄芩清泻火热，续断、桑寄生益肾止血。该方稍稍清火而火不伤，滋肾养肝而火不亢，育阴潜阳，补阴配阳，故使月经定时而下，及时摄止。

三、崩中漏下，通补奇经

诚如徐灵胎《医学源流论》所言："血之所从生，胎之所由系，明于冲任之故，则本源洞悉，而后其所生之病，千条万绪，可以知其所从也。"何若苹认为，医不明奇经，则难探病机。她治疗崩漏，悉从其源探其致病机制，认为当从奇经论之。

冲任：冲为血海，任主胞胎，如《素问·上古天真论》所述"任脉通，太冲脉盛，月事以时下"，冲任为月经之本，冲任受损，可有崩中漏下，一如《诸病源候论》所述"漏下者，由劳伤血气，冲任之脉虚损故也"。督脉：为阳脉之海，总督一身之阳，与冲任同起胞中，一源三岐，《女科要旨·调经》论述"冲、任、督三脉俱为血海，为月信之原"，故督脉受损可致月事紊乱，发为崩漏。带脉：总束诸脉，引《黄帝内经明堂》言："带脉二穴，主腰腹纵……月事不调，赤白带下"，故带脉失约，亦致崩漏。跷脉：《灵枢·脉度》提到"跷脉者，少阴之别直上循阴股入阴"，跷脉为肾经之别，连通生殖系统，故跷脉也与女性月经生理有着一定程度的关联，如《奇经八脉考》中载"二跷为病，苦癫痫寒热……男子阴疝，女子漏下不止"。维脉：阴维合于任脉，阳维合于督脉，总系全身经脉，为一身之纲维。故维脉为病，亦可致崩漏。总而言之，遵叶天士于《临证指南医案·崩漏》所述"思经水必诸路之血，贮于血海而下。其不致崩决淋漓者，任脉为之担任，带脉为之约束，刚维跷脉为之拥护，督脉以总督其统摄。今者但以冲脉之动而血下，诸脉皆失其司，症固是虚"，故奇经损伤是崩漏产生的重要病机。

治疗崩漏应根据"急则治标，缓则治本"的原则，灵活运用塞流、澄源、复旧三法。塞流即在暴崩之际，急当止血防脱，用塞流止血法。澄源即血减后进一步求因治本，标本同治，止血与调理同时进行。复旧包括善后调理和调整月经周期。何若苹不落古人窠臼，认为在临床运用时三法不应截然分开，若仅塞流而不澄源，则病因不明，邪患不除；若仅澄源而不复旧，则正气不复，必将再崩，而澄源贯穿始终。再者，不同年龄妇女患病病机略有不同，所用方药亦有所不同。

（1）塞流

已婚妇女因房劳过度，或产育不节，或经期行房等耗伤肝肾精血，病程日久，缠绵不愈，初则局部经脉受累，日久八脉俱病而发崩漏。因"精血皆有形，以草木无情之物以补益，声气必不相应"，故治疗奇经多用血肉有情之品，栽培身内之精血，方用吴鞠通之通补奇经汤。李时珍述"八脉散在群书，略而不悉"，奇经主药，亦散在论述。如龚商年评述《临证指南医案》曰："冲脉为病，用紫石英以为镇逆；任脉为病，用龟板以为静摄；督脉为病，用鹿角以为温煦；带脉为病，用当归以为补宣。"再参《得配本草》《奇经八脉考》之说，得出本方中阿胶主入阴维，补血止血，枸杞子益冲督，肉苁蓉、补骨脂补奇经之虚，沙苑子补肾固摄，小茴香辛温入冲脉，通奇经而不滞，使温养之中有行血之功，再加地榆炭以收涩止血。全方通补八脉，奇脉阴阳调和，则崩漏自止。何若苹亦喜加淡竹茹，陈修园谓："出血证用新刮青竹茹一捻，随宜佐以寒、热、补、泻之品一服即效。"竹茹本为和胃止呕、清热化痰之药，然何若苹用于崩漏屡用屡验。而青春期少女之崩漏，因其未经人事一般不考虑房劳致病，无八脉俱惫之说。其天癸初至，肾气未充，冲任未盛，或逢考试，曲运神机，劳脑萦心，耗损心脾，冲任失固，胞中之血遂走而崩，宜益冲任二脉。如徐灵胎所说："治冲任之法，全在养血，故古人立方无不以血药为主。"常用黑蒲黄散益摄，方中四物益冲任，辅以大队收涩止血炭药，焉能不获佳效。

（2）澄源

崩止之后，已婚妇女在用通补奇经汤的基础上，易方为补益冲任汤，即去阿胶、地榆炭、补骨脂等止血之品，而加二至丸而成。"八脉隶属肝肾""阴虚阳搏谓之崩"，二至丸滋补肝肾、清热止血而起溯本澄源之功。至于室女，如张景岳在《景岳全书·妇人规》中论道："崩淋之病……未有不由忧思郁怒，先损脾胃，次及冲任而然者"，提出"用参、地、归、术甘温之属，以峻培本源"的治法。室女崩止之后，多撤去收涩炭药，以四物汤为底，合四君子汤成八珍汤，健脾益气，补血复旧。

（3）复旧

塞流、澄源皆因证选方，澄源之际已寓复旧之义。塞流之方服至血止，澄源之药用至经前，而复旧则始于经前。据何若苹之意，复旧更多是指恢复月经周期的规律性。正常月经如"月之盈亏，潮之有汛"，月月如期，藏泻定时，应时而下。经行前后胞宫气血壅盛，变化急骤，欲泻不藏，此时当和调气血，因势利导，引血畅行，除旧生新。方用逍遥散加味。经行畅通，无余血残留方可冀经后期崩漏自止。若不止，则再复塞流、澄源、调周之法，如此几个周期，重新建立肾－天癸－冲任－胞宫轴之规律，则经水自来，自断其漏。

何若苹强调，崩漏为经量、经期、周期的严重混乱，或有患者难以明确其处于经期或经后期，可据其症状佐以参考。若其经行量大夹有血块，伴腹痛乳胀，多为行经之时，断不可行治崩之法，否则固涩成瘀，留有后患而滴沥不尽。当待其症状减轻，经量减少后再行摄止。但若势如血崩，量大如注，应急行固脱之法。崩止之后需连服一段时间，方可巩固。调冲任益奇经之法，不仅用于崩漏，凡符合证情，月经过多，经期过长者，均可用之。

四、妊娠胎漏，安奠二天

胎漏之病，有肾虚、脾弱、气血虚弱、血热之因，何若苹认为此病为脾肾二脏虚损在先，加其他病因所致，治有以下四宜。

1. 养胎宜固肾

萧慎斋之《女科经纶·引女科集略》云："女子肾脉系于胎，是母之真气，子之所赖也，若肾气亏损，便不能固摄胎元。"夫胎孕之形成，在于"两精相搏，合而成形"，成孕之时赖父母之精壮，受孕之后仍藉母体之肾气。若肾气受损，则胎系无力，故安胎宜固肾气，诸如炒杜仲、桑寄生、川断等补肾安胎之品均为常用。

2. 荫胎宜健脾

《临证指南医案》言："胎气系于脾……脾气过虚，胎无所附，堕胎难免矣。"胎非血不荫，非气不生，而脾胃乃气血生化之源，故脾健自能荫胎。若脾失健运，则气血乏源，气虚则提摄不固，血虚则灌溉不周，可致胎坠不安。健脾益气多用党参、黄芪、白术之类。尤其是糯米一味，《太平圣惠方》用于胎动不安，主要藉健脾养胃而发挥安胎作用。

3. 固胎宜清热

《医学入门》曰："原有热而后受孕或孕后挟热及七情劳役动火，轻则胎动，重则遇三五七阳月必堕。"妊娠贵其气血平和而胎安，若气旺血热，血海不宁，则胎气易动而多堕。何若苹遵丹溪"胎前宜凉"之说，令血静循经而不致妄动，常用黄芩、苎麻根清热安胎。

4. 安胎宜顺气

妊娠血聚养胎，血聚则气易结，胎前不宜动血，但须开郁顺气。古之医家谓香附快气开郁，然其性香燥，多用伤正，气血两伤，本求以安胎，适又损胎而反堕。故何若苹常用苏梗理气安胎，《药品化义》云其"能使郁滞上下宣行，凡顺气诸品惟此纯良……疏气而不迅下"。

胎漏之治，以健脾固肾、安奠二天为宜，而不忘清热泻火、顺气开郁。据此，何若苹创制安胎方（黄芪、党参、白术、炙甘草、生地、当归、川芎、炒白芍、黄芩、续断、苏梗、苎麻根），为陈念祖所以载丸合张景岳泰山盘石散改良得之。原方本用熟地大补精血，何若苹考虑血热为患，多易为生地以凉血安胎。且妊娠多有恶阻，熟地滋腻碍胃，不利脾胃运化；又有当归、川芎二药，虽有补血之功，但为血中阳药，走而不守，如《本草正》所述"当归其气辛而动，故欲其静者当避之""芎归俱属血药，而芎之散动尤甚于归"，若见红多者，均应去之，另茯苓性渗亦去之。此方以健脾固肾为重，兼以清热顺气并用，不论胎漏有无腹痛腰坠，均可用之，多获良效。

160

五、经断前后，燮理阴阳

绝经前后出现月经紊乱，伴随烘热汗出、烦躁易怒、潮热面红、心悸失眠、腰背酸楚、情志不宁等症。据《素问·上古天真论》所载"女子七七，任脉虚，太冲脉衰少，天癸竭，地道不通，故形坏而无子也"，女子"七七"之后，肾气虚衰，天癸渐竭，冲任失调，可出现潮热烦躁、腰背酸痛、腰膝酸软等症。肾阴亏虚，阴损及阳，阴阳俱虚，又会出现乍寒乍热、烘热汗出、烦恚急躁等症。因肾为五脏阴阳之本，肾虚又常累及心、肝两脏。肝肾同源，精血互化，肾阴虚可致肝阴血不足，水不涵木，而致肝郁阳亢，出现烦躁、焦虑、眩晕、月经紊乱等症；水火不济，肾阴虚致肾水不能上济心火，心火独亢，出现心神不宁、失眠、心悸等症。何若苹认为围绝经期综合征发病之本为肾阴亏虚，阴阳失衡为其病机关键，同时与心肾不交、肝郁阴虚密切相关，治疗上注重滋阴益肾、燮理阴阳，同时不忘清心宁心、舒肝养肝。

围绝经期综合征临床表现主要有三个方面，何若苹认为可分而治之。

（1）自觉症状

如潮热时作，腰背酸痛，耳鸣健忘等，为临床最典型、最多见的症状。对此，何若苹喜用六味地黄丸滋阴益肾，常加炙龟甲，因龟甲"大有补水制火之功"（《本草通玄》）。若乍寒乍热、烘热出汗、烦恚急躁、周身酸楚等症状较剧，已属阴阳失衡，可合二仙汤调和阴阳。本病症状颇多，可三三两两出现。在辨证基础上常对症用药。若四肢关节酸楚者，常加桑枝、豨莶草、木瓜舒筋通络；腰背酸痛者，加炒杜仲、续断、槲寄生益肾壮骨；出汗多者，加浮小麦、稽豆衣、糯稻根等滋阴止汗；潮热者，加地骨皮、青蒿养阴清热；烦躁者，加甘麦大枣汤养心缓急；不寐者，加枣仁安神汤养心安神，重者可在临睡前吞服3g琥珀末，常有良效；足肿者，加冬瓜皮、车前子利湿消肿；经行淋漓者，加二至丸、紫石英补肾摄止；带下量多者，加木槿花、凤尾草燥湿止带。

（2）月经紊乱

为最早出现的症状，对此，何若苹常分情况处理。经行后期，或经量减少，伴经行乳胀、烦恚急躁、情绪紧张、烘热汗出等症状，常为肝郁血弱，可用逍遥散疏肝调经；若经行先期，经色紫暗量少，腰背酸痛，或有淋漓，属阴虚火旺，热扰冲任，此时常用何若苹滋阴清经汤；经期延长，或崩或漏，属肝肾不足，奇经损伤，则用通补奇经汤。

（3）精神症状

有患者以抑郁寡言、烦躁易怒、敏感多疑、喜悲伤欲哭等精神症状为主诉求诊，轻者滋阴益肾可缓解，重者应从脏躁、郁病论之。因其原本血虚，水亏木旺，复受七情所伤，肝气不舒，肝阳不平，气血不得流通，此时单单益肾已有病深药浅之势，从心肝论治方为正解，治疗可参本书"郁辨轻重，从肝而治"一节。

何若苹指出，围绝经期是女性一生中必然度过的一个时期，此为生理现象。有些患者恐绝经后容颜衰老，要求恢复规律月经。何若苹认为应正视更年期的存在，顺其自然，随遇而安，逆其天性反生其乱。中医药在围绝经期的作用目的是改善症状，促其达到新的阴阳平衡，如此亦有益寿延年、延缓衰老之效。

六、癥瘕积聚，结者散之

妇女癥瘕，多指子宫肌瘤、卵巢囊肿，是积聚之有形可征者，其病因各异，历代医家均有论述。凡六淫之邪侵袭、七情不畅、饮食内伤、脏腑功能失调、冲任亏损等均可致本病发生。本病发病因素虽多，但主要是寒凝、气滞、痰湿、血瘀为患。盖寒为阴邪，其性凝滞，侵袭机体易遏阳气升发、气血运行。妇人在经期或产后风寒外受，或过食生冷，中寒内生，寒气客于胞脉，内著气血，《灵枢·水胀》便有述"石瘕生于胞中，寒气客于子门，子门闭塞，气不得通，恶血当泻不泻，衃以留止，日以益大，状如怀子，月事不以时下"。肝主疏泄，体阴用阳，脏腑的气机无一不需要肝气的疏泄调达，然女子属于阴类，稍有怨尤，则耿耿于怀，情志不遂，使肝失调达，疏泄不利，气机闭阻；气为血帅，气行则血行，气滞则血滞。正如《景岳全书·妇人规》记载"瘀血留滞作癥，惟妇人有之……或恚怒伤肝，气逆而血留，一有所逆，则留滞日积，而所以成癥矣"。素体脾虚，水湿积聚，凝而为痰，痰与气血搏结，如《灵枢·百病始生》述"汁沫与血相搏，则并合凝聚不得散，而积成矣"，积聚留滞而成有形之邪。《妇科玉尺》云："妇人积聚之病虽属多端，而究其实，皆血之所为。"《血证论》更明确指出"瘀血在经络脏腑之间，则结为癥"。因癥瘕为实质性病变，寒凝、气滞为无形之因，终因痰湿血瘀胞宫，渐成斯疾。

何若苹善用桂枝茯苓丸化裁治疗癥瘕。桂枝茯苓丸出自《金匮要略·妇人妊娠病脉证并治》，原文曰："妇人宿有癥病，经断未及三月，而得漏下不止，胎动在脐上者，为癥痼害。妊娠六月动者，前三月经水利时，胎也。下血者，后断三月也。所以血不止者，其癥不去故也。当下其癥，桂枝茯苓丸主之。"桂枝茯苓丸为缓消癥块之剂，方中桂枝温通经脉消其本寒，化气通阳行其瘀滞；桃仁味苦甘平，活血祛瘀，助君药以化瘀消癥；丹皮、芍药味苦而微寒，既可活血散瘀，又能凉血以退瘀热；茯苓甘淡平，渗湿祛痰，以助消癥之功。本方寒、气、湿、瘀并治，温、清、消、通共施，为何若苹治疗癥瘕主方。若患者大便不通，则反生瘀血、毒邪，故应保持大便通畅，导瘀积从大便而去，便坚者常加大桃仁用量，或再加瓜蒌子；气滞者，常有情志怫郁，或因发现罹患癥瘕而忧虑更甚，可用甘麦大枣汤调畅情志；若有少腹胀滞不舒，加预知子疏肝解郁、活血止痛；痰湿阻滞者，常用炙鳖甲、浙贝、生牡蛎、皂角刺、海藻、昆布软坚散结；血瘀为患者，非破血不可消其瘀滞，常用三棱、莪术；瘀久化热者，可加藤梨根、夏枯草、玄参清热散结；或有因经期产后，不知谨避，房事不当，湿热毒邪入侵，而出现盆腔积液、少腹疼痛、痛引腰骶者，常加忍冬藤、大血藤、败酱草活血祛瘀、清热解毒。

（1）中西医结合

因 B 超无创方便，为发现、检查子宫肌瘤、卵巢囊肿的重要手段，常结合指导治疗。子宫肌瘤多为良性，恶变可能性较低，结合 B 超可了解大小、位置。对于子宫肌瘤，因生长位置不同，治疗原则亦有所不同，黏膜下、肌壁间单个肌瘤瘤体大于 5cm 者，且影响月经，出现经量过多、继发性贫血、影响生活者，可考虑手术治疗。但对于多发性、复发性、瘤体较小、惧怕手术者，或如肌瘤生于浆膜下、子宫颈等位置或无症状，则可暂不予手术，而服用中药，定期复查。卵巢囊肿需结合 B 超，了解位置、大小、血流信号、内液性质、边界情况，判断良恶性，恶性需手术介入。良性囊肿中药疗效较好，且临床观察发现对未曾手术过的患者疗效更佳。

（2）顺周期用药

活血化瘀法贯穿于治疗各期。瘀血不去，新血不生，而经期为排瘀血的重要时期，当使经行通畅，排除旧血，而使癥瘕有转化之机，故常加益母草、泽兰、香附调经。经期因气血燔盛，阴阳转化剧烈，或有疲劳、纳差、周身不适等症者，皂角刺为搜风消肿、排脓散结之佳品，《本草汇言》言之"拔毒祛风。凡痈疽未成者，能引之以消散，将破者，能引之以出头，已溃者能引之以行脓。于疡毒药中为第一要剂。又泄血中风热风毒，故厉风药中亦推

此药为开导前锋也"。然其气锐利燥烈，服用后或有胃肠道反应，故经期常不用。非经期则重用消癥散结之品。

（3）据年龄施治

根据发病年龄，本病可分为虚实两端。青壮年气血尚盛，肾气未衰，刘完素提出"天癸既行，皆从厥阴论之"，此时瘀结胞中，又有肝失疏泄，月事不利，宜攻为主，可活血消癥，兼疏肝调经。绝经期前后，肾气渐衰，遵"五旬经水未断者，应断其经水，癥结自缩"的原则，绝经后癥瘕常有自然缩小之势，或可期待治疗，而此时常出现烘热汗出、烦躁失眠等围绝经期症状，可攻补兼施，治以益肾消癥。或谓活血化瘀之品攻逐克伐正气，然《素问·热论》指出"营卫不行、五脏不通"，气血瘀滞，癥瘕为患，则脾之运化、胃之消磨、血之统摄、水湿化泄均失其常。何若苹遵《儒门事亲》所述"癥瘕尽而营卫昌""凡在下者皆可下"，一切邪实当用下法者，不可迟疑而贻误治疗时机。逐去留于腹内之癥瘕病害，则脾胃渐复、气血还原、营卫昌盛、病患向愈，此即"邪去正自安"，有故而无殒也。

第六章

桃李天下

　　我个人认为，一个优秀中医师的成长，离不开"心向岐黄、疗效为先"的坚定追求。所谓心向岐黄，就是说业医者对待中医药事业，一定要志存高远、目标坚定，始终怀有一种热情、一种激情、一种信念；所谓疗效为先，就是说业医者治病救人，一定要潜心钻研、精益求精，始终怀有一种责任、一种担当、一种使命。我要求我的每一个学生，都要把"心向岐黄、疗效为先"这八个字作为中医人生的座右铭。

——何若苹

第一节　《金匮》启真

本节主要介绍何若苹老师在《金匮》研究上的学术传承。

一、弟子简介

　　曹灵勇，男，浙江金华人，医学博士，浙江中医药大学教授，中医临床基础专业博士生导师。先后毕业于北京中医药大学、浙江中医药大学，现任浙江中医药大学基础医学院中医临床经典教研室主任，主讲《伤寒论》《金匮》等课程，从事中医教学、临床与科研工作近 20 年。第四批全国中医优秀人才，中华中医药学会仲景学术联盟常务理事，中国中西医结合学会养生与康复医学专业委员会委员。首届浙江省五星级青年教师，浙江省第四届师德先进个人。主编《金匮要略》（图表解中医备考丛书），担任全国中医药行业高等教育"十三五"教材《金匮》数字版主编，参与"中医经典课程传承与创新培养体系的构建与应用"项目，获得国家级教学成果奖二等奖，主持或参加省部级以上科研项目十余项，先后发表医学论文数十篇。临床擅用经方治疗各种内科、妇科及儿科疾病。

二、师授节录

（一）何若苹老师讲《〈金匮〉理论源流》

何若苹老师曾专题讲授《〈金匮〉理论源流》一课，现节录如下。

《伤寒论》所载之方剂属于"经方"。考"经方"一词，首载于东汉班固《汉书·艺文志》，"经方者，本草石之寒温，量疾病之浅深，假药味之滋，因气感之宜，辩五苦六辛，致水火之齐，以通闭解结，反之于平"，可以看出，经方的理论特点是根据疾病之病位、病机，以草石的寒温之性、酸苦甘辛咸之味，组成交济水火阴阳的处方以施治，使病机之闭结得以通解，以达到人体阴平阳秘的平和状态。因此，在原始内涵中，经方不是某一人之方，而是一套具有独特理论的医学体系。由于《伤寒论》的成书标志着经方医学体系的正式成熟，其理论内涵是经方理论内涵的核心所在，所以有以仲景方指代经方者。故要研究仲景《金匮》理论源流，就需要从经方医学理论开始探讨。

根据《汉书·艺文志》的记载，西汉时期经方主要有十一家，而其中《汤液经》为杰出的代表，具有承上启下的地位。皇甫谧《针灸甲乙经·序》载"伊尹以元圣之才，撰用《神农本草》以为汤液""仲景论广《伊尹汤液经》为十数卷，用之多验"。《伊尹汤液经》即《汤液经》，其为张仲景著《伤寒论》打下了坚实基础。然此书已佚，可从其节略本《辅行诀脏腑用药法要》中窥其端倪。故欲知仲景之前经方发展概况，需从《辅行诀脏腑用药法要》中探寻。总结《辅行诀脏腑用药法要》诸篇主要内容可见，仲景之前经方医学体系主要包括两部分：①以阴阳表里虚实为核心的外感热病理法；②以五脏苦欲补泻为核心的内伤杂病理法。对于外感热病，以阴阳二旦为核心，但并没有完整的辨证论治体系，而只是简单地从阴阳表里寒热虚实来进行归类，以寒热病势分方之阴阳，虚实表里分方之大小。在内伤杂病中，仲景之前经方家参考医经派的"五脏苦欲补泻"说，以五脏五行之体用苦欲补泻为核心，予以治疗。强调以药物之五味，对应五脏功能之顺逆，其味顺则功能为补，逆其功能为泻。

二旦四神之外感天行治法，及以五藏补泻之内伤劳损治法，构成了仲景之前以《汤液经法》为代表的经方理论体系。然其辨证理论属于粗糙的阴阳二分法，并不能完全概括临床复杂的病机变化，且阴阳二旦与五藏苦欲补泻属于不相关的两种理论，外感与内伤之辨治被人为地割裂开。仲景将阴阳二旦拆解重组，重新塑造经方的阴阳理论——三阴三阳，使得经方从简单机械的二分法，上升到立体圆融的三分法。

由于原有的以《汤液经法》为代表的经方体系较为粗糙，张仲景"撰用《素问》《九卷》"，引入了在医经家中盛行的三阴三阳概念，将之用于病机病理上阴阳之概括。其将青龙宣发之力，结合桂枝汤解肌祛风、调和营卫之法，而成太阳病理法；以正阳旦汤结合大阳旦汤加芍药的用药法，分别更名为小建中汤与黄芪建中汤，而成太阴病法则，并以此为内伤杂病的根基，使得《伤寒论》的杂病部分保留了与"伤寒"体系的联系纽带——桂枝汤；将小阴旦汤中辛温助火之生姜去掉，更名为黄芩汤，结合大小白虎汤与部分朱鸟汤的清热法则，而成阳明病理法；将玄武汤法则，以阴之表里为纲，化为少阴病与部分太阴病理法。这即是阴阳表里之四大组成部分。然张仲景经过临床观察与总结，发现又有一大类病证，横跨表里之间、纵横三焦上下，认为"此为半在里半在外也"，根据其偏于阴与偏于阳之不同，引入少阳与厥阴的概念：将大阴旦汤之芍药去掉，化名小柴胡汤，而成少阳病理法；将大朱鸟汤之寒热并用之法则引入《伤寒论》之中而化为厥阴病理法。少阳和厥阴理论的建立，是张仲景经方较前代最大的理论突破。

《金匮》是《伤寒杂病论》的杂病部分，其理法方药是《伤寒论》三阴三阳理论在杂病上应用的范例。如其在《金匮》首篇"脏腑经络先后病脉证"谓："经络受邪，入脏腑，为内所因也"，明确指出内伤杂病亦是由外邪入里所致。在疾病论治的第一篇——"痉湿暍病脉证"中，其论太阳病之刚痉、柔痉，麻黄加术汤治疗湿家身烦疼，以及太阳中暍等证治，即是典型的三阴三阳辨证法。张仲景将外感与内伤通过此篇相联系，阐明了三阴三阳的普适性。张仲景在《伤寒论》中明确了三阴三阳的法度，在《金匮》诸杂病中直接以相应之方法进行施治，纲举而目张，形成完整的经方六经辨治体系。基于上述，张仲景的三阴三阳理论是经方理论内涵的核心所在，是指风寒湿热等邪气外侵或内生于人体，使得荣卫二气失和，胃气发生强弱、虚实、寒热的病理改变，津液的输布离合障碍，三焦的承奉制化不利，最终形成了6种病势，它是对病位（表、里、半表里）、病性（寒、热、半寒热）、病态（虚、实、半虚实）等病机内容的高度概括。三阴三阳理论的形成，使得经方从简单、机械的归类思维，向完善、圆融的辨证思维迈进，标志着经方医学体系正式成熟。

（二）何若苹老师谈《金匮》临证要领

临床中，何若苹老师强调以《金匮》学术为指导，圆机活法用经方。例如，辨证运用半夏泻心汤治疗胃痛时，她认为要抓住本方证寒热互结胃肠、清浊升降失常的基本病机，注意观察是否有心下痞满、干呕、肠鸣下利的典型症状。又因胃痛病程缠绵，致病因素复杂，在治疗时要根据患者症状，灵活化裁，如见脘腹胀满、口淡无味、大便黏滞不爽、苔厚腻者，予半夏泻心汤合平胃散加减；因肝气犯胃，见胃脘腹满、嗳气矢气则舒者，合用柴胡疏肝散加减；寒偏重者，加木香、乌药；因饮食不节，脘腹胀痛拒按、嗳腐吞酸者，多与保和丸同用；湿热蕴积中焦，呕甚而痞、舌苔厚腻者，可去人参、甘草、大枣、干姜，加枳实、生姜以下气消痞止呕。再如，治疗不寐肝郁血虚证，以四逆散合甘麦大枣汤及百合地黄汤；治疗心悸属心阴阳两虚证，以炙甘草汤合桂枝甘草龙骨牡蛎汤……何老师在临床上运用经方，擅于方方合用，加减辨证治疗各种杂病。她认为用好经方，贵在掌握方方合用的组方特点，灵活加减方药，以扩大经方的临床应用范围。总之，何老师运用仲景方，举一反三，触类旁通，增减药物，精炼贴切，师古中有创新，继承中有发展，用方得心应手。

三、学以致用

曹灵勇受何若苹老师影响，其临证活用《金匮》经方辨证施治，每获良效。

（一）栝楼瞿麦丸方之活用

近年来曹灵勇用栝楼瞿麦丸治疗一些疑难病症，屡获良效，他认为该方所主证候为“下焦阳虚湿热伤阴证”，其病机为本有下焦肾阳亏虚，阳虚不能化阴，导致下焦寒湿停聚，寒湿阻滞气机，气郁化火，火与湿合，湿热积聚，进而伤阴，导致阳虚湿热伤阴的复杂证候。此证寒热错杂、虚实夹杂，属于厥阴病范畴。以方测证并结合《金匮》原文，可见小便不利，因湿热下注而多有淋漓涩痛或伴有血尿；下焦阳虚，气化不利，津不上承，再加湿热伤阴，可见口渴喜饮；肾阳亏虚见畏寒肢冷，舌淡胖、边齿痕、脉沉细等。该方寒温并用，通补合施，组方精妙，炮附子为君，温通下焦阳气，使离照当空而阴霾尽散；瞿麦、茯苓为臣，清利下焦湿热；天花粉、山药为佐，滋阴润燥。药虽5味，能扼其要，温阳化气、清热利湿、滋阴润燥。

湿热症候广泛存在于各种疾病中，曹灵勇认为，在很多情况下湿热的产生都与脾肾阳虚相关，因为湿为阴邪，只有人体阳气的气化功能不利才会产生，而湿性黏滞，最易阻滞气机，气郁化火，导致湿热内生。例如，属于中焦脾阳亏虚所致的湿热证，表现为神疲乏力、心下痞、上呕下利者，半夏泻心汤是主治方剂；而下焦肾阳亏虚导致的阳虚湿热证，栝蒌瞿麦丸是代表方。中焦阳虚用干姜，下焦阳虚用附子，这是仲景的用药规律。如果脾肾两虚，则干姜、附子同用，那就是乌梅丸，治疗脾肾两虚湿热证。基于以上认识，曹灵勇在临床上治疗阳虚湿热证可谓得心应手。对于栝蒌瞿麦丸，只要抓住病机，凡属下焦阳虚湿热阴伤证之消渴、肾病、癃闭及前列腺病等皆可用之，其主证有小便不利、腰腿酸痛、畏寒肢冷、口干喜饮、舌淡胖、苔黄腻、脉沉细滑等。

（二）甘草泻心汤治疗白塞氏病

现代医学主要以免疫抑制剂、非甾体类解热镇痛药治疗白塞氏病，但其副作用、易复发等弊端使患者不易接受。甘草泻心汤是张仲景治疗狐惑病的主方，狐惑病和白塞氏病的主要特征相似。曹灵勇认为，对于此类病证，需从中焦脾胃来论治，因为脾胃虚弱、运化不利是产生湿热的根源所在，所以用该方辛苦甘同用，辛开苦降甘调，共奏健脾益气、清热祛湿、解毒杀虫之效。

甘草泻心汤加减的组方：甘草12g，黄芩、干姜各9g，黄连3g，大枣12g，半夏12g。临床根据病位及病机侧重随证加减：口腔溃疡较重者，加竹叶6g；生殖器溃疡明显者，加泽泻10g，苦参15g；眼部症状明显者，加野菊花、谷精草各10g；低热者，加黄柏10g，知母9g；肝阴不足、虚火上炎者，加白芍12g，女贞子、泽泻各10g；脾虚湿盛者，加党参、白术各10g；瘀血明显者，加红花、三棱、丹参各10g。

曹灵勇通过学习何氏《金匮》学术思想，探讨《金匮》理论源流，认为张仲景的三阴三阳理论是对外邪侵袭人体，导致胃气、津液、荣卫、三焦发生病理变化，形成的病位、病性、病态等一系列病机内容的高度概括，立体而圆融，是经方理论的核心内涵。《金匮》既有辨证之严谨法度，更有用方之圆机活法，唯细心钻研，方可圆通活用。

第二节　治癌薪传

本节主要介绍何若苹老师在肿瘤临床治疗上的学术传承。

一、弟子简介

金晨宇，女，浙江义乌人，医学博士，毕业于浙江中医药大学，第五批全国老中医药专家学术继承人（师从何若苹教授），浙江省中西医结合学会风湿病专业青年委员会委员、浙江省中西医结合学会全科医学委员会委员。大学毕业后一直在浙江大学医学院附属第二医院中医科从事临床工作，同时担任部分教学任务，曾赴美国凯斯西储大学医学院附属医院家庭医学科进修，已发表医学论文10余篇。临床擅长对风湿性疾病、妇科疾病、各种肿瘤疾病等的中西医结合治疗，以及中风、脑外伤患者的急救和康复治疗。

赵建南，男，浙江温州人，医学硕士，主治医师，2011年毕业于浙江中医药大学。温州市永嘉县中医药学会理事。现任职于永嘉县中医院，2014年曾在温州医科大学附属第一医院内分泌科及风湿免疫科进修学习，已发表医学论文6篇。临床擅长消化系统疾病、糖尿病、甲状腺相关疾病、痛风、风湿性关节炎等常见病的诊治。

叶文怡，女，浙江安吉人，医学硕士，主治医师，2009年毕业于浙江中医药大学。浙江中医药学会老年病分会青年委员及秘书，浙江省中医优势病种研究推广中心秘书，浙江省中医病历质控中心秘书，参与编写《脂肪性肝病》《浙江省中医（中西医结合）单病种诊疗规范（第二版）》，主持、参加厅局级课题各1项，发表学术论文1篇。现就职于浙江中医药大学附属第一医院（浙江省中医院），临床擅长各类肿瘤的中医药治疗。

傅丹旦，女，浙江绍兴人，中医内科学硕士，主治医师，2014年毕业于浙江中医药大学，何若苹全国名老中医药专家传承工作室成员。本科毕业于温州医学院，研究生毕业于浙江中医药大学。现在绍兴市人民医院中医科工作，已发表医学论文6篇。临床擅长各类妇科疾病的中医药防治。

二、师授节录

（一）何若苹老师谈肺癌临证心得

肺癌是目前世界上最常见的严重危害人类生命和健康的恶性肿瘤之一。在中医学文献中，并无"肺癌"病名，因其以咳嗽、咯血、血痰、胸痛、气短、发热等为主要临床表现，故常将其归属于中医学的"肺积""痞癖""咳嗽""胸痛""咯血""息贲"等范畴。本病的发生与正气虚损和邪毒内侵有着密切的关系，是由于多种致病因素，如外感六淫、内伤七情、禀赋差异、饮食不节、劳逸失调等，长期作用于机体，而致脏腑功能失调，气血津液代谢异常的结果。肺癌之虚以阴虚、气阴两虚多见，实以痰凝、热毒、气滞、血瘀为主。其中，痰凝、热毒、气滞、血瘀乃致病之标，机体正气不足、脏腑气血阴阳不调为发病之本。

何若苹老师指出，肺癌临证要注意把握以下几条。

第一，机体正气不足、脏腑气血阴阳不调是原发性支气管肺癌的发病之本，痰凝、热毒、气滞、血瘀为致病之标。

第二，扶正祛邪为本病的基本治则。扶正常用益气健脾、温阳补肾、益气养阴之法培益本元，提高机体抗病能力；祛邪则根据患者情况，辨证运用清热解毒、止咳化痰、理气解郁、活血化瘀之法，临床上须准确把握扶正与祛邪两者的关系。

第三，临证时根据患者具体情况随症治疗。结合现代药理研究结果，合理使用抗肿瘤中药，巧用药对。

第四，注意顾护胃气，强调饮食调养。放化疗期间可适量食用高蛋白食品，恢复期间应清淡饮食，长期服用薏苡仁可获健脾抗癌功效。

（二）何若苹老师谈胃肠道肿瘤临证心得

胃肠道肿瘤主要包括胃和肠的恶性肿瘤，两者都是常见的恶性肿瘤。近年来，随着人们生活方式及饮食习惯的改变，发病患者数在不断上升。伴随着临床综合治疗胃肠道肿瘤的进步，其生存率有了明显的提高，中医药在综合治疗中发挥着越来越重要的作用，如增强机体免疫功能、改善生活质量等。

何若苹老师指出，胃肠道肿瘤临证要注意把握以下几条。

第一，胃肠道肿瘤是由患者正气亏虚，脾肾虚弱，再加上情志内伤，脏腑失和，易感外邪；在内外因素相互作用下，致使体内痰湿、瘀血及热毒之邪交织，积聚于胃肠道，而成癌肿。此类肿瘤患者临床上基本表现为本虚标实的证候。

第二，治疗胃肠道肿瘤时，针对其病因病机，遵循肿瘤的综合治疗和个体治疗的原则，坚持辨证论治和辨病治疗相结合，形成了"扶助正气、抗癌攻邪、随证遣药"三个方面相辅相成的治疗框架，组建了中医药治疗胃肠道肿瘤的基本方，如此可以更加灵活地运用于临床。

第三，治疗应顾护正气为先，特别应护胃气。"是药三分毒"，凡是抗肿瘤的中药，往往药性猛烈或有一定毒性，除了峻猛之药，其他药也是如此，因此何师临证选药均是斟酌再三，尽可能选择一药双效或多效的药物，使药物能让胃腑易于容纳，从而达到顾护胃气的目的；反之，若药物庞杂，胃腑不受，则难以言效。

第四，治疗胃肠道肿瘤过程中，除了具体组方用药外，她特别注重患者的饮食起居，时常注意让患者调畅情志，提倡"带瘤生存、带病延年"的理念，如此更有利于肿瘤患者身体功能的恢复，从而达到更好的治疗效果。

（三）何若苹老师谈原发性肝癌临证心得

原发性肝癌主要是指发生于肝细胞与肝内胆管上皮细胞的恶性肿瘤。何老师指出，病至肝癌，正气日离，痰湿瘀毒结聚，正虚邪实，治疗既需祛邪，又当扶正。中医药治疗原发性肝癌的关键为定其病情的缓急，即是察邪正之缓急。用药要遵循病邪与人体正气之间的强弱来选择。一般扶正药与祛邪药两者都不可或缺。至于主次，总的原则就是遵从《素问·至真要大论》中的"谨察阴阳之所在而调之，以平为期"。治疗的目标，不仅仅是消除癌肿本身，更重要的是在整体观念指导下，恢复肝脏的生理功能。

何若苹老师指出，原发性肝癌临证要注意把握以下几条。

第一，原发性肝癌系人体正气虚衰，癌毒内侵，引起机体脏腑阴阳气血平衡失调，气滞血瘀，结而成积。

第二，"不断扶正、适时祛邪、随证治之"法则应始终贯穿于原发性肝癌的治疗过程中。

第三，治疗原发性肝癌的用药关键为察其邪正的缓急，重视扶正药物的使用，即属"扶正所以祛邪"，擅用草类药组方改善肝功能，巧用活血药物搭配软坚散结药及凉血止血药，慎用破血攻伐之品，并时时照顾脾胃。同时，何师精于配伍，灵活使用药对来增加疗效。

第四，原发性肝癌分为气阴两虚、气滞血瘀、湿热内蕴三个证型，每个证型都有相对应的方药，并应重视其并发症的治疗。

第五，原发性肝癌的病程一般都比较长，病情也易反复。除了进行有效的治疗外，尚需配合精神、生活起居、饮食等诸方面的调护摄养。而且，无论是西医治疗，还是中医治疗，都要慎重用药，选择对肝脏无毒副作用的药物。

（四）何若苹老师谈女性生殖系统肿瘤临证心得

女性生殖系统肿瘤的发病率呈逐渐上升趋势。目前，手术仍然是治疗女性生殖系统肿瘤的首选方法，放疗及化疗分别在宫颈癌、子宫内膜癌及卵巢癌治疗中占有非常重要的地位。然而，以上治疗过程中所出现的不良反应及并发症常常使许多患者无法耐受，导致治疗出现困难，甚至不得不停止治疗，从而使患者错失治疗的最佳时机。因此，中医药在肿瘤治疗中的作用逐渐被大家重视。

何若苹老师指出，中医古籍中并没有宫颈癌、子宫体癌及卵巢癌的病名，根据其症状表现，可归属于中医"癥瘕""积聚"的范畴。本病发生与五脏虚损相关，正气亏虚、冲任失调是本病发生发展的内在原因；而寒凝、热毒、湿浊、痰瘀、气滞是重要的致病因素，亦是主要的病理变化，影响疾病进程。何老师倡导中西医结合，采用中医辨证与西医辨病相结合，扶正与祛邪相结合，使治疗达到平稳有效副作用少的目的。

何若苹老师指出，女性生殖系统肿瘤临证要注意把握以下几条。

第一，正气亏虚、冲任失调是女性生殖系统肿瘤的内在发病基础。寒凝、热毒、湿浊、痰瘀、气滞为女性生殖系统肿瘤的重要致病因素，往往乘正气亏虚之时，侵犯人体，留滞胞宫而致病。

第二，扶正祛邪大法在治疗女性生殖系统肿瘤疾病中有一定疗效，是本病的基本治疗方法。扶正常用益气养阴、健脾益肾之法，重视恢复五脏功能，而以肝、脾、肾三脏为重。祛邪之法则根据患者病证，辨证采用清热解毒法、疏肝理气法、活血化瘀法、化痰散结法或利水渗湿法等。

第三，临证治疗时，顾护正气的思想当贯穿治疗始终，然祛邪亦不可偏废，需根据患者病情性质、疾病阶段、现代医学治疗阶段不同，扶正与祛邪两者有所侧重。只有扶正、祛邪两者相辅相成，才能达到扶正不助邪、祛邪不伤

浙江中医临床名家·何若苹

正的顺利抗癌目的，获得满意的疗效。

第四，结合现代药理研究结果，强调抗肿瘤中药的运用。对肿瘤兼证的治疗，常以药对取效。

第五，药食同源，饮食健康应受重视。不当饮食将损伤脾胃，进一步影响人体正气，阻碍患者恢复健康。放化疗期间可适当食用高蛋白、营养丰富的食物，恢复期间应清淡饮食，长期服用薏苡仁可获健脾抗癌功效。

第六，坚持治疗是关键。女性生殖系统肿瘤的治疗是一个长期与癌邪斗争的过程，需要坚持治疗，切不可放松。面对女性生殖系统肿瘤患者，应给予适当的心理疏导，使患者重拾生活的勇气，增强与病邪抗争的斗志。晚期肿瘤患者通过中西医结合的治疗尽可能使病情稳定，减少痛苦，带瘤生存，延长生命。

三、学以致用

（一）金晨宇临诊案例（肺癌）

石某，男，66 岁。2013 年 5 月 3 日初诊。患者 4 个月前因"咳嗽、咯血 3 年"入住我院胸外科，当时患者咳痰、咯血，表现为痰中带血，伴胸闷气急，无畏寒发热、胸闷胸痛等不适。曾外院胸部 CT 示右肺上叶肿块，肺癌可能性大，伴右肺上叶阻塞性肺炎及纵隔右肺门淋巴结转移考虑。我院支气管镜检查提示右支气管开口发现新生物，病理提示（右上叶开口）鳞状细胞癌。胸外科考虑无手术指征，2013 年 01 月 16 日起予"吉西他滨 2.0g d1，8+ 顺铂 40mg d1-2，30mg d3-4 方案"化疗 4 次，同时联合"恩度 15mg d1-9"治疗。复查 CT 与老片基本相似，甚至转移病灶较前进展，故患者及家属拒绝再次化疗，要求中药治疗。刻诊：患者咳嗽咳痰频发，痰多尚易咳出，色白质黏，偶有痰中带血丝，动则气促，口腻，纳差，大便偏干日行，舌苔白腻，脉弦。西医诊断：肺恶性肿瘤。中医诊断：肺积，气阴两虚、余邪未尽证。宜益气养阴、健脾化湿、清热解毒为治。处方：猫爪草 30g，猫人参 30g，肺形草 15g，扯根菜 15g，太子参 12g，炒白术 12g，炒谷芽 9g，炒麦芽 9g，炒鸡内金 12g，茯苓 15g，白扁豆 9g，炒枳壳 9g，青皮 6g，豆蔻（后下）6g，川石斛 9g，浙贝母 12g，佩兰 9g，蒲公英 15g，焦山楂 20g，14 剂。

2013 年 5 月 17 日复诊：药后患者咳嗽咳痰较前好转，胃纳转佳，舌苔白微腻，脉弦。原旨出入。原方去炒谷芽、炒麦芽、佩兰，加泽泻 15g，重楼 6g，枸杞子 12g，14 剂。另嘱薏苡仁 30g 每日煮粥代早餐。

2013 年 6 月 11 日复诊：患者偶有咳嗽咳痰，未见明显痰中带血，胃纳佳，活动后感气促，腰背酸痛，休息后缓解，查血常规、肝肾功能等均未见明显异常。原旨出入。原方去豆蔻、浙贝母，加桑寄生 12g，川断 15g，牛膝 12g。之后患者病情基本平稳，效不更方，故治疗方药变化不大，基本上都是在原方基础上加减：腰背酸痛，加桑寄生 12g，杜仲 12g，川断 15g；夜寐不安，加酸枣仁 30g，五味子 10g；胃纳差，则加生谷芽、生麦芽各 15g，焦神曲 12g，佛手 15g 理气健脾。至 2014 年 4 月 2 日患者在当地复查肺部增强 CT 示右肺癌复查，目前未见明显肿块；右肺上叶慢性炎症；右肺下叶小结节，对照前片（2013-10-15）相仿；左肺纤维灶；两肺肺气肿。后仍以扶正为主，祛邪为辅，益肾健脾护胃清肺等随证治之，病情稳定至今。

按：该患者系老年男性，确诊时发现已有纵隔及肺门淋巴结转移，已没有手术适应证，而且化疗 4 次，肿块无明显变化，来求诊中医时已是正虚邪盛，不耐攻伐，故治疗以益气健脾扶正为主，再适当加清热解毒抗肿瘤药物，待患者正气日盛，自能祛邪外出。方中祛邪药物主要为猫人参、重楼、扯根菜。猫人参为猕猴桃科植物对萼猕猴桃的根，其性寒、味苦，归肺、胃经，具有清热解毒、祛风除湿之功效。研究发现，猫人参含有蒽醌类与皂苷类成分能抑制小鼠移植性肿瘤生长，其机制可能与影响细胞周期、诱导细胞凋亡有关，而且对机体的毒副作用较小。重楼又名七叶一枝花，最初以"蚤休"之名载于《神农本草经》，为百合科植物七叶一枝花的根茎，其味苦、性微寒，有小毒，归肝经，具清热解毒、消肿止痛、凉肝定惊之功效。现代药理研究发现，七叶一枝花的水、甲醇及乙醇提取物对多种人体肿瘤细胞均有抑制作用。另外，重楼提取物可明显非特异性地抑制肿瘤坏死因子，且剂量越高对肿瘤坏死因子活性及其诱生的抑制作用越明显。扯根菜又名赶黄草，其药用始载于明代《救荒本草》，在苗家民间有上千年的用药史，是治疗肝病的著名经验方，苗人世代沿用，流传至今，称之为"神仙草"，具有清热解毒、退黄化湿、活血散瘀、利水消肿之功效，现代药理研究发现，其具有清热解毒、抗氧化、抗肿瘤等作用。方中扶正以顾护脾胃为主，脾胃乃气血生化之源，只有脾胃功能良好才能保证营养物质及药物的摄入吸收。如果气血旺盛，脏腑形体、四肢百骸得以充养，正气内存，则生机勃勃，抗病力强。其中最推荐的是薏苡仁，其味甘，性微寒，《本草纲目》记载其"健脾益胃，补肺清热，祛风胜湿。炊饭食，治冷气；煎饮，利小便热淋"。现代药理研究发现，薏苡仁提取物可抑制人肺腺癌 A549 细胞的增殖、迁移和侵袭，能有效抑制人肺腺癌裸鼠异种移植瘤的生长，且与顺铂合用，抗肿瘤作用增强，故建议肿瘤患者长期服用，尤其适用于肺癌患者。

（二）赵建南临诊案例（胃癌）

周某，男，73 岁。2018 年 9 月 17 日初诊。主诉：胃癌术后 10 年、纳差、乏力 10 天。患者于 2008 年 6 月下旬在温州某医院行胃癌切除术，病理提示胃窦中分化腺癌。未行化疗。刻诊：胃纳较差、神疲乏力，头晕眼花，大便偏干，夜寐欠安，舌质红，苔少，脉细。诊断：胃癌术后，气阴两虚证。宜益气养阴生津为治。处方：北沙参 10g，玉竹 10g，浙麦冬 20g，天花粉 20g，炒白扁豆 10g，桑叶 5g，炙甘草 3g，茯苓 15g，炒白术 15g，仙鹤草 30g，炙黄芪 15g，炙鸡内金 15g，鸡血藤 10g，生山楂 5g，焦六神曲 10g，菊花 10g，酸枣仁 15g。7 剂，每日 1 剂，每剂两煎，每煎 200ml，分上下午各 1 次，饭后温服。

2018 年 9 月 24 日二诊：患者诉服药后胃纳渐展，乏力较前改善，大便质地转软，夜寐好转，仍时有头晕眼花，舌质红，苔少，脉细。宗原方出入。上方改浙麦冬 30g，炙黄芪 30g，加枸杞子 12g，7 剂，煎服法同前。

2018 年 9 月 30 日三诊：患者诉胃纳明显好转，乏力感减轻，偶有头晕眼花，夜寐尚安，舌红，苔白，脉细。原方再续 7 剂，煎服法同前。

按：此患者胃癌术后 10 年，病史较长，素体亏虚，目前属气阴两虚证，考虑此阶段病机为胃阴亏虚、脾气虚弱。因为脾胃乃后天之本，气血化生之源，先贤有载"有胃气则生，无胃气则死""存得一分津液，便有一分生机"。所以选沙参麦冬汤为主方治疗，此方出自《温病条辨》，方中北沙参、浙麦冬清养胃阴；玉竹、天花粉生津解渴；炒白扁豆、炙甘草益气培中，甘缓和胃；配以桑叶，轻宣燥热。七药合而成方，具有清养肺胃、生津润燥之功。此外，酌情添加仙鹤草、炙黄芪益气，鸡血藤补血，取气血相生之理，茯苓、炒白术、炙鸡内金、生山楂及焦六神曲健脾开胃，酸枣仁助眠。此后增加炙黄芪及浙麦冬剂量，酌加枸杞子，加强养阴益气之力，而收"展胃纳、消乏力"之效。

（三）叶文怡临诊案例（肝癌）

裘某，男，59 岁。2018 年 8 月 30 日初诊。腹部 CT 示肝硬化，脾大，腹腔积液，肝癌考虑。暂不具备手术指征，现目睛黄染、面色黧黑，腹胀，大便日行，舌下纹暗，苔薄黄。中医诊断：黄疸，肝胆湿热证。治宜清肝利胆退黄为先。处方：海金沙（包煎）、金钱草、黄毛耳草、垂盆草、茵陈各30g，郁金、炒鸡内金、莪术、青蒿、石见穿各15g，延胡索20g，太子参18g，炒川楝子、生甘草各10g，滑石（包煎）12g，淡竹叶15g，炒莱菔子15g，炙鳖甲（先煎）20g，7剂。10日后，患者复诊时症状有所改善，原旨出入，续服中药，继观后效。

按：《诸病源候论·癖黄候》谓："胁下满痛，而发黄，名为癖黄。"《济生方·总论》描述"肥气之状，在左胁下，覆大如杯，肥大而似有头足，是为肝积"；《金匮要略·黄疸病脉证并治》指出"黄家所得，从湿得之"，湿邪既可从外感受，亦可自内而生。由于湿邪壅阻中焦，脾胃失于健运，肝气郁滞，疏泄不利，胆汁不循常道，外溢肌肤，下注膀胱，发为目黄、肤黄、溲黄之症。根据患者之证，采用茵陈蒿汤、五金散合金铃子散加减，清肝利胆退黄。方中茵陈乃清热利湿退黄之要药，与垂盆草、黄毛耳草、青蒿合用清热除湿、利胆退黄；《金匮要略·黄疸病脉证并治》中言："诸病黄家，但利其小便。"海金沙、金钱草、郁金、炒鸡内金、炒川楝子乃五金散，具有利水通淋、利湿退黄的作用，正是通过化湿邪、利小便之法，使湿邪自小便而去；六一散、淡竹叶通利二便去湿邪，亦减轻腹水鼓胀之势；莪术、石见穿、炙鳖甲合用，活血化瘀、解毒散结、化瘀攻积；太子参补气扶正，符合"不断扶正、适时祛邪、随证治之"的一贯治则。

（四）傅丹旦临诊案例（卵巢癌）

张某，女，53岁。2017年9月16日初诊。患者2017年3月因腹痛就医，发现卵巢癌，后即行卵巢癌根治术。术后病理示左右卵巢高级别浆液性腺癌伴坏死，累犯（阑尾）外膜纤维组织至深肌层及子宫后壁浆膜，可见脉管癌栓浸润，或转移至膀胱反折腹膜。术后共化疗8次，化疗期间患者曾多次出现粒细胞缺乏［白细胞计数（1.7～2.7）×10⁹/L］，长期予升白制剂维持。刻下：卵巢癌（Ⅲc期）术后半年余，化疗已结束。现白细胞计数偏低，时感头晕乏力，尿频，下蹲困难，烘热阵作，咽干口燥，夜寐不安，胃纳可，大便1～2日1行，舌下纹暗，舌质稍红苔薄，脉细弦。西医诊断：双侧卵巢癌术后化疗后。中医诊断：癥瘕，肝肾不足、津亏热扰证。治法：滋养肝肾，清热祛邪。处方：生地黄12g，怀山药12g，山茱萸10g，牡丹皮10g，茯苓20g，泽泻12g，炙龟甲（先煎）15g，猪苓30g，制黄精30g，黄芪30g，淮小麦30g，炙甘草 10g，大枣 15g，枸杞子 24g，女贞子 18g，猫人参 30g，白花蛇舌草 30g，薏苡仁（另包）30g。14 剂，每日 1 剂，每剂 200ml，分两次温服，另嘱薏苡仁 30g 每日晨起煮粥空腹服代早餐。后复诊时，视证情灵活加减：夜寐欠安，加首乌藤 30g；时感手关节欠舒，予桑枝、豨莶草、络石藤等；泛酸脘痛，加海螵蛸 15g，延胡索 20g，炒川楝子 10g。患者服药至今已 1 年余，2018 年 5 月 10 日复查 B 超示肝囊肿，肝内钙化灶，双腹股沟淋巴结。复查盆腔 MRI 未见异常占位征象。患者诸症稳好，面有光泽，睡眠改善，白细胞计数复常。

按：本案患者因腹痛发现卵巢癌，Ⅲc 期，病灶波及腹盆腔，已属晚期。卵巢癌是全身性疾病的局部表现，病位在卵巢，其发生与冲任及脏腑气血失调关系密切。《素问·评热病论》云："邪之所凑，其气必虚。"患者适逢更年之期，经水已乱，天癸将竭，冲任失调，肾气不足，癥瘕作矣；又几经刀圭、化疗，本虚之体频受攻伐，则正气大亏，遂出现乏力、头晕、白细胞计数低下、尿频等，皆为一派虚象。根据"虚者补之""损者益之"的原则，当扶正治本。然又症见烘热阵作、咽干口燥、夜寐不安，此乃下焦肾水不足、津亏热扰之状。《温热经纬》有言："若留得一分津液，便有一分生机。"法当滋阴清热，主方以六味地黄丸益阴精。然精髓亏虚者，非血肉有情之品不能充养，则加入炙龟甲一味，填补冲任奇经之虚损；再予黄芪、制黄精补气填精、益骨生髓，三药合而促进骨髓造血功能，增强机体的免疫力。再加枸杞子、女贞子养阴益精，滋肾水之不足，同时兼为扶正抗癌之良品；合入甘麦大枣汤解郁除烦，调和阴阳以助安眠。叶天士云："炉烟虽熄，灰中有火。"同样癥瘕者，扶正的同时当适时祛邪，配伍猫人参、白花蛇舌草清热解毒祛邪毒，猪苓、薏苡仁健脾利湿抗癌浊。全方旨在复其阴，养其正，扶正固本补肾填精，佐以数味祛邪之品，使得补而不敛邪，扶正兼祛邪。复诊，夜寐欠安，再入首乌藤养心安神；泛酸脘不适，乃中焦脾胃气机不畅，予延胡索、炒川楝子合为金铃子散行气疏肝，海螵蛸制酸止痛。总之，肿瘤之治，以扶正祛邪为旨，适时加减调治。患者如此坚持服药已有年余，诸症缓解，病情平稳，正气渐复。

第三节　内科旨授

本节主要介绍何若苹老师在内科临床治疗上的学术传承。

一、弟子简介

桑怡，女，浙江杭州人，医学硕士，2006年毕业于浙江中医药大学，第六批全国老中医药专家学术继承人（师从何若苹教授），浙江省中医药学会脾胃病分会青年委员，中国医疗保健国际交流促进会中西医结合消化病学分会青年委员，杭州师范大学医学院兼职教师。近年来先后参与浙江省自然科学基金、浙江省中医药科技计划项目、杭州市科技发展计划等科研项目5项，已发表医学论文10余篇。大学毕业至今在杭州市中医院消化内科工作，同时承担临床带教工作，擅长消化性溃疡、顽固性便秘等消化系统疾病及肺癌、胃癌等各类肿瘤的中西医结合治疗。

叶璐，女，浙江杭州人，医学硕士，主治医师，2012年毕业于浙江中医药大学，国医大师何任传承工作室成员、何若苹全国名老中医药专家传承工作室成员。现任职于浙江中医药大学附属第三医院中医经典科，已发表医学论文4篇，参与研究并获浙江省人民政府科学技术进步奖二等奖1项、浙江省中医药科技创新奖一等奖1项。目前从事"中医治未病"研究，临床擅长各类肿瘤的中医药治疗。

陈笑腾，男，浙江余姚人，医学硕士，主任医师（中西医结合内科），2002年毕业于浙江中医药大学。现任余姚市马渚中心卫生院院长、书记，余姚市中医药学会副会长，曾先后任余姚市中医医院副院长，余姚市梁弄中心卫生院院长、书记。已发表医学论文18篇，获浙江省中医药科学技术创新奖三等奖2项，参编出版《企业家常见疾病中医药防治指南》等著作2部，2011年获得"余姚市优秀中青年人才"称号，2015年入选宁波市领军与拔尖人才工程（第三层次），2018年获得"宁波市中青年名中医"称号。临床擅长消化系统等内科疾病的中西医治疗。

胡蕾，女，浙江舟山人，医学硕士，主治医师（中医内科学），2013年毕业于浙江中医药大学。参与市局级课题1项，先后发表医学论文4篇。现就职于舟山市中医院，主要从事中医肾脏病、内分泌临床工作，临床擅长慢性肾脏病、糖尿病等疾病的中西医结合诊治。

金鹤，女，安徽合肥人，医学硕士，主治医师，2010年毕业于浙江中医药大学。现在合肥市第二人民医院从事中医科临床工作，2011年曾在安徽中医药大学附属第一医院风湿免疫科进修学习。发表医学论文3篇。擅长治疗胃炎等中医内科常见病以及痛风、类风湿关节炎等常见风湿免疫疾病的中西医结合治疗。

二、师授节录

（一）何若苹老师谈咳嗽临证心得

中医通常称有声无痰者为咳，有痰无声者为嗽，但一般痰声并见，难以截然分开，故常以咳嗽并称。《素问·咳论》曰："皮毛者，肺之合也，皮毛先受邪气，邪气以从其合也。其寒饮食入胃，从肺脉上至于肺，则肺寒，肺寒则外内合邪，因而客之，则为肺咳。"外感风邪，肺失宣降，发为咳嗽，宜急祛风邪以防入里。若粗工治不得法，妄用清凉酸涩，易闭门留寇，外风可成内伏肺络之风，或夹痰湿、瘀血，或再感邪风，如此则顽咳难愈。何师遵《素问·至真要大论》中"必伏其所主，先其所因"旨意，治咳总以宣肺止咳为先，并视不同证型，分别取清热、化痰、养阴等不同治法。

肺为娇脏，不耐寒热温燥诸邪之侵，治疗应取"治上焦如羽，非轻不举"为法则，用药当轻清质润，无伤肺体。

止嗽散是一个治疗咳嗽的良方，可作为治疗多数慢性咳嗽的基本方。清代名医程钟龄所创订的经验方止嗽散，能"治诸般咳嗽"。方中桔梗苦辛微温，能宣通肺气、泻火散寒，治痰壅喘促、鼻塞咽痛；荆芥辛苦而温，芳香而散，散风湿、清头目、利咽喉，善治伤风头痛咳嗽；紫菀辛温润肺，苦温下气，补虚调中、消痰止渴，治寒热结气、咳逆上气；百部甘苦微温，能润肺，治肺热咳呛；白前辛甘微寒，长于下痰止嗽，治肺气盛实之咳嗽；陈皮调中快膈，导滞消痰；甘草炒用气温，补三焦元气而散表寒。所以程氏说："本方温润和平，不寒不热，既无攻击过当之虞，大有启门驱贼之势，是以客邪易散，肺气安宁，宜其投之有效欤！"但阴虚肺燥之虚损咳嗽，则非其所宜，这在临证时须加辨别。

（二）何若苹老师谈失眠临证心得

1.重视疏调，兼顾脾胃

情志失调、肝气郁结乃失眠之重要诱因，"百病皆生于气"，因此本病治疗过程中需重视疏肝理气、调和气血，柴胡、川芎、香附、佛手等疏肝行气之品均为常用之药。临床治疗中，疏肝的同时也应时时顾护脾胃。一方面，脾胃居中央，乃气机升降之枢纽，《医学求是》提到"中气为升降之源，脾胃为升降之枢轴""中气旺则脾升胃降，四象得以斡旋"。脾胃之升降失常必然导致肝肾之气不升，心肺之气不降，气机失常，阴阳失和，正所谓"胃不和则卧不安"是也。另一方面，土乃木之"所胜"，"见肝之病，知肝传脾，当先实脾"，肝疏泄太过，肝郁乘脾，脾虚运化失常，气血生化不足，心神失养亦可致失眠。门诊过程中，常有患者提出疑虑"服用中药是否会影响胃口？有慢性胃炎、消化性溃疡等胃肠道疾病，服用中药后是否会加重？"而老师常说："医者处方用药，切记顾护脾胃，饮食药物均需脾胃运化，若脾胃受损，即使药物亦难受纳，必然影响疗效。"临床中常选用玫瑰花、绿梅花、佛手花等质地轻盈之品，在疏肝行气和血的同时，兼能和中，不增加脾胃负担。

2. 安神药的运用

在临床治疗失眠的过程中，往往会使用一些安神类中药，或养心安神，或重镇安神，或清心安神，则需根据辨证情况灵活选用。记得老师曾诊治一位张姓患者，年纪不大，却为失眠所苦多年，辗转多地就医，医生也看了不少，中药服了几年都不见好转，每至夜间辗转难眠，几近崩溃。视其既往处方，多以辰茯苓、灵磁石、生龙骨、生牡蛎之类重镇安神者为多。何师诊治后见其入睡困难，易惊醒，情绪易紧张，喉间有痰咳吐不舒，舌苔薄，脉细弦，处以四逆散、甘麦大枣汤、百合地黄汤之合方，酌加川芎、酸枣仁、五味子、丹参，又嘱患者睡前以药汁送服琥珀粉3g。7剂后患者症状大减，夜间酣然入寐。何师指出失眠之证，病因多样，有心脾两虚气血不足者，有情志失调肝火内扰者，有肝气郁结气滞血瘀者，有肾水亏虚心火偏亢者，有胃气失和痰热壅中者等。因此要抓主症，明辨证，若只是一味地使用重镇安神之品，未必能有成效。且老师告诫重镇安神类药物确是失眠的常用药物，可用以治疗火热亢盛、上扰心神之失眠，但长期服用有碍胃气之虞，且如朱砂、辰茯苓之类因其含汞，临床已少用。何师临床常用酸枣仁、五味子、丹参药组。酸枣仁味甘平，入心肝胆经，能助心神、养肝血，使五脏安和，为治肝血亏虚、虚劳虚烦不得眠的要药。《本草汇言》云："酸枣仁，均补五藏……虚烦不寐等症，是皆五藏偏失之病，得酸枣仁之酸甘而温，安平血气，敛而能运者也。"配伍五味子酸敛生津，使气降而神安。现代药理研究表明，酸枣仁中的酸枣仁总皂苷、酸枣仁黄酮可以协同戊巴比妥钠的中枢抑制作用，起到镇静催眠、抗焦虑与抑郁的作用，与五味子合用可通过调节下丘脑内单胺类与氨基酸类神经递质含量，提高机体抗脂质过氧化能力而起到较好的镇静催眠作用。丹参清心除烦，兼行血中瘀滞。三药合用养心肝阴血、清心热、敛心神。

还可配伍合欢皮、郁金解郁安神；夜交藤、柏子仁养心安神；若失眠病程较长，气滞血瘀明显，烦躁不安者则可加用琥珀粉镇惊平肝，安神定魄，又能入血分，消瘀血。《名医别录》言其能"主安五脏，定魂魄，消瘀血，通五淋"。

3. 身心同治，怡情养性

失眠患者在药物治疗的同时，还要加强对患者睡眠卫生知识的宣教，给予一定的心理治疗。帮助患者回忆导致其失眠的原因，针对病因，引导患者正确面对。可选择一种或几种释放压力的方式，及时疏解负面情绪，避免情志刺激。同时，指导患者调整生活方式，养成良好的生活习惯，适当进行体育锻炼，睡前不做剧烈运动，不看惊险刺激的电视节目，不饮浓茶、咖啡等刺激之品，不熬夜，从而起到肝气疏畅、气血调和、神魂安宁而寐安的效果。

（三）何若苹老师谈脾胃病临证心得

1. 补虚泻实，畅达为用

"虚则补之"，脾胃生理功能是一个运动的过程，升降平衡，气机畅达尤显重要。何师常讲，脾不升则泻，胃不降则呕，扶正补虚治脾胃，应时刻留意气机通畅，谨防郁滞。临床上，补气补血时可佐以行气行血之药，使脾升胃降功能得复，水谷清浊之气有分，各归所化，其病得治。故在脾胃病的补虚过程中，何师常喜用一些调畅中焦气机的药物，像紫苏梗、厚朴、陈皮、枳壳、广木香等，能扶正助脾健运，使补气静中带动，气行畅达。"满而不痛者，此为痞"，胃病多属于痞，为虚中夹实之证。《伤寒论》中专攻"痞证"的五种泻心汤，除大黄黄连泻心汤外，其余四方，组方均有补虚泻实之意。何师善用经方，治胃病时常使用仲景的几个"泻心汤"，通过灵活加减，调整药物剂量，控制补泻力度，以达药效，令陈笑腾体会颇深。受此启发，治疗胃炎、食管炎，他也常加减使用半夏泻心汤施治。对于七情伤感，上气喘息，胸膈满闷，不思饮食伴呕恶，痞满症状较重者，则合用四磨汤，此方降中兼升，滞中带补，可加大行气消痞力度，但又不至伤正，两方合用，消痞甚佳。

2. 用药轻灵，兼渐补之

"壮火食气，少火生气"，对于大虚之人，不宜峻补，以防虚不受补，补脾扶正更是如此。脾土本虚，已无力运化，若再以阿胶、熟地、黄精一类滋腻厚重之品补之，反而加重脾胃负担，易形成湿滞，故补脾胃扶正气，用药应轻灵，兼渐补之。运用参芪等，剂量也不宜过大，一般党参不超15g，黄芪不超30g；对于津亏阴虚者，麦冬、石斛、玉竹等滋阴生津药物，也要控制用量。调气可适量使用花类药物，因其质地轻盈，不会增加脾胃负担，如疏肝活血行气的佛手花、玫瑰花，降逆止呕消痞的旋覆花。如需调补并施，则必用陈皮，它既可用于脾胃气滞、脘腹胀满、恶心呕吐、消化不良等症，又可用于气虚体弱的证候，用之补而不呆，行气而助消化，且药性平和，集补脾、行脾、醒脾三效于一身。陈笑腾个人体会，脾胃"扶正"用药轻、柔、徐、缓非常重要。

3. 适时祛邪，不伤正气

"邪"古义同"斜"，即"曲而不正"。据考证，至唐时"邪"与"斜"之意才有区分。所以我们可以理解为"祛邪"与"扶正"是一个意思，两种说法。这样就能很好地解释，为什么中医理论中，扶正祛邪总是连在一起，相辅相成。"邪之所凑，其气必虚"，祛邪要适时、适量，不可太过，需时时顾护正气。《素问·平人气象论》云："平人之常气禀于胃，胃者，平人之常气也。人无胃气曰逆，逆则死。"《伤寒论》曰："食以索饼，不发热者，知胃气尚在，必愈。""胃气"，胃之正气也，先"扶正"还是先"祛邪"，归根到底，取决于正气强弱。如正气亏虚，胃气明显已伤，空谈祛邪毫无意义。《太平惠民和剂局方》的参苓白术散，是脾胃扶正祛邪法的代表方剂，主治脾虚湿滞证。方中人参、山药、莲子肉益气健脾、和胃止泻，白术、茯苓、薏苡仁、白扁豆健脾祛湿，佐以砂仁、桔梗行气宣肺、通调水道、恢复水液输布。

4. 辨证求源，随症施治

脾胃为后天之本，气血津液生化之源。《临证指南医案》曰："太阴湿土，得阳始运，阳明燥土，得阴自安。"气血津液化生于脾胃，一旦形成，又成为脾胃正常运转的必需物质。从气血津液变化情况的角度辨证分析，治其病理之变，复其生理之常。气虚、气机逆乱、升降失常，导致脾胃运化失常，不生血，不摄血；津血同源，津液不化，成痰成饮，阻碍脾升胃降；津不养胃，胃失和降，导致胃气上逆、阴虚燥热。故脾胃"扶正"，可以从纠正气血津液失调入手，虚则补之，兼顾平衡，使之畅达。补脾大家李东垣的补中益气汤，后世应用极为广泛，用于提补中焦之气。此方应用补法的脏腑定位极其精妙，意在补中焦、升脾气，却重用擅补肺气的黄芪为君，临床上时常用 60 ～ 80g，而补脾胃之气的人参、甘草为臣辅之。皆因"肺主诸气"，肺气虚可致五脏之气皆不足，故以补肺气而升脾气来治疗脾胃中焦下陷之证。还有补益气血、健脾养心的归脾汤，也同补中益气汤一样，使用时，可通过辨气血津液、调气血津液，最终达到复脾胃化生气血津液之功的目的。

5. 巧治未病，阻截传变

脾胃为后天之本，脾胃盛衰，影响传变。《素问·四气调神大论》曰："是故圣人不治已病治未病，不治已乱治未乱，此之谓也。"《金匮要略·脏腑经络先后病脉证》曰："上工治未病……见肝之病，知肝传脾，当先实脾，四季脾旺不受邪，即勿补之。"脾胃"治未病"是防治其他相关脏器病变转化的重要手段。"虚则补其母""脾为生痰之源"，对于肺虚引起诸病，补脾实脾治疗必不可少；又如肾病，先天之本罢弊，通过补脾扶正，可养后天之本以复先天。"治未病"之法在脾胃病本身的防治中，作用也十分突出，如饮食、情志、劳逸等方面的综合调理与健康教育，预防其发病或复发。另外，还可以通过"体质辨识""四时养生""运动调摄""膏方治疗""药茶药膳""药浴熏洗"等方法达到脾胃"治未病"的目标，改善疾病症状，提高生活质量。"治未病"思想是中医"扶正固本"的重要内容，也是中医一大特色，在临床治疗中，医者应不失时机地向患者灌输"未病先治"的意识，不但有利于疾病的预后康复，还可以减少医疗资源浪费，为患者节省治疗费用，一举多得！

（四）何若苹老师谈肾系疾病临证心得

1. 肾脏为本，顾护肾气

肾系疾病往往首先侵犯肾脏本身，影响肾脏的基本功能。肾藏精、主水和纳气。肾所藏之精有御邪和生血的功能。《素问·逆调论》提到"肾者水脏，主津液"，水肿、癃闭、关格等多种肾系疾病的临床表现，均由肾主水功能失调所致。肾藏精，多被认为是肾主闭藏在呼吸功能上的体现。因此，肾系疾病当以补肾为主，所用处方，均有大量补肾之品，或补其阴，或补其阳，或阴阳双补，以填精补元、固其根本。六味地黄丸是治疗肾系疾病的常见方剂，临床加减得当，每有异功。六味地黄汤被誉为滋阴补肾之祖方，《医方论》曾赞其"药止六味，而大开大合，三阴并治，洵补方之正鹄也"。取其三补，即地黄、山萸肉、山药，因熟地黄滋腻，有助湿之嫌，故改用生地黄；少用附子，认为壮火食气，少火生气，附子大辛温，有助邪热之弊，于肾病不宜，故补火常投以淫羊藿、菟丝子等柔和之品，畏寒重时可加用肉桂。

2. 重视脾胃，扶正治之

《灵枢·口问》言："中气不足，溲便之为变。"《医学衷中参西录·理血论》指出"中气虚弱，不能摄血，又秉命门香火衰弱，乏吸摄之力，以致肾脏不能封固，血随小便而出也"，可见肾系疾病的病位虽然在肾，但与脾虚有着密不可分的关系，脾虚也是诸多肾系疾病的发病原因之一。《脾胃论》中有"百病皆由脾胃衰而生也"之说，脾主升清，脾的升清功能正常，才能发挥气的固摄作用。若脾虚不能升清，则清气在下，清浊相混，随尿而出，则见蛋白尿、血尿。胡蕾的家乡地处海边，受温热潮湿的气候环境影响，平素又过食海鲜及肥甘厚腻之食物，易使脾胃运化失职，复生湿邪，且湿性缠绵重浊，易致疾病迁延难愈。当脾胃亏虚时，则脾不能健运，脾虚不能为胃行其津液，津液不能及时输布，致津液停滞体内，泛溢于肌肤而见水肿。水湿内停，又可干扰肾失封藏，精微下泄，加重蛋白尿、血尿。故在肾系疾病的临床诊治中，必须注重健运脾胃，在处方用药上使用太子参、党参、怀山药等健运脾气的同时，可配合茯苓、猪苓等利湿祛浊。

3. 常用药对，增进疗效

药对能够起到1加1大于2的效果，是临床用药的一种有效方法。何老师指出，在肾系疾病的治疗中，金樱子与芡实有固肾气、减少蛋白尿的作用，鸡血藤与仙鹤草可养血通络，桑叶与桑白皮能疏风利水，龙骨与牡蛎可镇肝潜阳、宁心安神，牛膝与车前子补益肝肾、利水消肿，萆薢与凤尾草可改善尿频症状。

（五）何若苹老师谈亚健康的中医分型

亚健康多属中医内科病范畴，是指一种处于健康与疾病之间的既非健康又非疾病的似病非病的状态，其产生机制西医认为主要在于人体免疫功能的失调、内分泌功能的异常、中枢神经系统功能的紊乱及体内自由基的增多等因素的影响。但从中医的角度讲，引起亚健康的病因病机多系由饮食、劳倦、七情等导致的人体气血阴阳平衡的失调及脏腑功能的紊乱，临床常见的证型有以下这些。

1. 气虚型

主要表现：形体倦怠，四肢乏力，头晕目眩，少气懒言，容易感冒，时常感觉做事力不从心。

2. 血虚型

主要表现：面色苍白，口唇、爪甲淡白，常感心慌心悸，失眠多梦，头皮屑多，怕见生人，站立时间稍长就感觉头晕目眩。

3. 阴虚型

主要表现：五心烦热，咽干口燥，腰膝酸痛，眩晕耳鸣，形体消瘦，盗汗，便秘，低热。

4. 阳虚型

主要表现：全身或局部畏寒或肢冷，夜间尿多，大便溏薄，须发早白，性功能衰退，白天经常打盹。

5. 气郁型

主要表现：郁郁寡欢，胆怯多疑，胁腹胀痛，记忆力减退，行动笨拙，孤独自卑，且上述表现常随精神情绪因素的变化而变化。

6. 血瘀型

主要表现：经常感觉胸痛或腰酸背痛，刺痛或痛处不移，拒按，发绀，肌肤甲错。

7. 痰凝型

主要表现：素体肥胖，神疲乏力，头身困重，脘腹胀满，口黏涎多，便溏或便秘。

8. 湿热型

主要表现：出现较明显的口臭，常泛酸嗳气，食欲下降，吃饭不香，易发口腔溃疡及单纯疱疹，小便黄浊，大便稀薄。

三、学以致用

（一）桑怡临诊案例（咳嗽案）

陈某，女，65岁。2018年2月8日来诊。患者既往有高脂血症、右甲状腺结节、子宫多发肌瘤、宫颈轻度糜烂等病史。7年前因"右乳癌"行右乳癌根治术，术后共化疗6次。近期多次复查：右乳未见明显异常，左乳囊性增生伴腺瘤样结节，左侧腋下淋巴结探及。1周前，患者受风寒后出现咳嗽咳痰，以夜间较剧，伴咽痒，咳痰白，咳剧则恶心，略感气急，无咯血、发热，纳可，大便日行，舌苔薄，脉略数。中医诊断：咳嗽，风寒袭肺证。治宜宣肺疏风、止咳化痰为先。处方：炙百部30g，白前12g，生甘草10g，桔梗8g，蜜紫菀15g，蜜款冬花15g，化橘红8g，荆芥12g，制半夏9g，黄芩12g，瓜蒌皮15g，苦杏仁6g，连翘18g，浙贝母12g，鱼腥草24g，桑叶15g，蜜枇杷叶15g，沉香曲9g。7剂后，咳嗽咳痰已瘥。

按：本案患者有乳腺癌、乳腺增生、高脂血症、甲状腺结节、子宫肌瘤等病史，但综观各病，乳腺癌、乳腺增生、子宫肌瘤为痼疾，虽未治愈，但不属急症，目前咳嗽咳痰、咽痒为新发病情，困扰患者，故需抓主要矛盾，急则治其标。外感风寒，内郁肺气，肺失宣降，肺气上逆，致咳嗽咳痰，故用止嗽散治疗。方中荆芥疏风解表，桔梗、白前、苦杏仁升降肺气，蜜紫菀、炙百部、蜜款冬花、桑叶润肺止嗽，桔梗、生甘草宣肺化痰利咽，瓜蒌皮清热涤痰、宽胸散结，浙贝母、蜜枇杷叶清肺化痰、降气止咳，鱼腥草清热解毒、防其化热。诸药合用，诸症缓解。

（二）叶璐临诊案例（失眠案）

潘某，男，28岁。2018年8月24日初诊。患者诉1年前出现入睡困难，后逐渐加重，严重时可伴有头部胀痛，胸闷刺痛，甚则乏力心慌、汗出，手足冰冷等。曾呼120急诊就医，行心电图、冠状动脉CT、头颅CT检查均未见明显异常。诊见情绪紧张、口干，纳便均常。细问之下，得之其工作繁忙、出差频繁，压力较大。舌红苔薄，舌下纹略暗，脉弦。治予疏肝行气、活血安神。处方：柴胡12g，炒枳壳12g，炒白芍15g，炙甘草10g，茯苓15g，黄芩9g，焦山栀6g，当归12g，川芎12g，丹参30g，合欢皮10g，青皮6g，降香6g，大枣12g，夜交藤30g。7剂，每日1剂，水煎400ml，分早晚两次餐后温服。药后患者即觉头胀、胸痛明显好转，夜能入寐。

按： 中青年失眠患者发病多有诱因，源于生活、工作、学习压力所致情志失调者不在少数，本患者亦然。肝之疏泄失常，肝气郁滞，气机不畅，气郁化火，扰乱心神，而夜不能寐；阳气郁于内，不能达于四末，则四肢厥逆；气滞血停，不通则痛，而见胀痛、刺痛。故方选四逆散加减，黄芩、焦山栀清气分之热，川芎、青皮、降香加强行气活血之功，当归、丹参活血，合欢皮解郁安神，夜交藤养心安神，大枣和胃。同时嘱患者调整心态，学会调适情绪，适当倾诉。

（三）陈笑腾临诊案例（慢性溃疡性结肠炎案）

李某，女，35岁。2015年3月10日初诊。患者罹患溃疡性结肠炎10余年，多处求医无效，近2周症状加重，有时胀气或矢气不畅，大便不成形，便前腹痛，便有少量黏液，日行3～4次，平素畏寒、不食冷食，食后腹泻加重，纳差、乏力，面色苍白，舌淡苔白，脉沉细。大便常规示隐血（+），肠镜显示明显红斑、血管纹理缺乏，可见不规则、大小深浅不一溃疡，黏膜易脆、糜烂、接触性出血。西医诊断：溃疡性结肠炎。中医诊断：泄泻。观其脉证，辨为脾阳不运、气虚血瘀证。治以温阳健脾、清肠和血法。予赤石脂 30g，姜炭 10g，乌梅 12g，炒党参 10g，黄芩炭 10g，炒黄柏 10g，炒槐花 10g，地榆炭 10g，炒当归 10g，白芍 15g，枳壳 15g，败酱草 30g，桂枝 8g，炮附子（先煎）8g，蒲公英 30g，刺猬皮 10g，7 剂，水煎服。

二诊：患者大便仍不成形，便前腹痛减轻，黏液减少，次数仍多，余症未减。去白芍、刺猬皮，服 14 剂。

三诊：患者自述症状较前明显好转，大便每日 2 次，期间大便隐血检查两次均为阴性，胃纳增加，但仍感乏力，腿软。前方改姜炭为干姜，去黄芩炭、炒槐花、地榆炭、蒲公英，炒党参增至 15g，加黄芪 40g，炙甘草 9g，柴胡 10g，升麻 10g，炒白术 15g，陈皮 10g，茯苓 10g，14 剂。

四诊：患者大便仍不成形，每日 1～2 次，精神较前大为好转，乏力明显减轻，饮食已经正常。因工作繁忙服汤药不便，要求前方再服 7 剂后，改予中成药治疗，故用"补脾益肠丸"加复方嗜酸乳杆菌片巩固治疗。3 个月后复诊，患者除平时大便较稀外，无明显不适情况，收效甚佳。

按：慢性溃疡性结肠炎病变主要局限于结肠黏膜，且以溃疡为主。临床主要表现为腹痛、腹泻和黏液血便。现代医学认为，本病与感染、遗传、精神、过敏，特别是自身免疫等因素有关，但确切病因不明。本病具有反复发作、不断加重、经久不愈的特点，并有一定的癌变可能。此案属脾阳不化、虚瘀并见之证。患者正气不足，迁延日久，致肠道受损，肠风下迫，湿毒血瘀互结。初诊时，患者邪毒症状明显，伴见下血，故法用止血祛瘀解毒为主，兼顾扶正补虚，自拟经验方：乌梅桃花汤。待二、三诊后，患者邪毒已去，仅留正虚，便加大补虚力度，重用黄芪补气，柴胡、升麻提气，炒白术、陈皮燥湿运气，恢复脾升胃降的气机功能，最终得效。此病治疗过程中，将何氏"扶正祛邪"思想贯穿始终，时刻关注脾胃的正气存亡情况，祛瘀解毒用药十分谨慎，以防止正气损伤。待余毒清尽，补脾便无后顾之忧了。如何把握"祛邪"与"扶正"先后轻重的尺度，需要医生对患者病情进行整体观察，精准辨证，方能恰如其分地用药。

（四）胡蕾临诊案例（慢性肾盂肾炎案）

王某，女，45 岁。2017 年 2 月 18 日初诊。5 年前因尿频尿急、发热腰痛在外院就诊，诊断为急性肾盂肾炎。经治疗后，急性症状已基本缓解，但常有不规则低热、腰酸乏力、夜尿频等。近 1 个月来感症状加重，神清，形体消瘦，腰痛，尿频尿急，尿后余沥，少腹欠舒，尿检：白细胞 3+，红细胞 2+。纳便尚常，舌苔薄，脉弦。西医诊断：慢性肾盂肾炎；中医诊断：淋证。由肾气不足、气化封藏失职、湿热侵扰、肾癉所致。治宜益肾清化法。予干地黄 18g，怀山药 15g，山萸肉 12g，牡丹皮 10g，茯苓 20g，泽泻 12g，炙龟板（先煎）18g，金钱草 30g，银花 20g，冬葵子 15g，蒲公英 30g，白茅根 30g，生甘草 10g，黄柏 10g，知母 12g，淡竹叶 15g，7 剂，水煎服。

二诊：患者诉药后尿频尿急诸症减轻，惟夜寐欠安，前方去银花、黄柏、知母、淡竹叶，予丹参 30g，焦枣仁 20g，五味子 10g，当归 12g，川芎 15g，服 14 剂，后复查尿常规基本正常。

按：本病为尿路上行感染，由于患者治疗不彻底，而急性迁延为慢性且急性发作。虽属外邪侵犯而发病，但总因机体防御功能低下。肾气乃人身之本，故予六味地黄丸补其肾，实为调节全身机能，佐以清热解毒、利湿通淋之品。二诊时，患者尿频尿急症状较前好转，但夜寐不安，予加活血通络、养心安神之中药。诸药配合，相辅相成，奏效乃佳。

（五）金鹤临诊案例（亚健康案）

邓某，男，51 岁。2012 年 6 月 22 日初诊。患者恶风，气短，乏力，容易感冒，面白，动则汗出，少气懒言，舌淡，脉弱。中医诊断：虚劳，肺气虚证。治法：补益肺气。食疗方：玉屏风粥，方以黄芪 50g，白术 15g，防风 15g，大米 100g。制法：将上述诸药放入砂锅后，加水煎取药汁，去渣，再加大米煮粥，熟后即可食用。服法：每日 1 剂，连服半月。同时，嘱咐患者平时加强运动，以健身走、游泳等有氧运动为主，运动时做到不过不及，饮食有度，起居有常，节气转换应适时增减衣服。

9 月 23 日二诊：患者自觉疗效甚好，自行转方，自汗症状改善明显，易感冒等情况改善，舌质略暗，苔白，脉细。效不更方，续前法再服半月。12 月 20 日电话随访，半年内均无感冒症状。

按：该亚健康患者证属肺气虚，卫气不固。卫就是保卫，保卫人的健康，卫气是抵抗"敌人"的第一道防线。如果卫气不足，保护机体的作用减弱，病邪在人体长驱直入，人就容易感冒，这也是免疫功能下降的表现，即中医学常讲的"正气存内，邪不可干"。治用黄芪、白术、防风三味配伍组成药膳进行食疗。方中黄芪重用益气固表、实卫止汗，为君药；白术健脾益气，助黄芪益气固表，为臣药；防风走表而御风邪，为佐药。黄芪得防风，固表不留邪；防风得黄芪，驱邪不伤正。诸药合用，补中有散，共建益气、固表止汗之功；补气虚，固表虚，增强人体抵御外邪的能力。

第四节　妇科育华

本节主要介绍何若苹老师在妇科临床治疗上的学术传承。

一、弟子简介

王洁，女，浙江绍兴人，医学硕士，主治医师，2008年毕业于浙江中医药大学中医学（七年制）专业，第六批全国老中医药专家学术继承人（师从何若苹教授），浙江省中医院裘氏妇科学术流派继承人，中华中医药学会妇科分会第六届委员会青年委员。主持厅局级课题3项，参与多项国家级、省部级及厅局级课题；在国内外核心期刊发表论文多篇，其中科学引文索引（science citation index，SCI）论文2篇；《本草纲目·家庭读本》编委；主讲浙江中医药大学研究生、本科生、成人教育及留学生的"中医妇科学""中西医结合妇科学"等课程。现就职于浙江中医药大学附属第一医院（浙江省中医院）妇科，主要治疗妇科内分泌疾病，如多囊卵巢综合征的研究，尤其擅长月经不调、痛经、崩漏、多囊卵巢综合征、胎漏、胎动不安、ABO血型不合等疾病的诊治，在临床上取得较满意的疗效。

张丽，女，浙江东阳人，医学博士，2000年毕业于上海中医药大学，第五批全国老中医药专家学术继承人（师从何若苹教授）。浙江省中西医结合学会妇产科专业青年委员会委员、浙江省中医药学会体质医学青年委员会委员。大学毕业后到浙江中医药大学附属第一医院（浙江省中医院）妇科工作，从事临床、教学及科研工作至今，曾赴复旦大学附属上海妇产科医院进修。发表医学论文10余篇，临床擅长妇科内分泌失调、复发性自然流产、妇科炎症、子宫肌瘤、子宫腺肌症、子宫内膜异位症、产后疾病、围绝经期综合征、妇科肿瘤术后、放化疗后调理等的诊断治疗。

张弦，女，浙江宁波人，医学硕士（现博士在读），2009年毕业于浙江中医药大学。曾供职于浙江省中医院，现在浙江大学医学院附属妇产科医院中医科工作。发表医学论文5篇，参与省级课题2项。擅长中医治疗月经病、妊娠病、围绝经期综合征、妇科杂病等。

赵玲，女，湖北鄂州人，医学硕士，主治医师，2009 年毕业于浙江中医药大学中医内科学专业。现在杭州市富阳中医骨伤医院治未病科就职。先后在医学杂志上发表医学论文 3 篇。临床擅长应用经方治疗各种内科疾病。

程蕾，女，浙江温州人，医学硕士，传统医学博士，温州中山医院院长助理，2016 年获得浙江中医药大学在职硕士学位。从事中西医结合妇科的临床与科研工作近 20 年，擅长中西医结合妇科及生殖医学临床诊疗。先后在核心期刊上发表 4 篇论文，主持或参与多项省、市级课题，曾先后荣获浙江省中医药科学技术创新奖、温州市鹿城区科学技术进步奖。参与编撰《实用中西医结合不孕不育诊疗学》等医学著作多种。

二、师授节录

（一）何若苹老师谈月经病临证心得

1. 中医在调经上疗效卓越，有着西医无法替代的优势

中医妇科临床接诊的月经病患者，有月经量多、月经量少、月经淋漓不净、月经数月不行，多种多样，年龄参差不齐。在众多的月经病当中，有一些月经量少的患者，若检查发现性激素和妇科 B 超正常，西医没有特别好的办法，一般认为不需要治疗。此类患者有些的确没有所谓的"大病"，但她们对月经量及周期的心理期望值没有得到满足，因此就会想要通过中医中药来调理月经，增加经量、稳定周期。中医学的特点之一，就是讲究整体观念，人是一个整体，生理、心理都要兼顾，这也是中医学的优势所在。还有一类经期延长的患者，如剖宫产后疤痕憩室的女性，月经常淋漓不净，西医也没有特别好的办法，一般会建议口服避孕药治疗，但患者大多难以接受，因此也会寻求中医中药的帮助。

2. 月经的来潮取决于肾气的充盛

《素问·上古天真论》有云："女子七岁，肾气盛，齿更发长。二七而天癸至，任脉通，太冲脉盛，月事以时下，故有子……七七任脉虚，太冲脉衰少，天癸竭，地道不通，故形坏而无子也。"可见，月经的来潮取决于肾气的充盛。肾藏精，主生殖，为先天之本，为真阴真阳之所。肾气有赖于肾精的化生，因此，肾精旺盛，真阴充足，冲任气血化生有源，血海满溢，则经量正常；反之，肾精不足，真阴亏虚，冲任气血化生乏源，血海不能满溢，无以下注胞宫，则经量减少甚至闭经。

3.肝气郁结是月经不调的重要病机之一

肝喜条达，恶抑郁，气为血之帅，气行则血行，若肝气郁结，则疏泄失常，气滞血瘀，冲任受阻，血行不畅，易引起经量减少、月经后期等病症，正如《万氏妇人科·调经章》中云："忧愁思虑、恼怒怨恨，气郁血滞而经不行。"

4.补肾疏肝是治疗月经病的基本法则

月经受肾-天癸-冲任-胞宫轴所调节，在外感邪气、七情内伤、饮食不洁、房劳多产等多种病因作用下，引起脏腑功能失常，最主要影响肾、肝两脏，使冲任损伤、气血失调、胞宫藏泻无度，从而导致月经病的发生。临床治疗多以补肾疏肝为治疗的基本法则，并根据临床证型表现，灵活运用补肾气、滋肾阴、温肾阳、疏肝气、化瘀血、清肝火等治疗方法。

（二）何若苹老师谈妊娠病临证心得

1.中医妊娠病有胎漏、胎动不安，属西医先兆流产

中医很早就注意到流产有反复发生的倾向，把堕胎、小产反复出现称为"滑胎""数堕胎""屡孕屡堕"，属西医复发性流产。流产的病因复杂，西医认为主要包括：①遗传基因的缺陷，胚胎形成、发育过程中染色体结构或数目的异常。②母亲因素，生殖器官发育异常或肿瘤等疾病，如子宫发育不良、单角子宫、双子宫、子宫纵隔、宫腔粘连，以及黏膜下或肌壁间子宫肌瘤，均可影响胚囊着床和发育而导致流产；宫颈重度裂伤、宫颈内口松弛、宫颈过短可导致胎膜早破而流产；糖尿病、肾炎、心脏衰竭、营养不良等全身因素；衣原体、巨细胞病毒、风疹病毒、弓形虫、梅毒螺旋体等感染；甲状腺功能异常、黄体功能异常等内分泌异常；外伤、劳累、手术等强烈应激；酗酒、吸烟、吸毒等不良生活习惯；焦虑、紧张等不良情绪；父母的人类白细胞抗原位点相同频率高，使母体封闭抗体不足，也可以导致反复流产；母儿血型不合、孕妇抗磷脂抗体产生过多、夫妇抗精子抗体的存在，均可使胚胎或胎儿受到排斥而发生流产。③父亲因素，精子染色体异常等。④环境因素，接触可能发生流产的有害化学物质（如镉、铅、有机汞、双对氯苯基三氯乙烷、吸烟等）、物理因素（放射线、噪音及高温等）、震动、过重体力劳动等。在诊治过程中，须综合考虑疾病成因，先排除遗传基因和生殖器官畸形等非药物多能奏效的因素，中西医结合、辨病与辨证相结合治疗，往往能取得较好疗效。

2. 妊娠与肾脾两脏及冲任二脉关系密切

"肾主先天"，意指形成人体的基础物质是由父母精血结合而成。精藏于肾，而胞脉系于肾。故整个妊娠期生理与肾气强弱密切相关。张锡纯在《医学衷中参西录》中说："男女生育，皆赖肾脏作强，肾旺自能荫胎也。"《女科经纶·引女科集略》言："女之肾脉系于胎，是母之真气，子之所赖也，若真气亏损，便不能固摄胎元。"故古人提出"肾以载胎"。反之，肾气虚衰、冲任不固，则易致不孕，正如《圣济总录》所言："妇人所以无子，由冲任不足，肾气虚寒故也。"胎孕既成，则赖母体气血养之，脾为后天之本，气血生化之源。若气血损伤，胎元失于滋养，影响胚胎正常发育，可致流产发生；气血赖脾胃运化，若脾气虚弱，或肝气横逆犯胃，致呕恶不食，水谷精微摄入不足，母体虚衰，可间接影响胎孕之长养；故脾虚可致气血不足，气虚不能固胎，血虚无以养胎，亦可致流产。故妊娠自始至终须由先天肾气和后天脾气相互调摄，才能固摄冲任，使胚胎、胎儿正常生长发育而无殒堕之忧。总之，导致先兆流产与复发性流产的病机，与肾脾虚损、冲任不固有关。当然，人体是一个整体，彼此之间是相互联系又互相影响的。因此，保胎治疗既要抓住主要原因，也要照顾整个机体，才能保证胚胎、胎儿的正常发育，保证母胎的共同健康。

3. 补肾健脾是妊娠病治疗的基本法则

胎孕的形成基础在于先天肾气，胚胎、胎儿的生长发育则需后天脾胃化生而成的气血滋养。因此，先兆流产的治疗，应以补益肾中精气为主，同时予以健脾和胃、调理气血，使先天肾与后天脾相辅相成，固益胎元；当然还需辨别孕妇机体的寒热虚实，辨证论治，才能取得显著疗效。《景岳全书》说："凡妊娠胎气不安者，证本非一，治亦不同，盖胎气不安，必有所因，或虚或实或寒或热，皆能为胎气所病，去其所病，便是安胎之法。"复发性流产，盖因堕胎、小产反复出现2次以上，屡孕屡堕，损及脾肾、气血，故在孕前即需调补，在身体健壮后再考虑受孕，以免再次出现流产；一旦受孕，应立即保胎治疗。宋代《女科百问》首次提出滑胎病的临床特点为应期而下，补肾安胎为防治该病的关键。《妇婴至宝》中记载"凡妊娠之数堕胎者，总由气血亏损所致，或禀质素弱，或年力就衰，或暴怒劳苦而暗伤精气，或色欲太过，而盗泄胎元……胎以堕焉"。《景岳全书·妇人规》指出滑胎有先天和后天因素，治疗方面强调"预培其损"的原则，强调"小产重于大产"，必须重视孕前、产后的调理。综上所述，无论胎漏、胎动不安、滑胎，治疗均以补肾健脾益气为主，根据孕母体质，适当加减用药。

（三）何若苹老师谈围绝经期综合征临证心得

围绝经期综合征又称更年期综合征，是指妇女绝经前后出现由性激素波动或减少所致的一系列以自主神经系统功能紊乱为主，伴有神经、心理症状的一组症候群。祖国医学无"围绝经期综合征"病名，近代中医学将本病归于"绝经前后诸证"范畴。围绝经期是女性由盛而衰的转折时期，以肾气渐衰、冲任亏虚、天癸将竭为特点。朱丹溪曰："阳常有余，阴常不足。"女子以精血为养身之本，在其一生中大都经历了"经、孕、产、乳"等生理过程，均是对精血及肾气的耗损。女子在"六七"至"七七"这段时间，由于肾精亏于下，天癸衰于内，导致阴阳平衡失调，精血不能正常运行，故而多表现出一系列阴血不足的症状。

围绝经期本是妇女正常的生理过程，多数妇女通过脏腑之间的调节能顺利渡过这段时期。但有些妇女因各种因素不能适应和调节这一生理变化，使阴阳二气不平衡，脏腑气血不协调，故出现肾阴不足，阳失潜藏，或肾阳虚衰，经脉失于温养等阴阳失调的现象；又因肾藏元阴元阳，肾的阴阳失调会影响各脏腑功能，从而出现各种功能失调的症状。例如，肾阴不足，津亏不能化血，导致肝肾阴虚；肝阴虚日久，又可导致肝阳上亢；肾水不能上济于心，心肾失于交泰，致使心火上炎；肾气渐虚，失去对人体各脏腑、经络的濡养和温煦，血滞成瘀，瘀血又成新的致病因素，气血运行不利，水液代谢失常，停聚为痰，血阻为瘀，痰瘀互结，阻碍气血运行，甚至引起精神症状。本病临床上多见肝肾阴虚、肝气郁结、气滞血瘀、脾肾阳虚等证型，因此一般从以下几方面论治。

1. 脏腑论治

（1）从肾论治

大多学者认为肾气衰退引起诸脏乃至全身功能失调是造成围绝经期综合征的根本原因，这一观点目前在中医界已无争议。肾为先天之本，元气之根，主藏精，内寓元阴元阳，为一身阳气、阴液之根本，肾气盛衰关系着人体的发育、生殖、衰退等变化。随着年龄的增长，妇女的肾气由盛渐衰而至竭，冲任亏损，天癸渐竭，肾之阴阳失调。由于肾阴肾阳是机体阴阳之根，故其一旦出现不足，必致全身脏腑经络失于滋养、温煦而功能失调，故"肾虚"为该病之本。

（2）从肝论治

部分学者认为肝郁为本病之首，认为女子以血为用，以肝为先天。肝藏血，主疏泄，肝气郁结、疏泄失常及脏腑功能紊乱与冲任二脉失调是导致本病发生的主要原因。另外，"天癸竭"，肝肾不足，精血渐少，肝失濡养，阴不制阳，阳气偏亢，导致肝气逆乱；气逆盛则化热化火，反过来又耗气伤阴血，进而加剧了阴血不足的矛盾。

（3）从脾论治

刘完素有"妇人童幼，天癸未行之间，皆属少阴；天癸既行，皆从厥阴论之；天癸既绝，乃属太阴"之论述。冲任二脉的生理活动、病理变化与脏腑气血的盛衰休戚相关，密不可分。二脉虚衰、失调，源于脏腑功能失调、虚衰，尤其是脾胃、肝、肾。因"冲脉隶于阳明"，脾胃为后天之本，气血生化之源，妇人年过半百，肾气渐衰属自然规律，而赖以生存、维持正常生命活动的精、血、神、气，取决于脾胃之化生。

（4）从心论治

持此观点者是以围绝经期综合征中，精神情志症状最为突出和严重为论。心为君主之官，藏神，统领五脏，心的功能失调，则表现为精神情志症状。《医宗金鉴·订正金匮要略》有"故喜悲伤欲哭……是心不能神明也"之说，侧重在围绝经期综合征的治疗过程中调养心神。

2. 痰瘀论治

由于肾气亏损，致脏腑失调，影响气血津液的正常生化与输布。若肾失气化，元气亏损，脏腑得不到温煦，出现肺失宣降，脾失运化，津液不能濡养全身，则津停生湿，液凝为痰；肺气不足，则肺气不能贯脉而推动血液运行，血涩不行；若脾失统摄，血溢脉外，阻滞在脏腑组织之间，则可形成瘀血。这种痰浊、瘀血病理产物产生，皆因元气不足而致。

3. 冲任论治

妇女生育能力的有无，月经来潮与否均与冲任二脉关系甚为密切。如《素问·上古天真论》所说："任脉通，太冲脉盛，月事以时下，故有子。"因"任主胞胎"，主一身之阴，凡精血、津液者都属任脉所司，只有任脉通，才能促使月经来潮和孕育正常。"冲为血海"，又为"十二经脉之海"，以调节、滋补和温养十二经。妇女以血为本，月经以血为用，冲脉盛，月经才能按时来潮。

虽然围绝经期综合征是阶段性疾病，一般通过滋肾、健脾、疏肝后，预后良好，但是一旦气滞血瘀重证兼有明显情志障碍时，往往给治疗带来难度，也给患者及家人带来极大的痛苦，严重影响家庭和社会生活。目前，围绝经期综合征的中医治疗研究大多集中在肾阴虚、肾阳虚、肝肾阴虚等证型，气滞血瘀型是目前临床治疗的难点。气滞血瘀型的病机多因肾阴不足，津亏不能化血，又因肾气渐虚，失去对人体各脏腑、经络的濡养和温煦，血滞成瘀，瘀血又成新的致病因素，或因平素肝气不舒，气机不畅，气血运行不利，水液代谢失常，停聚为痰，血阻为瘀，痰瘀互结，阻碍气血运行，甚至引起精神症状。临床采用活血化瘀、疏肝理气法治疗，方用癫狂梦醒汤合逍遥散，疗效肯定。癫狂梦醒汤源自《医林改错》，本为清代王清任治疗心与脏气不相顺应的癫狂所用的方剂，旨在活血理气、解郁化痰，主治气滞血瘀、痰浊蒙窍、气血不能顺接之癫狂，与围绝经期综合征气滞血瘀证病机相似。方中柴胡疏肝清肝；香附、青皮疏肝行气；半夏化痰开结，和胃降逆；陈皮理气健脾和胃，杜绝生痰之源；胆南星清化热痰；石菖蒲豁痰开窍醒神；郁金、桃仁、红花活血化瘀。朱丹溪认为"气血冲和，万病不生，一有怫郁，诸病生焉"。癫狂梦醒汤能消散瘀血，善除气滞兼化顽固之痰，实为治疗气血同病和因痰而病的良方。历代医家多用于治疗癫、狂、厥证及中风等症。逍遥散出自宋朝《太平惠民和剂局方》，其功效为疏肝解郁、养血健脾，用于肝郁血虚脾弱证的治疗，君药柴胡疏肝解郁，使肝气条达。当归甘苦温，养血和血，白芍养血柔肝，共为臣药。木郁不达致脾虚不运，故以白术、甘草、茯苓健脾益气，既能实土以御木侮，又能使营血生化有源；薄荷疏散郁遏之气，透达肝经郁热；煨生姜温胃和中，且能辛香达郁，共为佐药。诸药合用，可收肝脾并治、气血兼顾的效果，亦是中医调治情志活动异常的经典名方。两方合用，一在理气中侧重养血和血、透达郁热；一在化瘀中侧重活血行气、开窍醒神；既解郁清热以解其表，又开窍醒神以解其里；既活血化瘀以治其标，又疏肝行气以治其本，故两方合用，可谓表里同治，标本兼顾，为治疗气滞血瘀型围绝经期综合征的有效方法。

（四）何若苹老师谈绝经后骨质疏松症防治

绝经后骨质疏松症是绝经后妇女的常见病及多发病，是指绝经后妇女由于卵巢功能衰退，雌激素水平下降，继发甲状旁腺功能亢进，降钙素分泌不足，从而导致破骨细胞的骨吸收大于成骨细胞的骨形成，出现以低骨量和骨组织的显微结构退行性变为特征的，临床表现为骨脆性和骨折易感性增加的一种代谢性疾病。常见的临床症状有疼痛（以腰背部多见）、身长缩短、驼背、易骨折，以及失眠健忘、反应迟钝、头晕眼花等。绝经后骨质疏松症的治疗，一般以药物、运动疗法及物理疗法为主。其中激素替代疗法是治疗伴有更年期症状的绝经后骨质疏松症的首选疗法。但服用雌激素副作用较多，会导致子宫内膜增生、子宫内膜癌、乳腺癌发生率增加。因此，临床上，向中医寻医问药者众多。

绝经后骨质疏松症最常见的症状，以腰背痛多见，占疼痛患者的70%～80%。疼痛沿脊柱向两侧扩散，仰卧或坐位时疼痛减轻，直立时后伸或久立、久坐时疼痛加剧，弯腰、咳嗽、排便用力时加重。另外，椎体压缩变形，脊柱前屈，肌肉疲劳甚至痉挛，也可产生疼痛。《备急千金要方·骨极》指出，"骨极者，主肾也，肾应骨，骨与肾合。若肾病则骨极，牙齿苦痛，手足疼，不能久立，屈伸不利，身痹脑髓酸，以冬壬癸日中邪伤风为肾风，风历骨，故曰骨极"，这些症状与绝经后骨质疏松症临床表现极为相似，根据症状，绝经后骨质疏松亦属于中医学"骨痹"范畴。《素问·长刺节论》言："病在骨，骨重不可举，骨髓酸痛，寒气至，病名曰骨痹。"《素问·痹论》记载"风寒湿三气杂至，合而为痹""五脏皆有合，病久而不去者，内舍于其合也。故骨痹不已，复感于邪，内舍于肾；筋痹不已，复感于邪，内舍于肝"。就病因来说，正气不足是痹病的内在因素和病变的基础。体虚腠理空疏，营卫不固，为感邪创造了条件，故《诸病源候论·风病·风湿痹候》说："由血气虚，则受风湿。"《济生方·痹》也说："皆因体虚，腠理空疏，受风寒湿气而成痹也。"正气不足，无力驱邪外出，病邪稽留而病势缠绵，日久不愈。由此可见，绝经后骨质疏松症是肾精不足，骨枯髓减，发为骨痿。肾气不足，营卫不固，腠理空虚，感风寒湿邪而致骨痹。该病病位在骨，根源在于肾，病因在肾中精气匮乏。

1. 绝经后骨质疏松症的病机主要是肾精不足

先贤有"肾充则骨强，肾虚则骨衰"的论述，肾主藏精，主骨而生髓，为"先天之本"，骨的生长、发育、强劲、衰弱与肾精盛衰密切相关。《素问·上古天真论》说："女子七岁，肾气盛，齿更发长；二七而天癸至，任脉通，太冲脉盛，月事以时下，故有子；三七肾气平均，故真牙生而长极；四七筋骨坚，发长极，身体盛壮；五七阳明脉衰，面始焦，发始堕；六七三阳脉衰于上，面皆焦，发始白；七七任脉虚，太冲脉衰少，天癸竭，地道不通，故形坏而无子也。"此处详细描述了因年龄增长，肾气与骨的相应变化，可见肾气主司机体的生长发育，肾中精气充盈，则骨髓生化有源，骨得髓养则强健有力。妇女在绝经前后，肾气渐衰，天癸渐竭，肾中精气亏虚，骨髓生化乏源，而成骨痿诸症。《素问·脉要精微论》有言："骨者，髓之府，不能久立，行则振掉，骨将惫矣。"《素问·痿论》亦曰："肾气热，则腰脊不举，骨枯而髓减，发为骨痿……肾者水脏也，今水不胜火，则骨枯而髓虚，故足不任身，发为骨痿。"故肾亏髓乏，骨无充养，则骨质疏松。

2. 肝血不足是绝经后骨质疏松症的又一病机

女子以肝为先天，肝藏血，主疏泄。《素问·五脏生成论》云："人卧则血归于肝。"说明肝脏有藏血的功能，"肝受血而能视，足受血而能步，掌受血而能握，指受血而能摄"。唐代王冰注《素问》也说："肝藏血，心行之，人动则血运行诸经，人静则血归于肝脏。何者？肝主血海故也。"人在安静状态下，血液归于肝脏，人在活动之时，血液分布流散于全身，起到正常滋润的作用，才可保证各项运动，包括精细动作正常运转。若肝血不足，血液不能正常流转，关节失于濡润，则导致关节疼痛甚至僵硬。肝在体合筋，连接骨节，《素问·六节藏象论》言："肝者，其充在筋。"《素问·五脏生成论》记载"诸筋者，皆属于节""宗筋主束骨而利机关也"，此处提示筋连于骨肉，附于骨，聚于关节，不仅能增强关节的稳固性，保护和辅助肌肉活动，还能维持正常的屈伸运动。肝血充足，筋得所养，则筋能束骨，维持其坚韧刚强之性，肢体关节才能灵活运动，强健有力，耐受疲劳，并能较快地消除疲劳，故称肝为"罢极之本"；若肝血亏虚，筋失所养，则筋无力。《素问·痹论》记载"痹在于骨则重，在于脉则血凝而不流，在于筋则屈不伸""百病所起，皆始于荣卫，然后淫于皮肉筋脉骨"，筋附于骨，"骨为干，筋为纲"，提示了筋骨之间相互关联、相互依存、密不可分的关系。骨失所养，日久则伤筋，则出现软骨退变。绝经后骨质疏松症出现身长缩短、驼背等均因于此。

3. 绝经后骨质疏松症的防治当补肾柔肝

绝经后骨质疏松症属中医学"骨痿""骨痹"范畴，病在筋骨，因肝肾亏虚、精血不足、筋骨失养，以致痿痹。结合何师"不断扶正"之观点，审证求因，防治绝经后骨质疏松症该从肝肾论治。肾主闭藏精气，《难经·十四难》中"损其肾者，益其精"，《素问·至真要大论》中"损者温之""衰者补之"，肾精匮乏，当补益之，多用熟地、萸肉、续断、杜仲等补肾益精。肝主疏泄，性喜条达，而恶抑郁，北宋钱仲阳在其《小儿药证直诀》中指出"肝有相火，有泻而无补"，《临证指南医案·肝风》记载"经云：东方生风，风生木，木生酸，酸生肝。故肝为风木之脏，因有相火内寄，体阴用阳，其性刚，主动，主升"，亦提示肝体阴而用阳，宜疏之柔之。疏肝柔肝，白芍、青皮、香附、柴胡之类多用。治疗绝经后骨质疏松症，应补肾柔肝，阴阳并补，药物以温性为主，慎用寒凉。这也与张介宾论治骨痹"阳非有余""真阴不足"的观点吻合。

（五）何若苹老师谈不孕症临证心得

随着外界环境污染、生活方式的改变及人们工作压力的增加，当前不孕症发病率呈逐年上升的趋势，给患者和家庭带来沉重的身心负担。我国古代对不孕病名的记载最早源于《周易》"妇三岁不孕"，祖国医学在不孕症的诊治方面积累了丰富的临床经验，现代医家通过临床及实验研究进一步认识到不孕症往往与肾虚、肝郁、脾虚及痰湿、瘀血等有关。不孕症的治疗主要应从肝、脾、肾入手，结合辨证论治，采用疏肝健脾益肾法，或佐以活血化瘀、祛痰、调理冲任，以调经种子助孕。

肾为先天之本，藏精主生殖，肾气盛天癸至；肝为女子先天，藏血主疏泄；脾为后天之本，气血生化之源，主运化奉养；冲为血海，任主胞胎，是以精充血旺气畅，冲任调和，方能摄精成孕。何若苹教授反复强调"诊治妇科病，必通晓奇经之理"，我们治疗不孕症尤其是内分泌功能失调性不孕症时，必须重视益肾疏肝健脾，尤其是益肾填精、疏肝解郁，若有痰、瘀等兼症时要佐以祛湿化痰或活血化瘀，辨清证候虚实，分清主次，临证还须同时兼顾调补奇经，结合月经周期的阴阳消长、转化规律，即根据卵泡的发育、成熟、排卵及黄体形成等不同阶段，分期辨证（宏观加微观辨证）用药，以达标本兼顾之目的。

肾乃先天之本，内寓元阴元阳，主藏精而司生殖。男女肾气充盛，天癸成熟，冲任通盛，精壮经调，方可受孕。《傅青主女科·妊娠》中云："夫妇人受孕本于肾气盛也。"《医学衷中参西录·治女科方》曰："男女生育皆赖肾气作强，肾旺自能荫胎也。"肾为先天之本，若先天肾气不足，或后天失养、房劳、久病、大病伤肾，或反复流产刮宫，损伤肾精，致精亏血少，冲任受损，胞脉失养则不能摄精成孕。

肝藏血主疏泄，对调经育种有重要影响。《傅青主女科》曰："妇人怀抱素恶，不能生子者是肝气郁结，治法必解四经之郁，以开胞胎之门。"《景岳全书·妇人规·子嗣类》曰："产育由于血气，血气由于情怀，情怀不畅，则冲任不充，冲任不充，则胎孕不受。"《妇科切要》尤为强调"妇人无子，皆由经水不调"。而调经的实质是调气血，气血通畅，才能受孕。肝为血脏，肝藏血，肝又为风木之脏，将军之官，喜柔而恶刚，体阴而用阳，肝主疏泄，妇人不孕，多有情志怫郁，肝经气血不能畅达则气血不和，冲任不得相滋，以致不能孕育。唐容川有"调经肝为先，疏肝经自调"之说。叶天士提到"女子以肝为先天""妇科杂病，偏于肝者居半"。以上医家的论述均指出了疏肝对调经种子的重要作用。

脾乃后天之本，主运化，统血而生血，为气血生化之源，"冲脉隶于阳明"（《临证指南医案》），脾气旺盛，则经血有统，生化有源，同时"肾气"、"天癸"亦必须依赖于后天脾气的滋养。故有"虽心主血，肝藏血，亦皆统摄于脾"（《校注妇人良方》）；"妇人经水与乳，具由脾胃所生"（《女科经纶》）等说。何若苹研读作为清代中医妇科典籍的代表之一《傅青主女科》，发现其"种子"篇按使用频率依次排名前 8 味的药物分别是白术、人参、巴戟、当归、茯苓、熟地、白芍、肉桂，从中亦不难探寻出傅青主治疗不孕以补肾为主，兼调肝脾，傅氏重视先后天，同时还强调肝脾两脏在治疗中的重要性。肝脾调则气机畅，气血充沛，易于受孕，肝气郁结，肝失疏泄，脾运不健，则气血郁滞，聚湿生痰，冲任不和，影响受孕。

在不孕症的治疗中，患者要注意以下三点。

（1）夫妻同治

如《校注妇人良方》指出"审此更当察其男子之形质虚实何如，有肾虚精弱不能融育成胎者，有禀赋原弱气血虚损者，有嗜欲无度阴精衰惫者，各当求其源而治之"。婚久不孕，应动员男方同时检查，重视男方原因。夫妻同治，既能缓解女方压力，又能增加受孕成功概率。

（2）择时种子

《证治准绳·求子·知时》记载"一月止有一日，一日止有一时，凡妇人一月经行一度，必有一日氤氲之候，于此时顺而施之则成胎矣"。不孕者，平时宜节欲贮精，精血充足，交之以时，胎孕乃成。

（3）心理调摄

《产嗣纪要》记载"男女胥悦，阴阳交通而胚胎成矣"。精神因素多影响下丘脑 - 垂体 - 卵巢轴的功能，盼子心切，精神紧张，反使胎孕不受。患者需调整心态，心情舒畅，自能事半功倍。

三、学以致用

（一）王洁月经病临诊案例

案例一：余某，女，37 岁。2018 年 3 月 26 日初诊。患者平素周期规律，4 个月前更换工作后出现月经周期提前或者延后 7～9 天，经量少、色暗红有块，痛经可忍，伴情绪急躁，乳房、小腹胀痛不适，末次月经为 2018 年 3 月 19 日，B 超检查提示子宫及双附件正常，胃纳少，夜寐尚安，二便调，舌红苔薄黄，脉弦。月经初潮 14 岁，月经周期 28 天，经期 5 天，近 4 个月周期变为 19～37 天不等，已婚，孕 2 产 1。诊断：月经先后无定期，证属肝郁化火，治以疏肝解郁、清热调经，方用丹栀逍遥散加减。处方：牡丹皮 10g，山栀子 10g，柴胡 6g，当归 20g，炒白芍 20g，炒白术 10g，茯苓 10g，炙甘草 6g，生姜 3g，酒女贞子 10g，菟丝子 10g，槲寄生 10g，枸杞子 10g，阿胶珠 9g，泽兰 10g，益母草 15g，制香附 12g，14 剂。

2018 年 4 月 9 日二诊：药后患者乳房、小腹胀痛不适缓解，胃纳略佳，舌红苔薄，脉弦。治疗有效，原方加减。处方：牡丹皮 10g，山栀子 10g，柴胡 6g，当归 20g，炒白芍 20g，炒白术 10g，茯苓 10g，炙甘草 6g，生姜 3g，酒女贞子 10g，菟丝子 10g，槲寄生 10g，枸杞子 10g，阿胶珠 9g，延胡索 20g，炒川楝子 10g，泽兰 10g，益母草 15g，制香附 12g。继投 14 剂。

2018 年 4 月 30 日三诊：药后患者月经于 4 月 20 日来潮，汛期转准，经量较前增多，血块消失，无明显痛经，情绪舒畅，胃纳转佳，舌淡红苔薄，脉弦。原方加减。处方：柴胡 6g，当归 20g，炒白芍 20g，炒白术 10g，茯苓 10g，炙甘草 6g，生姜 3g，酒女贞子 10g，菟丝子 10g，槲寄生 10g，枸杞子 10g，阿胶珠 9g，制香附 12g。以此方续服 1 个月，患者汛期准，诸症尚稳。

按：该患者以月经周期不规则为主诉，辨病为月经不调之月经先后无定期。患者身处要职，平素工作压力大，情志不畅，肝气郁结，疏泄失常，气机逆乱，故经行或前或后，乳房、小腹不适；肝郁气滞，血行不畅，故经量少、色暗红有块；不通则痛，故痛经；肝脾不和，故胃纳少。初诊患者月经方净，舌红苔薄黄，脉弦，有肝郁日久化火之象，故以丹栀逍遥散为主方，清肝泻火、和血调经，另配以酒女贞子、菟丝子、槲寄生、枸杞子、阿胶珠等品滋肾阴养精血，使血海得充；泽兰、益母草、制香附行气活血。一补一通，通补兼施，汛期自调。二诊经前期，患者平素痛经，故添加延胡索、炒川楝子行气止痛。三诊患者告知经期如约而至，血块消失，痛经缓解，情绪舒畅，舌象显示火

浙江中医临床名家·何若苹

热已清，故去丹栀和部分活血药，改逍遥散为主方，并减少理气之品，恐伤阴太过。续调1个月，汛期调准。

案例二：周某，女，31岁。2018年3月17日初诊。患者1年前人工流产后出现月经量减少，约为平时的一半，经色淡暗，伴头晕耳鸣，腰骶酸软，经前乳房胀痛，末次月经为2018年2月26日。经前B超检查提示双层子宫内膜厚度为0.7cm。胃纳可，夜寐尚安，二便调，舌淡暗，苔薄白，脉沉弦细。月经初潮14岁，月经周期30天，经期6天，已婚，孕2产1，末次妊娠：2017年3月人工流产。诊断：月经过少，证属肾虚，治以补肾益精，佐以疏肝，方用六味地黄汤加减。处方：熟地黄20g，砂仁（后下）5g，怀山药12g，山茱萸10g，牡丹皮10g，茯苓15g，泽泻12g，当归12g，阿胶珠9g，菟丝子15g，枸杞子15g，川断10g，杜仲10g，制香附12g，白蒺藜10g。药服7剂。

2018年3月24日二诊：药后患者头晕耳鸣、腰骶酸软缓解明显，自觉舒畅，无特殊不适感觉，胃纳可，二便调，夜寐安，舌淡暗，苔薄白，脉沉弦细。治疗有效，原方加减。处方：熟地黄20g，砂仁（后下）5g，怀山药12g，山茱萸10g，牡丹皮10g，茯苓15g，泽泻12g，当归12g，阿胶珠9g，菟丝子15g，枸杞子15g，川断10g，杜仲10g，制香附12g，白蒺藜10g，炒川芎9g，益母草20g，泽兰12g。药服7剂。

2018年4月2日三诊：药后患者月经3月28日来潮，量较前增多，经色暗红，5天净，经前乳房胀痛好转，无头晕耳鸣、腰骶酸软，自觉舒畅，胃纳可，二便调，夜寐安，舌淡暗，苔薄白，脉沉弦细。原方加减，处方：熟地黄20g，砂仁（后下）5g，怀山药12g，山茱萸10g，牡丹皮10g，茯苓15g，泽泻12g，当归12g，阿胶珠9g，菟丝子15g，枸杞子15g，川断10g，杜仲10g，制香附12g，葛根20g。以此方作为基础方服用，每逢经前加少许活血药，连服3个月，患者经量正常，经前B超检查提示双层子宫内膜厚度为0.9cm。

按：该患者以月经过少为主诉，诊断为月经不调之月经过少。患者1年前人工流产后出现月经量减少，堕胎流产、宫腔手术均为伤肾之病因，肾精亏虚，天癸衰少，《傅青主女科》云："经水出诸肾。"精血之源，血海空虚，无以下注胞宫，故月经过少，经色淡暗；精亏血少，脑髓失养，故头晕耳鸣；腰为肾之府，肾气不足，腰府失养，故腰骶酸软；情志不畅，肝气郁结，故经前乳房胀痛；舌淡暗，苔薄白，脉沉弦细为肾虚之象。初诊以六味地黄汤为主方滋补肝肾、养益精血，当归、阿胶珠、菟丝子、枸杞子助补肾养血之力；杜仲、川断补肾强腰膝；制香附、白蒺藜疏肝理气；砂仁解熟地黄滋腻之性。

二诊患者正值经前，在原方基础上加用炒川芎、益母草、泽兰活血通经之品，以通利血脉、增加经量。三诊患者为经净之后，去活血通经药；乳房胀痛好转，减少疏肝之品；葛根具有类似雌激素样作用之力，经净后正是养阴的有利时机，顺应西医学上性激素的分泌规律，添加葛根助阴血内生，使子宫内膜增厚，但此过程较长，须患者配合。

案例三：蔡某，女，28岁。2017年12月26日初诊。患者平素月经稀发，需注射黄体酮针方能转经。末次月经为2017年10月24日，亦为注射黄体酮针后撤退性出血，现又停经2个月，伴腰膝酸软、乳房胀痛、动则乏力。B超检查提示双侧卵巢偏小、子宫偏小。性激素类：促卵泡激素76.49IU/L，黄体生成素41.04IU/L，雌二醇50.27pmol/L。既往有双乳纤维瘤切除术史。胃纳可，夜寐尚安，二便调，舌淡暗，苔薄白，脉弦细。诊断：闭经，证属肾阳虚，治以温阳暖宫、填精益肾兼疏肝理气，方用二仙汤合四物汤加减。处方：仙茅12g，淫羊藿12g，葫芦巴12g，巴戟天12g，菟丝子15g，枸杞子15g，鹿角片（先煎）9g，川牛膝、怀牛膝各9g，潼蒺藜、白蒺藜各10g，橘络5g，橘核10g，麦芽12g，肉桂末（吞）1.5g，炒当归10g，炒白芍、赤白芍各10g，炒川芎9g，熟地黄20g。药服21剂。

西药：嘱患者仍遵西医医嘱使用激素药物。

2018年1月16日二诊：药后患者乳房胀痛好转，月经尚未转，腰酸乏力较前减轻，舌淡暗，苔薄白，脉弦细。治疗有效，原方加减。处方：仙茅12g，淫羊藿12g，葫芦巴12g，巴戟天12g，菟丝子15g，枸杞子15g，鹿角片（先煎）9g，川牛膝、怀牛膝各12g，潼蒺藜、白蒺藜各10g，麦芽12g，肉桂末（吞）1.5g，炒当归10g，炒白芍、赤白芍各10g，炒川芎9g，肉苁蓉12g，炮姜6g。药服10剂。

后患者月经1月18日来潮，量不多，5天净，腰膝酸软、乳房胀痛、乏力皆未作，自觉舒畅，随症加减，连续服用9个月，期间西药治疗半年后停用，月经能自转。经期第二天复查性激素类：促卵泡激素34.46IU/L，黄体生成素20.12IU/L，雌二醇180.5pmol/L。

按：该患者以月经稀发为主诉，诊断为闭经，西医学上诊断为卵巢早衰。该患者年纪尚轻，需中西医结合治疗方能收获良效、改善卵巢功能。患者先天禀赋不足，加之后天失于调养，肾气不足，肾精未充，冲任不盛，肝气不舒，影响经脉通行，任脉不通，故月经不行。治疗应从温肾阳着手，方中鹿角片可促进子宫发育，仙茅、淫羊藿、菟丝子、巴戟天等有提高卵巢激素受体的能力，从而调节女性激素，改善体质，促进生育功能的恢复。同时结合西医治疗，能让月经按时来潮，改善患者焦急等待的心理，体现了中医学的整体观念。

（二）张丽妊娠病临诊案例

张某，女，31岁。2017年2月19日本院门诊初诊，2017年3月4日住院。患者既往月经周期、经期规则，28～30天1行，经期3～4天，量偏少，偶有痛经史。末次月经日期为2017年1月8日，量色如常。2017年2月16日患者自测"尿妊娠试验"弱阳性，2月19日至我院门诊就诊查血HCG 5592.00mIU/ml，孕酮33.81ng/ml，考虑"早孕"，因有自然流产史，予以中药补肾健脾、益气安胎治疗，期间症情平稳。2017年2月27日至本院检查盆腔B超示宫腔内可见妊娠囊回声，大小2.9cm×2.0cm，形态位置正常，囊内可见胚芽长径0.8cm，可见心管搏动，胎囊旁可见新月形暗区，范围为2.6 cm×1.8cm。考虑"先兆流产"，建议进一步保胎治疗，患者拒绝，要求定期观察、门诊复诊。3月3日无明显诱因下见阴道少量出血，暗红色，隐隐腹胀，略觉腰酸，至本院门诊就诊，建议住院治疗。患者既往有甲状腺功能亢进病史，当时丙硫氧嘧啶治疗中。否认其余疾病史。患者已婚，丈夫体健，孕3产0（2011年孕40余天，阴道少量出血，未保胎，行人工流产；2013年9月、2015年2月孕50余天，B超示无胎心行清宫术）。患者入院后诊治过程：3月4日至3月14日住院保胎，住院期间予"地屈孕酮10mg口服 每日2次"和中药补肾健脾、止血安胎联合保胎治疗。患者妊娠早期，略觉疲乏，阴道少量暗红色出血，隐隐腹胀，略觉腰酸，晨起偶觉恶心不适，胃纳一般，大便略干，无明显汗出，无口干口苦，舌淡暗，苔薄白，脉细滑，尺脉沉。西医诊断：先兆流产；中医诊断：胎动不安，脾肾两虚证，治宜健脾益肾、止血安胎。拟方寿胎丸合补中益气汤加减。处方：菟丝子15g，桑寄生12g，川断9g，升麻炭9g，炒党参15g，炙黄芪20g，炒白术12g，炒白芍15g，苏梗9g，白及12g，苎麻根炭30g，山萸肉6g，山药15g，仙鹤草12g，5剂，每日1剂，每剂2煎，每煎200ml，分上下午2次温服。3月9日二诊：服药后，患者阴道褐色分泌物已止，胃纳尚佳，原方继用5剂，煎服法同前，以期巩固疗效。患者共服药10剂，诸症瘥解。3月13日查盆腔B超示"宫内单胎妊娠，胚胎存活，妊娠囊大小5.44cm×2.14cm，囊内见胚胎，顶臀径1.9cm，心管搏动163次/分"，宫腔积液已消，3月14日予以出院。

出院时患者无阴道血性分泌物，无腰酸腹痛等不适。孕期正常产前检查无殊，同年 10 月底正常产子。

按：患者有停经、腹胀、腰酸等症状，系西医先兆流产，因其妊娠下血，伴腰酸、腹胀痛的症状，故中医诊断为"胎动不安"。《女科经纶》云："女之肾脉系于胎，是母之真气，子之所赖也，若肾气亏损，便不能固摄胎元。"故可见妊娠期腹胀痛、腰酸、阴道流血，甚至腰腹下坠感。本患者曾屡孕屡堕，肾气、肾精均受损，气虚无力系胎，精血同源，精虚血少无以养胎，从而出现胎动不安。《景岳全书》云："凡妊娠胎气不安者，证本非一，治亦不同，盖胎气不安，必有所因，或虚，或实，或寒，或热，皆能为胎气之病，去其所病，便是安胎之法。"基于上述原则，应以补肾健脾固气为主，根据其体质寒热，适当加减用药。本患者以寿胎丸合补中益气汤加减治疗。方中补肾安胎药以菟丝子为主药，补肾养精、益阴而固阳，桑寄生、川断固肾强腰系胎又止痛，《本草正义》载"菟丝子多脂微辛，阴中有阳，守而能走，与其他滋阴诸药之偏于腻者绝异"；健脾益气药以炙黄芪、炒党参为主药，气旺则血有所依、胎有所荫，《本草正义》谓党参"健脾而不燥，养血而不滋腻，能鼓舞清阳，振动中气而无刚燥之弊"；合炒白芍、山萸肉养血敛阴，炒白术、山药、苏梗养胃和胃，升麻炭、苎麻根炭、仙鹤草清热止血升提，白及收敛止血。以上药物共奏脾肾双补、止血安胎之功，使冲任得固、胎有所载，则自无胎动不安之虞。

（三）张弦围绝经期综合征临诊案例

薛某，女，53 岁。2010 年 10 月 23 日初诊。患者月事已乱，寐劣，脘欠舒，容易感冒，耳鸣头晕，胃纳一般，口苦，腰背酸楚，胆囊炎，大便日行，舌质暗苔腻，脉弦细。诊断：绝经前后诸证，气滞血瘀型。治宜疏肝利胆、活血通络。处方：焦枣仁 20g，五味子 10g，丹参 30g，川芎 18g，桃仁 9g，生地黄 15g，赤芍 15g，当归 10g，红花 6g，夜交藤 30g，北秫米（包煎）30g，姜半夏 10g，沉香曲 12g，佛手 15g，琥珀末（吞）3g，柴胡 12g，龙胆草 10g，焦山栀 10g，淡豆豉 6g，14 剂。

二诊，患者诸症略缓，惟心慌气促，潮热体倦，皮肤瘙痒，纳一般，大便日行。原旨出入。处方：焦枣仁 20g，五味子 10g，丹参 30g，川芎 20g，桃仁 9g，生地黄 15g，赤芍 15g，当归 10g，红花 6g，夜交藤 30g，北秫米（包煎）30g，姜半夏 10g，沉香曲 12g，佛手 15g，琥珀末（吞）3g，柴胡 12g，焦山栀 10g，淡豆豉 6g，葛根 30g，14 剂。

三诊，患者夜寐不安，余症皆缓。原旨出入。处方：焦枣仁 20g，五味子 10g，丹参 30g，川芎 20g，桃仁 9g，生地黄 15g，赤芍 15g，当归 10g，红花 6g，夜交藤 30g，北秫米（包煎）30g，姜半夏 10g，沉香曲 12g，琥珀末（吞）3g，柴胡 12g，焦山栀 10g，淡豆豉 6g，黄连 4g，肉桂 6g，14 剂。

按： 患者系围绝经期综合征，在古代医籍中，散见于"脏躁""郁证"等病证。患者寐劣，脘欠舒，纳一般，口苦，腰背酸楚，既往胆囊炎病史，舌暗苔腻，脉弦细，证属肝胆湿热、气滞血瘀。治宜清利肝胆湿热、活血通络。方中焦枣仁、五味子养肝安神；丹参、川芎、桃仁、生地黄、赤芍、当归、红花养血活血，行气化瘀；姜半夏、沉香曲祛湿和胃；柴胡疏肝解郁；龙胆草清肝胆湿热；二诊，患者肝胆湿热已缓，去龙胆草，加葛根以解腰背酸楚。三诊，患者诸症皆缓解，惟夜寐不安，交泰丸交通心肾，引火归元。原方出入续进，终获良效。

（四）赵玲绝经后骨质疏松症临诊案例

李某，女，57 岁。2010 年 11 月 17 日初诊。绝经后 5 年，患者腰背部酸痛无力 2 个月，劳累后加重，偶有头晕、心胸烦闷、小腿抽搐等现象，胃纳尚可，二便如常，舌红少苔，脉沉细。患者 1 年前曾因摔伤致左股骨颈骨折，在我院行左半髋关节置换术。骨密度检查示骨密度 1.12g/cm^2，T 值 -3.0。腰椎 CT 报告：腰椎轻度侧弯，L1/2、L2/3、L3/4 椎间隙变窄。甲状腺全套结果无明显异常。西医诊断：骨质疏松症；中医诊断：痹证。四诊合参，辨证为肝肾亏虚，治以补肾柔肝。处方：熟地黄 18g，山茱萸 18g，杜仲 12g，续断 9g，白芍 12g，青皮 12g，茯苓 9g，葛根 15g，淡豆豉 18g，鸡血藤 18g。14 剂，水煎去渣取汁 200ml，分 2 次，早晚服用，每日 1 剂。后以此方为基本方，以淫羊藿、五加皮等加减，并根据不适症状，予适时加减之，伴有胃肠道不适，则予陈皮、沉香曲、炙甘草等理气和胃。前后共服用 3 个月。患者自觉腰背部疼痛明显改善，乏力也有好转，精神面貌较前抖擞，检查骨密度 T 值 -2.4。

按： 该患者是典型的绝经后骨质疏松症，患者已绝经 5 年，曾有骨折史，目前症状以腰背部疼痛为主，伴有更年期综合征类似症状，排除甲状旁腺功能亢进，考虑为肝肾亏虚引发的骨空髓减、骨质疏松。方中熟地黄、山茱萸补肾柔肝，为君药；臣以续断、杜仲、淫羊藿、五加皮补肾柔肝、强筋健骨、祛风除湿；白芍敛阴和营、柔肝止痛，青皮行气疏肝，茯苓健脾和胃、化痰除湿，葛根解肌升阳，淡豆豉除烦郁，鸡血藤祛风除痹共为佐使。诸药合用，补肾柔肝、强筋壮骨。经3个月的中药治疗，患者症状改善明显，进一步论证了绝经后骨质疏松症应以扶正为根本，补益肝肾为先。《素问·四气调神大论》有云："是故圣人不治已病治未病，不治已乱治未乱，此之谓也。夫病已成而后药之，乱已成而后治之，譬犹渴而穿井，斗而铸锥，不亦晚乎。"何老师也经常教导我们，上工治未病，骨质疏松症重在预防，注意合理膳食，坚持科学运动，保证适当光照，妇女绝经后，须定期检查骨密度，发现骨量丢失明显时，应及早干预，这些都是防治绝经后骨质疏松症行之有效的"扶正"手段。在平常的看诊日常中，我们也会告知患者，并建议他们广而告之同龄人，希望她们各个都老当益壮。

（五）程蕾不孕症临诊案例

林某，女，31岁。2013年6月28日初诊。患者自15岁初潮起月经周期紊乱，大约15天～3个月经行1次，经期7～15天，经量时多时少，经色暗红，夹有较多血块，曾在外院间断治疗，考虑"多囊卵巢综合征"，予"炔雌醇环丙孕酮片"治疗后月经尚规律，但停药后复发。婚后5年未避孕，性生活正常而未孕，丈夫精液检查均正常，并伴有体重不断增加，时有胸乳胀痛、焦虑，曾在外院服用西药"炔雌醇环丙孕酮片、二甲双胍片"，采用氯米芬等促排治疗，仍未孕。3年前在外院行子宫输卵管造影：双侧输卵管通畅。2年前在该院生殖中心先后行3次人工授精和2次试管婴儿均失败，末次月经为2013年6月26日，经量少，色暗红，夹有血块。患者面色苍白、体型肥胖，体重指数32kg/m²，平素时有腰酸，易疲劳，烦躁，纳呆，畏寒，冬季四肢冰凉，喉中有痰，大便溏薄，夜尿多，舌淡胖、边有齿痕瘀斑，苔薄白腻，脉沉细弦。当日在我院行阴道B超检查：子宫大小形态正常，双侧卵巢多囊样改变。血常规、凝血及肝肾功能正常，甲状腺功能正常，性激素检查示促卵泡激素6.7IU/L，黄体生成素11.2IU/L，睾酮3.82nmol/L，脱氢异雄酮硫酸盐9.92μmol/L，性激素结合球蛋白11.24nmol/L；空腹血糖5.6mmol/L，空腹血清胰岛素测定23.72μU/ml，1小时血清胰岛素测定359.10μU/ml，2小时血清胰岛素测定187.80μU/ml。西医诊断：原发性不孕症、多囊卵巢综合征（胰岛素抵抗）、无排卵型功能性子宫出血；中医诊断：崩漏、不孕症，脾肾阳虚、肝郁痰瘀阻滞证。因月经淋漓不尽，"急者治其标"，以益气固冲、化瘀止血法治之，予固冲汤加减，药用党参、艾叶炭、白术、茜草炭、煅龙骨、煅牡蛎、黄芪、白芍、山茱萸、五灵脂、三七粉、鹿角霜、阿胶珠、茯苓、仙鹤草、乌贼骨、香附、柴胡，每日 1 剂，连续 5 天。5 天血止后以益肾健脾、疏肝理气化痰、祛瘀调冲法，予益肾导痰调冲汤（自拟方）加减，药用党参、丹参、石菖蒲、柴胡、当归、香附、陈皮、山楂、荷叶、胆星、姜半夏、白术、苍术、黄芪、巴戟肉、淫羊藿、鹿角片、郁金、炒白芍、茯苓、菟丝子、茺蔚子，共 15 剂，每日 1 剂。2 个月后月经第 3 天复查：体重指数 28kg/m^2，睾酮 1.82nmol/L，空腹血清胰岛素 7.76μU/ml，硫酸脱氢表雄甾酮 8.37μmol/L，1 小时血清胰岛素测定 77.76μU/ml，2 小时血清胰岛素 91.02μU/ml。在益肾导痰调冲汤基础上结合中医周期疗法，即经后期加龟板胶、紫河车、女贞子；经间期加补骨脂、路路通、红花；经前期酌加紫石英、肉苁蓉。结合 B 超监测卵泡，并指导其在排卵前后分别同房一次，排卵后以益肾助阳、健脾疏肝养血固冲为法，予自拟方益肾固冲汤化裁，药用党参、熟地黄、当归、白芍、枸杞子、山药、菟丝子、杜仲、桑寄生、淫羊藿、巴戟肉、白术、香附、川断、炙甘草、紫石英、肉苁蓉、茯苓，共 10 剂，每日 1 剂，连续 2 个周期，患者于 2014 年 1 月 18 日测尿妊娠试验（＋），血人绒毛膜促性腺激素 108.9mIU/mL，孕酮 19.86μg/L，予寿胎丸加减保胎，2014 年 3 月 10 日 B 超示宫内妊娠，如孕 7 周。随访：患者于 2014 年 10 月 20 日顺产一女婴。

按：患者月经初潮后即出现月经紊乱，乃先天肾气不足，肾虚封藏无权，冲任失养；命火虚衰不能温煦脾阳，火不暖土，致脾阳亦虚，脾虚不能统血摄血，冲任失固。加上反复促排，行人工授精及试管婴儿，加重了肾之精气的亏损，多种因素影响导致脾肾愈虚，肝肾乙癸同源，肾亏肝血不足，精血乏源，因不孕多年情志怫郁，肝气郁结，肝失疏泄，脾运不健，肝脾失调，气血郁滞，痰瘀内阻，冲任不和，而致不孕。故采用疏肝健脾益肾、祛痰化瘀调冲法，方中选用香附、柴胡、郁金、白芍、白术、苍术、党参、黄芪、巴戟天、淫羊藿、鹿角片疏肝健脾益肾；石菖蒲、陈皮、胆星、姜半夏、茯苓祛痰除湿；香附、当归、丹参等行气活血化瘀，调整月经周期，调治 3 个月，为下一步卵泡发育和子宫内膜环境调整蓄积基础，患者病情得到改善，进入第二步，在益肾导痰调冲汤基础上，结合中医周期疗法，即经后期加龟板胶、紫河车、女贞子补肾益精；经间期益肾助阳、调气活血加补骨脂、路路通、红花以阳施阴化，静中求动，促使排卵；经前期予益肾固冲汤酌加紫石英、肉苁蓉等益肾助阳之品健全黄体功能，治疗 2 个月成功受孕。

大事概览

1955 年　5 月出生于杭州医学世家。

1971 年　杭州第七中学初中毕业，同年入杭州第七中学的校办电子元件厂工作。

1977～1978 年　浙江大学医学院附属第一医院做义工及进修。

1978 年　参加高考，被浙江省统招 5 年制全日制中医学徒大专班录取，随浙江中医学院（现浙江中医药大学）1979 级学习 5 年，期间随父亲何任门诊，见习、实习时曾得潘国贤、魏康伯、宋光济、马莲湘、詹起荪、裘笑梅、李学铭等中医名师指导。

1983 年　12 月经考试合格毕业出师，期间曾在《上海中医药杂志》等刊物发表《眩晕证论治》等论文 5 篇。

同年留任学院金匮教研室，并开始独立行医，每周二次门诊。被选为浙江省"传承中医"项目助手、师承名医何任教授。

1985 年　完成《何任医论选》编纂工作，并由人民卫生出版社出版。

1988 年　通过浙江省"传承中医"项目助手结业考核，并获浙江省"优秀继承人"荣誉称号。

1990 年　主持承担浙江省教育厅"何任教授消癥丸治疗子宫肌瘤卵巢囊肿的研究"项目，1992 年完成该项目。

1991 年　入选全国首批"国家级名老中医带高徒项目"，师承国家级名老中医何任教授。

1992 年　晋升为浙江中医学院附属门诊部主治中医师。

1994 年　完成全国首批"国家级名老中医带高徒项目"，作为首批国家中药管理局名老中医经验继承人，经过严格规范的临床诊疗考核和论文答辩，顺利出师。

参编的《中国名老中医药专家学术经验集》由贵州科技出版社出版。

1997 年　晋升为浙江中医学院附属门诊部副主任医师，任中医内科主任。

2001 年　编著的《中国百年百名中医临床家丛书·何任》由中国中医药出版社出版。

2002 年　晋升为浙江中医学院附属门诊部主任医师。

主持浙江省教育厅下达的"何任专病论治临床经验研究"课题。

2003 年　被聘为浙江省体育运动协会理事。

2004 年　担任浙江省中医妇科专业委员会委员。

2005 年　11 月整理《何任医学经验集》，由浙江科学技术出版社出版。

2006 年　主持"何任专病论治临床经验研究"成果获得 2006 年浙江省中医药科学技术创新奖二等奖。

同年被评为先进工作者、优秀共产党员、浙江省优秀医师。

2007 年　参与"中西医结合治疗 SLE 的疗效及作用机制研究"项目，获浙江省人民政府科学技术奖一等奖。

2008 年　6 月主持浙江省中医药管理局"何任教授治疗重症验案评析"课题。

10 月被浙江省人民政府授予"浙江省名中医"称号。

12 月荣获中国医师协会第五届中国医师奖提名奖。

2009 年　1 月被聘为浙江省名中医研究院研究员。

2010 年　获中华人民共和国卫生部颁发"全国医药卫生系统先进个人"荣誉称号。

主持浙江省中医药管理局"何任教授中医学术成就的系统研究"课题。

10 月被推荐为浙江省中医学会第五届理事会理事。

2011 年　当选为浙江省中医药学会妇科分会第五届委员会副主任委员。

2012 年　6 月主编的《何任临床医学丛书》由中国中医药出版社出版，其中包括《何任金匮汇讲》《何任医案实录》《何任医话汇编》《何任医论集要》《何任疑难重症验案选析》五种，系统收录何任教授的临床经验和学术思想。

同年被确定为第五批全国老中医药专家学术经验继承工作指导老师，成为医师张丽和金晨宇的博士研究生指导老师。

2014 年　主持"何任教授中医学术成就系统研究"项目获浙江省中医药科学技术进步奖一等奖。

2015 年　1 月被浙江省中医药学会聘为"西医人员学习中医高级培训班"指导老师。

9 月被聘为浙江中医药大学"何任班"中医跟师见习导师。

主持"何任教授中医学术成就系统研究"项目获浙江省人民政府科学技术进步奖二等奖。

2016 年　7 月主编的《安享天年——首届国医大师何任养生防病治病术略》由中国中医药出版社出版。

同年建立"何若苹全国名老中医药专家传承工作室"。

2017 年　被确定为第六批全国老中医药专家学术经验继承工作指导老师，成为医师王洁和桑怡的博士研究生指导老师。

附录二

学术传承脉络

第四批全国中医临床优秀人才

曹灵勇（金华）

已毕业研究生名单（截至 2018 年 7 月）

届次	硕士	博士
2008	陈笑腾（宁波）	
2009	赵玲（鄂州）	
2010	金鹤（合肥）	
2011	赵建南（温州）	
2012	叶璐（杭州）	
2013	胡蕾（舟山）	
2014	傅丹旦（绍兴）	
2015	鲁佩佩（温州）、张弦（宁波）	张丽（东阳）、金晨宇（义乌）
2016	骆丽娜（驻马店）、叶文怡（安吉）、程蕾（温州）	
2017	刘清源（杭州）、吴黛黛（宁波）	
2018	孙丹璐（邯郸）	

在读研究生名单（截至 2019 年 10 月）

届次	硕士	博士
2016	张依静（海宁）、李振兴（温州）、叶娜妮（温州）	
2017	黄硕（东阳）	王洁（绍兴）、桑怡（杭州）
2018	林志豪（温州）、周光毅（淮南）	
2019	韩诗筠（杭州）、徐艳琳（宁波）、王珂颖（宁波）	